Herderbücherei

Band 1146

Über das Buch

Was heißt Philosophieren heute? Dieses Taschenbuch nimmt den Leser in das lebendige Philosophieren hinein, so daß er erfahren kann, wie die Grundfragen, die die Menschen seit Jahrtausenden beschäftigen, im Horizont unserer geistigen Erfahrungen neu gesehen und beantwortet werden. Philosophie ist, wie Karl Jaspers einmal sagte, nicht der Besitz der Wahrheit, sondern das Suchen nach Wahrheit – zumal in einer Zeit, die nicht mehr über ein festes, vorgeprägtes Weltbild verfügt. Sich in dieses Suchen einzulassen ist aber schon ein erster Schritt in eine neue Gewißheit; denn was unsere Existenz trägt und bewegt, kann nicht mit den Methoden der „objektiven" Wissenschaften erfaßt werden. Nur durch Nach-Denken können wir ihm näher kommen.

Über die Autoren

Professor Dr. Hugo Staudinger, geboren 1921, ist seit 1962 Professor an der Universität Paderborn und Leiter des Instituts für Wissenschaftstheoretische Grundlagenforschung der Forschungsstelle des Deutschen Instituts für Bildung und Wissen.

Professor Dr. Wolfgang Behler, geboren 1927, ist seit 1970 Professor in Freiburg i. Br. Vorstandsmitglied des Deutschen Instituts für Bildung und Wissen.

Hugo Staudinger
Wolfgang Behler

Grundprobleme menschlichen Nachdenkens

Eine Einführung in modernes Philosophieren

Herderbücherei

Originalausgabe
erstmals veröffentlicht als Herder-Taschenbuch

Herder Freiburg · Basel · Wien
Herstellung: Freiburger Graphische Betriebe 1984
ISBN 3-451-08146-6

Inhalt

Einleitung 7

I. Die Notwendigkeit philosophischer Neubesinnung . . 13
1. Die Eigenart philosophischen Nachdenkens . . . 13
2. Kennzeichen abendländischer Philosophie 17
3. Abendländische Philosophie und klassische Naturwissenschaft 24
4. Die Krise der europäischen Denktraditionen . . . 29

II. Die Ausgangssituation heutigen Nachdenkens 42
1. Die Erde in einer expandierenden Welt 42
2. Die Einheit und Dynamik des Lebendigen 50
3. Die Stellung des Menschen in der „Evolution“ . . 65
4. Das Verhältnis zwischen Mensch und Welt 75

III. Grundfragen heutigen Nachdenkens 84
1. Die Frage nach Sinn oder Absurdität 84
2. Möglichkeiten und Grenzen menschlichen Wissens 92
3. Das Problem einer Gesamtdeutung der Wirklichkeit 102
4. Die Einheit und Differenziertheit der Wirklichkeit 112

IV. Philosophisches Fragen und transzendente Wirklichkeit 122
1. Zum Verhältnis von Philosophie und Offenbarung 122

2. Philosophie als Mittlerin zwischen Theologie und Wissenschaft 129
3. Heutige Möglichkeiten einer Vermittlung 140
4. Leiden als philosophisches und theologisches Problem 151

Schlußbetrachtung 161

Anmerkungen 163
Namenregister 180
Stichwortregister 182

Einleitung

Der Titel dieses Taschenbuchs fordert zwei Fragen heraus:

1. Was sind Grundprobleme menschlichen Nachdenkens?
2. Kann man diese Grundprobleme durch modernes Philosophieren lösen?

Daß es Grundprobleme gibt, auf die der Mensch seit Jahrtausenden nach Antwort sucht, wird auch heute niemand bestreiten: Hat mein Leben einen Sinn? Steht es in einem größeren Zusammenhang? Was soll die Menschheit insgesamt? Wonach soll sie sich orientieren? Wie soll der einzelne handeln? Welches Ende steht der Welt bevor oder wird sie ewig währen? Und wie steht es mit dem einzelnen? Ist der Tod für ihn das absolute Ende?

Aber was hilft in unserer Zeit ein Hinweis auf diese alten Fragen? Die Geschichte scheint zu beweisen, daß es auf solche Fragen keine schlüssigen und überzeugenden Antworten gibt. Eine mit dem Anspruch auf Wahrheit verbundene Beantwortung war offenbar nur möglich, solange man in relativ geschlossenen Räumen lebte und Gegenpositionen entweder nicht kannte oder vorschnell herunterspielte.

Daher scheint es vielen heutigen Menschen naiv, „Grundfragen" zu stellen, ohne zuvor zwischen beantwortbaren und unbeantwortbaren Fragen zu scheiden. Schon vor etwa 150 Jahren hat der Begründer des modernen Positivismus, Auguste Comte, diese Unterscheidung vorgenommen, wobei er die beantwortbaren Fragen den Wissenschaften zuordnete, während er die unbeantwortbaren „der Einbildungskraft der Theologen oder der Spitzfindigkeit der Metaphysiker" überließ[1].

Diese Einteilung und Wertung entspricht den Lebenserfahrungen auch des heutigen Menschen. Während sich Theologen verschiedener Religionsgemeinschaften und Philosophen verschiedener Richtungen über die Beantwortung der „grundlegenden Fragen“ des menschlichen Daseins uneins sind, zeitigt die Wissenschaft in ihren mannigfaltigen Disziplinen jederzeit überprüfbare Ergebnisse, die sich bei der praktischen Weltbewältigung bewähren und die als ein für allemal gesichert gelten[2]. So scheint es vernünftig und angemessen, sich allein auf wissenschaftliche Erkenntnisse zu verlassen, dagegen auf philosophische und theologische Fragestellungen zu verzichten.

Dieser erste Eindruck trügt jedoch in doppelter Hinsicht. Einerseits sind, wie die Geschichte der Wissenschaften dokumentiert, auch wissenschaftliche Erkenntnisse zeitgebunden. Andererseits muß jeder – auch wenn er sich auf grundlegende philosophische und theologische Fragen nicht einlassen will – zwangsläufig sein Leben in irgendeiner Weise verbringen und einrichten. Er muß seine Arbeit so oder so verrichten, seine Freizeit gestalten, seine Ehe mit oder ohne Trauschein führen, sein Zimmer oder seine Wohnung ausstatten, Kinder annehmen, ausschließen oder abtreiben, anderen helfen oder sie liegen lassen, über seinen Besitz und sein Geld entscheiden, beten oder nicht beten und dergleichen mehr. All dies jedoch bedeutet zwangsläufig auch eine indirekte Antwort auf jene philosophischen und theologischen Fragen, deren direkte Beantwortung er für überflüssig hält.

Wenn es aber Fragen gibt, auf die wir durch unsere gesamte Lebenshaltung und Lebensführung zwangsläufig eine indirekte Antwort geben, dann ist es angemessen, diese Fragen auch bewußt zu stellen und sich über die Konsequenzen ihrer jeweiligen Beantwortung ins klare zu kommen. Daß die Antwort mit einem Risiko behaftet ist, läßt sich nicht leugnen. Offensichtlich hängt dies damit zusammen, daß der Mensch in seinem Wesen Person ist. Alle den Menschen als Person betreffenden Grundrealitäten jedoch sind den Wissenschaften und ihrer Beweisführung unerreichbar. Keine Wissenschaft vermag zu sagen, worin die Würde des Menschen besteht, oder festzustellen, was Liebe, was Ehrfurcht, was Achtung, was

Treue oder auch was Gemeinheit, was Hinterhältigkeit, was Haß und was Mißachtung ist. Bezeichnenderweise können die Wissenschaften zwar den Lebensstandard, jedoch nicht die sinnvolle Lebensgestaltung oder das Glück des Menschen statistisch erfassen oder gar durch kausalgesetzliche Erklärungen verfügbar machen. Daß Lebensstandard und Glück nicht das gleiche ist, zeigen die Erfahrungen jedes einzelnen ebenso eindringlich wie die Selbstmordziffern und die Zahl der psychisch Belasteten in Nationen mit hohem Lebensstandard.

Daher ist eine menschenwürdige und angemessene Lebensführung rein wissenschaftlich nicht erreichbar. Das gilt insbesondere auch für die Gestaltung zwischenmenschlicher Beziehungen. Wissenschaftliche Kontrollen in diesem Bereich sind offensichtlich ebenso unmöglich wie unangemessen. Es gibt keine personalen Entscheidungen, die ohne jedes Risiko getroffen werden können. Wer einem anderen Menschen vertraut, ihn achtet oder gar liebt, muß sich einlassen auf das Risiko einer anderen Person und hat keine Möglichkeit, dieses Risiko durch ein System wissenschaftlicher Kontrollen auszuschalten. Es ist allenfalls eine Verminderung des Risikos durch Lebenserfahrung und durch Vermeidung allzu rascher und unüberlegter Entscheidungen möglich.

Vergleichbares gilt beim Nachdenken über grundlegende und letzte Fragen, die niemals von der Person der Menschen abzulösen sind. Das Risiko läßt sich dabei nicht ausschalten, es läßt sich allenfalls durch Umsicht und allseitige Aufgeschlossenheit erheblich vermindern. Dies soll in den folgenden Überlegungen versucht werden.

Dabei gilt es freilich zu berücksichtigen, daß der heutige Mensch, der über grundlegende Fragen nachdenkt, nicht bei einem Nullpunkt beginnt. So notwendig eine neue Unbefangenheit des Denkens ist, so zwingend fordert gerade diese Unbefangenheit eine Rechenschaft über die gegenwärtige geistige Situation. Wer heute philosophisch nachzudenken versucht, kann nicht außer acht lassen, daß es eine fast 3000 Jahre währende philosophische Tradition gibt und daß die klassischen Repräsentanten dieser Tradition davon überzeugt waren, der Wahrheit entsprechende Antworten auf alle wesentlichen Fragen gefunden zu haben. Daher gilt es, die grundlegenden Leistungen dieser Tradition angemessen darzustellen und ihre Bedeutung für die heutige Situation aufzuweisen. Diese Überlegungen münden freilich notwendigerweise in die im zweiten Hauptteil behandelte Frage ein, warum diese Philosophie zur Orientierung in unserer Zeit nicht mehr ausreicht.

Dabei muß nicht zuletzt das Verhältnis zwischen der philosophischen Tradition des Abendlandes und der heutigen modernen Industriewelt in die Überlegungen einbezogen werden. Immerhin hat ein so bedeutender Denker wie Theodor W. Adorno die Auffassung vertreten, daß eine Kritik an der Gestaltung der modernen Industriewelt nur dann tief genug ansetzt, wenn sie die gesamte von Plato ausgehende Tradition der abendländischen Philosophie einbezieht[3].

Schließlich muß unter den Voraussetzungen und Bedingungen der heutigen Situation philosophisches Nachdenken erneut beginnen. Dabei gilt es einerseits, den vom klassischen Positivismus geforderten Verzicht auf philosophische Reflexion zu überwinden, jedoch andererseits ebenso, alle Ergebnisse der heutigen wissenschaftlichen Forschung in die philosophischen Überlegungen einzubeziehen. Die Offenheit des Denkens gebietet außerdem, unbefangen zur Kenntnis zu nehmen, daß es vorgegebene Antworten auf die grundlegenden Fragen des menschlichen Daseins gibt, die sich auf Offenbarung berufen. So wenig diese Antworten in philosophische Erkenntnisse umgemünzt werden dürfen, so voreingenommen wäre es, sie bei einer umfassenden geistigen Bestandsaufnahme zu ignorieren.

Insgesamt kann diese Einführung in modernes Philosophieren zwar keine abgerundeten und risikolosen Antworten auf die Grundfragen unseres Daseins bieten. Aber sie will mehr sein als eine Kennzeichnung möglicher Standpunkte zur freien Auswahl. Indem sie sich bei den anstehenden Fragen um Klärung und verantwortbare Entscheidung bemüht, legt sie dar, was nach dem gegenwärtigen Gesamtstand unserer Erkenntnisse als gesicherte Einsicht gelten kann, was als gut begründete Hypothese ernsthaft bedacht werden sollte und was als reine Spekulation zu betrachten ist. Die Verfasser wollen und können dem Leser das eigene Nachdenken und das eigene Risiko nicht abnehmen; jedoch hoffen sie, ihm eine wirkliche Hilfe zu geben, eine eigene angemessene geistige Position zu gewinnen. Es geht somit in diesem Taschenbuch nicht um einen unverbindlichen Überblick über verschiedene Richtungen heutiger Philosophie, sondern – wie der Titel sagt – um eine Einführung, d. h. um eine Hineinnahme in modernes Philosophieren[4].

Diese Überlegungen wären in der vorliegenden Form nicht zustande gekommen ohne den jahrzehntelangen interdisziplinären Gedankenaustausch im Institut für wissenschaftstheoretische Grundlagenforschung, der Forschungsstelle des Deutschen Instituts für Bildung und Wissen. Daher gilt meinen Freunden und Mitarbeitern in diesem Institut auch an dieser Stelle herzlicher Dank. Über diesen allgemeinen Dank hinaus gilt besonderer Dank Herrn Wolfgang Behler, der zusammen mit mir bereits vor Jahren eine umfassende Analyse unserer wissenschaftlich-technischen Welt erarbeitet hat und der nunmehr auch an diesem Band tatkräftig mitwirkte, ebenso Herrn Heinrich Holzapfel[5] und Herrn Georg Masuch[6], die das Manuskript kritisch überprüften und mir wichtige Hinweise zu Verbesserungen gaben.

Hugo Staudinger

I.
Die Notwendigkeit philosophischer Neubesinnung

1. Die Eigenart philosophischen Nachdenkens

Es gehört zur Eigenart des Menschen, über sich selbst, über die Gesellschaft und über die Welt nachzudenken. Dabei handelt es sich jedoch stets um ein Nachdenken über ein bereits gedeutetes menschliches Dasein, über eine bereits vorgegebene Gesellschaft und über eine bereits interpretierte Welt. Diese Feststellung gilt sowohl für den einzelnen Menschen wie auch für die Menschheit insgesamt.

Diese Besonderheit des menschlichen Selbstverständnisses und Weltverhältnisses beruht letzten Endes darauf, daß der Mensch als Person auf personale Sinndeutung seiner Welt angewiesen ist. Ein Tier wächst heran, wenn es nur mit allem Lebensnotwendigen versorgt wird; beim Menschen genügt das jedoch nicht. Die modernen Humanwissenschaften haben nachgewiesen, daß Neugeborene, auch wenn sie mit allem Lebensnotwendigen gut versorgt werden, jeweils dann verkümmern und im Extremfall sogar dahinsterben, wenn sie keine personale Zuwendung der Mutter oder anderer Personen erfahren. Diese personale Zuwendung bedeutet zugleich eine sinnstiftende und wertende Deutung von Mensch und Welt[7].

Selbstverständlich erfolgt diese personale Annahme und Weltdeutung im Anfang nicht primär durch Darlegungen, sondern durch die Art und Weise, wie die Mutter und andere Personen mit dem Kinde umgehen und dabei durch Gebärden, Handlungen und sich wiederholende kennzeichnende Stichworte eine wertende Ordnung spürbar machen. Das Kind wächst somit nicht zunächst einmal in eine „objektiv vorgegebene“ Welt hinein, die erst später bzw. nachträglich gedeutet und geordnet wird, sondern es erfährt die Welt von vornherein dank personaler Zuwendung als eine sinnerfüllte und geordnete Lebenswelt. Voraussetzung der inneren Stimmigkeit dieser Lebenswelt ist die Verläßlichkeit der Personen, durch die sie vermittelt wird[8].

Die Vermittlung einer Sinndeutung der Lebenswelt in der Familie oder einer familienähnlichen Gemeinschaft ist die Voraussetzung dafür, daß der Heranwachsende dann diese ihm vermittelte Sinndeutung entweder bewußt mitvollzieht, unter Umständen vertieft und weiter entwickelt, oder aber, daß er in eigenen Überlegungen zu anderen Deutungen und Auffassungen kommt. So ist die primäre Vermittlung einer Sinn- und Wertdeutung nicht nur die Voraussetzung eines der Tradition verhafteten konservativen Denkens, sondern ebenso die Voraussetzung für eigene kritische Überlegungen und für einen Neuansatz des Denkens. Sowohl das eine wie das andere ist gefährdet bzw. in Extremfällen unmöglich, wenn die primäre Sinn- und Wertdeutung nicht oder nur unzulänglich erfolgt[9].

Hierin liegt einer der entscheidenden Gründe für die Verunsicherung und Orientierungslosigkeit, die heute bei Teilen der Bevölkerung der westlichen Industrienationen, insbesondere auch in der Bundesrepublik zu beobachten ist. Es fehlt an einer glaubwürdigen sinn- und wertstiftenden Deutung von Mensch und Welt. Einerseits werden viele Kinder schon früh von wechselnden Pflegepersonen mit unterschiedlichen Lebensauffassungen versorgt und entbehren der einheitstiftenden primären und dominanten Bezugsperson, zum anderen aber wagen es Mütter bzw. Eltern angesichts der eigenen Verunsicherung in Sinn- und Wertfragen nicht mehr, ihren Kindern eine klare und stimmige Deutung der Welt zu vermitteln. Die Folge davon ist bei den Heranwachsenden die „Erfahrung", in einer Welt zu leben, deren Sinndeutung und Wertkanon von den Etablierten mehr oder weniger willkürlich bestimmt werden, oder gar das Gefühl, in ein sinnloses Leben geworfen zu sein.

Was für den einzelnen Menschen gilt, gilt auch für die Menschheit bzw. die jeweilige Gesellschaft insgesamt. Dementsprechend beginnt auch die Philosophie nicht damit, eine bis zu ihrem Auftreten ungedeutete Welt zu deuten. Sie beginnt vielmehr mit einer kritischen Überprüfung der überlieferten Deutung der Welt und einem kritischen Nachdenken über die mit dieser Deutung verbundene Ordnung der Gesellschaft. So wendet sich z. B. der im 6. Jh. v. Chr. in Kolophon geborene und später in Elea wirkende Xenophanes gegen allzu anthropomorphe Gottesvorstellungen seiner Zeit, indem er formuliert: „Alles haben Homer und Hesiod den Göttern zugeschrieben, was beim Menschen Schimpf und Tadel ist, stehlen, ehebrechen und einander betrügen.“[10] Sein tieferes Nachdenken über die Wirklichkeit führt ihn zu einer Läuterung der bisherigen Gottesvorstellungen. Allerdings werden seine Formulierungen in der Sorge, nichts Unangemessenes über die Gottheit zu sagen, im Vergleich zu den überlieferten Mythen abstrakt und negativ. So fügt er z. B. an die Feststellung: „Es ist nur ein Gott unter Göttern und Menschen der Größte“ unmittelbar die Aussage an: „weder an Gestalt den Sterblichen gleich noch an Gedanken“[11].

Das kritische Nachdenken führt auch zu einer Infragestellung bisher allgemein anerkannter wertorientierter Verhaltensmuster. Die bisherige Auffassung, daß man in keinem Falle den bei der Flucht hinderlichen Schild wegwerfen dürfe, sondern entweder „mit dem Schild oder auf dem Schild“ – d. h. als Sieger oder als Toter – aus der Schlacht zurückkehren müsse, wurde von dem gewiß weit herumgekommenen und später im Kampf gefallenen Dichter Archilochos radikal in Frage gestellt. Er bekennt in einem seiner Gedichte:

Ein Saier wird angegeben mit meinem Schilde,
den ich gewiß nicht freiwillig beim Gebüsch zurückließ,
das untadelige Stück!
Aber ich selbst bin so dem Tode entronnen.
Jener Schild mag im Eimer sein!
Einen neuen werd ich kaufen, der auch nicht schlechter ist![12]

Schon bald begann das kritische Nachdenken über tradierte Auffassungen und Lebensordnungen eine ambivalente Dynamik zu entwickeln: Einerseits erfolgte, um bei den angeführten

Beispielen zu bleiben, tatsächlich eine Korrektur unangemessener Gottesvorstellungen und eine Korrektur eines problematischen Ehrenkodexes: andererseits blieb bei unentwegtem kritischen Denken kaum eine überlieferte Vorstellung und kaum irgendeine Ordnung, die sich nicht als fragwürdig bzw. hinterfragbar erwies. Das einmal in Gang gekommene kritische Denken entwickelte eine eigene Konsequenz, die letzten Endes alles aufzulösen begann. Hatten die einen zunächst unzulängliche Vorstellungen von den Göttern kritisiert, so gingen andere bald zur Frage über, ob es denn Götter überhaupt gäbe, und erklärten, daß sich darüber nichts Gesichertes sagen lasse. Hatten einzelne zunächst bestimmte Einrichtungen und Handlungsweisen der Gesellschaft der Kritik unterworfen, so erschien bei konsequentem Weiterfragen schließlich die bestehende Ordnung insgesamt als „willkürlich" und weithin verdammenswert[13].

Die Kritik an allem erreichte ihren Höhepunkt, als man schließlich auch die eigenen Fähigkeiten zu überprüfen begann und bezweifelte, ob der Mensch überhaupt etwas zu erkennen und zu behaupten vermöge. Dazu vertrat Gorgias aus Leontini, der zur Zeit des Perikles in Athen lehrte, seine berühmten drei Thesen: (1) Es ist nichts und (2) wenn etwas wäre, so würde es unerkennbar sein und (3) wenn etwas wäre und dieses erkennbar wäre, so wäre die Erkenntnis nicht mitteilbar.

Bei der Frage nach den Grundsätzen für Ethik und Politik suchten damals führende Denker konsequent zu unterscheiden zwischen menschlichen Konventionen und dem, was „von Natur" objektiv vorgegeben ist. Zunächst wandten sie sich gegen tradierte Ungleichheiten wie den Adel und die Sklaverei. Einige setzten sich auch ein für die politische Gleichstellung der Frau. Bald jedoch ging man weit über solche konkreten Forderungen hinaus und stellte fest, das einzige nicht vom Menschen gesetzte, sondern wirklich von Natur vorgegebene Recht sei das Recht des Stärkeren. So nahm das zunächst heilsame kritische Denken, wo es sich um Konsequenz bemühte, schließlich destruktive Züge an. Daher sahen sich gerade verantwortungsbewußte Menschen zu der Frage gedrängt, ob die gewiß unzulänglichen überlieferten Vorstellungen und Gesellschaftsordnungen gegenüber den Ergebnissen des neuen kritischen Denkens nicht zumindest das relativ Bessere gewesen seien.

So zeigt sich bereits in dieser frühen Entwicklung eine bleibende Gefahr kritischen Denkens und damit auch eine bleibende Gefahr jeder Philosophie. Auch bei einem Versuch modernen Philosophierens läßt sie sich nicht von vornherein ausschalten. Aber sie läßt sich vermindern, wenn man sie kennt. Wichtigstes Gegenmittel ist eine Rückkoppelung kritischen Denkens an die Lebenserfahrungen des einzelnen und der Gesellschaft. Diese Rückkoppelung erfolgte erstmalig angesichts der gekennzeichneten destruktiven Tendenzen griechischen Denkens. Sie kann in gewissem Sinne als jener Impuls betrachtet werden, der die klassische abendländische Philosophie begründete. Es ist kein Zufall, daß die bisher zitierten Denker bis in unsere Tage hinein zum Teil als „Vorsokratiker", zum Teil als „Sophisten" bezeichnet werden, während jener Athener Sokrates, der den geistigen Kampf gegen die Sophisten aufnahm, als erster „Philosoph" in die Geistesgeschichte der Menschheit eingegangen ist. Bezeichnenderweise heißt „philosophieren" zunächst einfach: das tun, was Sokrates getan hat. Mit ihm beginnt die Geschichte der Philosophie.

2. Kennzeichen abendländischer Philosophie

Angesichts der totalen Infragestellung, die die Sophistik betrieben hatte, kam es der von Sokrates und Plato begründeten und von Aristoteles weiterentwickelten klassischen griechischen Philosophie zunächst darauf an, wieder festen Boden unter die Füße zu bekommen. So problematisch dieser Boden dem heute Philosophierenden in vieler Hinsicht scheinen mag, so wenig ist eine geistige Standortbestimmung und ein neuer philosophischer Ansatz möglich, ohne diese Überlieferung in ihren wichtigsten Vorentscheidungen und positiven Leistungen zu kennen. Daher ist es notwendig, sie im folgenden kurz zu kennzeichnen.

Im Gegensatz zu den Sophisten war Sokrates überzeugt, daß es objektive Maßstäbe für sittliches Urteilen und Handeln gäbe. Im Gespräch suchte er nach allgemeinen Begriffen, die als Maßstab für angemessenes Urteilen und Handeln dienen könnten. So fragte er z. B. zu Beginn eines seiner Dialoge den Euthyphron, der seinen eigenen Vater vor Gericht gebracht hatte und diese Handlungsweise als „fromm" anerkannt haben wollte: „Ist nicht das Fromme in jeder Handlung ein und dasselbe? ... Zeige mir auf, welches dieses Gestalt ist! Denn dadurch kann ich dann, indem ich auf sie blicke und sie zum Muster nehme, diejenige unter deinen oder eines anderen Handlungen, die so beschaffen sind, für fromm erklären."[14]

Sokrates hoffte durch klare begriffliche Bestimmung dessen, was einzelne Tugenden wie Frömmigkeit oder Gerechtigkeit sind, der heillosen Verworrenheit sophistischer Argumentation ein Ende zu bereiten. Soweit sich aus den von Plato überlieferten und gestalteten Dialogen erschließen läßt, gelang es Sokrates, die Fragwürdigkeit der sophistischen Position deutlich zu machen, indem er seine Gesprächspartner zwang, alle Konsequenzen ihrer Ansätze auszusprechen. Allerdings vermochte er es nicht, seine Gesprächspartner zur Aufgabe ihrer Positionen zu zwingen. Bezeichnenderweise können auch seine geistigen Widersacher ihre Positionen so durchhalten oder auch variieren, daß die Gespräche im allgemeinen ohne endgültige Entscheidung enden.

Wenn Sokrates dennoch als der Überlegene ins Bewußtsein seiner Schüler und der Nachwelt eingegangen ist, so gründet dieses Bewußtsein nicht allein in seiner Kunst intellektueller Beweisführung, durch die er seine Gegner zwar nicht zur Kapitulation, aber zum geistigen Offenbarungseid zwang, sondern vor allem darin, daß er durch sein gesamtes Leben und insbesondere durch seinen Tod für die Tragfähigkeit und Wahrheit seiner Seite einstand und dadurch seine Worte stärker und glaubhafter machte als die seiner Gegner.

So zeigt sich innerhalb der Philosophiegeschichte bereits bei Sokrates erstmals eine grundlegende Eigenart rationaler Diskussion: Solange rein intellektuell ohne Rückbezug zum tatsächlichen Leben argumentiert wird, lassen sich in vielen Fällen einander widersprechende Positionen durchhalten. Erst bei einer Rückkoppelung des intellektuellen Gesprächs mit der konkreten Lebenserfahrung und Wirklichkeit zeigt sich die Überlegenheit der angemessenen Position. Diese Grundbefindlichkeit gilt bis in unsere Tage. So ist es z. B. kaum möglich, einen versierten und konsequenten Vertreter des Dialektischen und Historischen Materialismus zur Aufgabe seiner Position zu zwingen. Diese Pattsituation besteht jedoch nur so lange, wie man sich darauf einläßt, von allen Erfahrungen mit dem „real existierenden Sozialismus“ völlig abzusehen. Ein Rückbezug auf die dort gemachten Lebenserfahrungen dagegen löst die Pattsituation auf[15].

Die Art, wie Sokrates seine Begriffe gewann, entsprach der allgemeinen Vorgehensweise menschlichen Denkens. Wir gehen in unserem gesamten Denken stets von einem bereits vorhandenen Vorverständnis aus, das dann geklärt, d. h. bestätigt, korrigiert oder ergänzt wird. Auch Sokrates konnte bei seiner Argumentation nicht bei einem absoluten Nullpunkt beginnen: Der jeweilige Begriff mußte zunächst angesichts von Erfahrungen und Erscheinungen gewonnen und abgegrenzt werden; dann erst war er als definierter Begriff geeignet, die einzelnen Erscheinungen richtig einzuschätzen und zu beurteilen. Insofern waren die konkreten Erfahrungen und Erscheinungen einerseits Voraussetzung zur Bildung des Begriffs, andererseits jedoch wurden sie an diesem Begriff gemessen. In diesem Sinne enthielt die Argumentationsweise des Sokrates einen Zirkelschluß, der die Gefahr eines Kurzschlusses in sich barg[16].

Der Sokrates-Schüler Plato erkannte, daß die Argumentationsweise seines Lehrers nur dann schlüssig ist, wenn es dem Menschen tatsächlich möglich ist, aus unvollkommenen Einzelfällen vollkommene Begriffe zu gewinnen. Bei seinen Überlegungen über diese Möglichkeit ging Plato von mathematischen Begriffen aus. Wie kann der Mensch den Begriff der Gleichheit, den Begriff des Kreises oder den des Quadrates bekommen, da er doch in der Realität niemals zwei in jeder Hinsicht völlig gleiche Gegenstände, niemals einen absolut exakten Kreis und niemals ein völlig genaues Quadrat vorfindet?

Plato beantwortete diese Frage mit seiner berühmten „Ideenlehre". Er behauptete, daß die Seele des Menschen vor ihrem Eintritt in den Leib in einer Welt reiner Ideen gelebt habe, die durch höchste Vollkommenheit gekennzeichnet seien. An diese vollkommene Welt erinnere sich der Mensch jeweils zurück, wenn er etwas annähernd Gleiches, einen annähernd exakten Kreis oder ein annähernd vollkommenes Quadrat sieht. Gleiches gelte für Frömmigkeit und Gerechtigkeit, das Schöne und das Gute und alle anderen Begriffe.

Durch diese Ideenlehre entstand eine Verdoppelung der Welt. Plato lehrte, daß es nicht nur die mit den Sinnen wahrnehmbare Welt, sondern darüber hinaus eine durch rückerinnerndes Denken erfaßbare vollkommene Welt der Ideen gäbe. In ihr sei letztlich alles auf die höchste Idee, die Idee des Guten bezogen. Diese Welt war für Plato der Maßstab zur angemessenen Einschätzung der Erscheinungen und Vorgänge der mit Unvollkommenheit behafteten konkreten Welt.

Bei seinen gesamten Überlegungen sind für Plato mathematische Begriffe nicht nur Ausgangs-, sondern auch bleibender Orientierungspunkt. In aller Konsequenz versuchte er noch im hohen Alter, alle Ideen – bis hin zur Idee des Guten – mit Zahlen und Zahlenverhältnissen gleichzusetzen. In dieser Bindung an die Mathematik liegt eine Voraussetzung zum Verständnis der Ideenlehre, in dieser Bindung liegt jedoch, wie die weiteren Überlegungen zeigen werden, auch deren Problematik.

Platos bedeutendster Schüler Aristoteles suchte die Kluft zwischen der Welt der Ideen und der Realität zu überwinden. Im Gegensatz zu Plato erklärte er, daß die Ideen nicht losgelöst von den realen Gegenständen existierten. Vielmehr seien in den konkreten Erscheinungen jeweils bestimmte Wesensstrukturen verwirklicht. Er verdeutlichte das am Beispiel eines Standbildes. Es wird von einem Künstler bzw. Kunsthandwerker jeweils nach einer bestimmten Idee geschaffen. Diese Idee prägt seine Form. Seine Erscheinung insgesamt verdankt das jeweilige konkrete Standbild jedoch nicht nur dieser Idee, sondern auch dem konkreten Stoff, den der Künstler bei seiner

Formgebung benutzt. Daher sind keineswegs alle Standbilder, die der Kunsthandwerker nach der gleichen Idee schafft, absolut gleich. Die jeweiligen Tönungen, Poren und sonstigen Besonderheiten des Steins, Tons oder Holzes geben vielmehr jedem konkreten Standbild sein eigenes Gepräge. Aufgabe des verständnisvollen Betrachters ist es, in dem jeweiligen konkreten Standbild die Idee des Künstlers in ihrer vom Material unbeeinträchtigten Vollkommenheit zu erkennen.

Vor der gleichen Aufgabe steht der Mensch bei der Betrachtung der jeweiligen konkreten Gegenstände der Welt. In ihren verschiedenartigen Ausprägungen, die durch den Stoff, aus dem sie bestehen, hervorgerufen werden, soll er jeweils die zugrundeliegende Idee bzw. Wesenheit erkennen. Bei dieser Akzentuierung der Ideenlehre wird somit die Idee oder Wesenheit gleichbedeutend mit dem Allgemeinen, das den verschiedenen Ausprägungen der jeweiligen Erscheinung zugrundeliegt. In diesem Sinne kann nach der Lehre des Aristoteles z. B. die allgemeine Wesenheit des Pferdes in jedem konkreten Pferd erkannt werden, obgleich keines dieser konkreten Pferde diese allgemeine Wesenheit in ihrer ungeschmälerten Vollkommenheit zum Ausdruck bringt. Das bedeutet einerseits eine Aufwertung des Konkreten, da nun in ihm und nicht in einer eigenen Welt der Ideen das Wesentliche und Allgemeine verwirklicht und erkennbar ist. Andererseits jedoch bleibt auch bei dieser Konzeption die im jeweiligen Begriff faßbare allgemeine Idee das Kriterium, an dem die konkrete Wirklichkeit gemessen wird. In dieser Hinsicht besteht zwischen der Auffassung Platos und der des Aristoteles kein Unterschied.

Die Unterscheidung zwischen Form und Stoff ist nach Aristoteles für das Verständnis der Welt insgesamt von entscheidender Bedeutung. Die gesamte Wirklichkeit wird dieser Unterscheidung entsprechend in ihrem Seinsrang gewertet. Diesem Seinsrang entspricht jeweils auch der wissenschaftliche Rang. Daher ist innerhalb der Lehre vom Sein die Physik die rangniedrigste Wissenschaft; sie wendet sich den wechselnden Verbindungen der nach Auffassung des Aristoteles vier Elemente – Wasser, Feuer, Erde, Luft – zu, in denen es vieles Unvollkommene und Zufällige gibt, das sich wissenschaftlich nicht fassen läßt. Diese Zufälligkeiten schwinden jedoch in den durch die Mathematik erfaßbaren himmlischen Regionen, in denen die Sterne in reinen Kreisbewegungen allgemeinen großen Gesetzen folgen. Und alles Zufällige ist schließlich ausgeschlossen in der mit der Theologie identischen Metaphysik, die sich den begründenden und übergreifenden allgemeinen Ideen und damit letztlich dem das Ganze in Gang haltenden ewigen unbewegten göttlichen Beweger alles materiellen Seins zuwendet.

Da Aristoteles ebenso wie Plato vom Allgemeinen, vom Gesetzmäßigen und mathematisch Berechenbaren verläßliches Wissen und Orientierung für angemessenes Handeln erhofft, empfindet er alles auf diese Weise nicht erfaßbare Besondere als etwas Zufälliges, die allgemeine Ordnung Störendes, ohne daß er nach seiner möglichen positiven Bedeutung fragt.

Daher ist es nur konsequent, daß die Geschichtswissenschaft im Schema der Wissenschaften bei Aristoteles nicht auftaucht. Er bezeichnet vielmehr die Dichtkunst als „eine philosophischere und ernstere Tätigkeit als die Geschichtsschreibung; denn die Poesie richtet sich mehr auf das Allgemeine, während die Geschichtsschreibung das einzelne erzählt“[17]. Daher hat die Dichtkunst, die immer wiederkehrende Grundsituationen des Menschen darstellt und so eine Daseinsorientierung ermöglicht, den Charakter einer Wissenschaft, die Geschichtsschreibung, die von nicht wiederholbaren einzelnen Geschehnissen berichtet, jedoch nicht.

Einer der Gründe für diesen Mangel an Verständnis für das Einmalige und Epochale ist die Verkennung der Zeit und ihrer Bedeutung für die Struktur der Wirklichkeit. Nach der Überzeugung des Aristoteles ist die Welt als Kosmos ungeworden und unvergänglich, „weil ein so herrliches Werk nicht auf Grund eines neugefaßten Entschlusses einen Anfang genommen haben kann, und sie ist nach allen Seiten so vollkommen, daß keine Kraft ... zustande kommen kann, wodurch jemals der Zerfall oder der Untergang dieses Weltenbaues herbeigeführt werden könnte“[18]. Auch die Menschheit hat in diesem Weltbild des Aristoteles keine unwiederholbare Geschichte, sondern unterliegt nur zyklischen Veränderungen, die den ewigen Bewegungen des Kosmos vergleichbar sind: Von Zeit zu Zeit wird in einer Katastrophe die Menschheit nahezu vernichtet und die wenigen Überlebenden müssen neu mit der Entwicklung der Kultur beginnen.

In seiner Gesamtkonzeption billigt Aristoteles konsequenterweise dem einzelnen Lebewesen – und dies gilt auch für den Menschen – keine besondere Bedeutung zu. Es ist vielmehr jeweils nur Exemplar einer bestimmten Art und erhält allein von daher sein Daseinsrecht und seine Würde. Daher ist die wichtigste natürliche Leistung aller lebenden Wesen „daß sie ein anderes gleichartiges erzeugen", damit sie auf diese Weise „nach Vermögen am Ewigen und Göttlichen Anteil haben"[19].

Für die weitere Entwicklung des europäischen Denkens waren zwei Grundüberzeugungen der klassischen griechischen Philosophie von besonderer Bedeutung:

1. Die Überzeugung, daß die Mathematik den Schlüssel zur Erfassung und zum Verständnis der gesamten Wirklichkeit biete.
2. Die Auffassung, daß das in den Ideen gedanklich erfaßbare Allgemeine Richtmaß der konkreten Realität sei.

Diese beiden Grundideen wurden von der klassischen scholastischen Theologie des Mittelalters in einer eigenen Art und Weise verchristlicht und blieben in dieser Form geschichtswirksam.

Für die wichtige, jedoch nicht völlig geklärte Rolle, die die mittelalterliche Theologie der Mathematik zuschrieb, konnte sie sich nicht zuletzt auf eine Reihe von Aussagen der griechischen Bücher des Alten Testamentes berufen, in denen es unter anderem heißt: „Doch du hast alles nach Maß und Zahl und Gewicht geordnet."[20] Im Hinblick auf die Ideen lehrte die Scholastik[21], daß sie schon vor der Schöpfung im Geiste Gottes gewesen seien und in diesem Sinne vor der konkreten Wirklichkeit (ante rem) bestanden hätten, daß sie sodann in die Schöpfung eingegangen und als Wesensgehalte in den jeweils konkreten Dingen (in re) verwirklicht seien und daß sie dann schließlich (post rem) vom Menschen erkannt und sprachlich formuliert als allgemeine Begriffe zur Kennzeichnung der konkreten Wirklichkeit dienten.

3. Abendländische Philosophie und klassische Naturwissenschaft

Während Aristoteles der Überzeugung gewesen war, daß zwar die Regionen des Himmels durch mathematisch formulierbare Gesetzmäßigkeiten beherrscht würden, daß jedoch auf der Erde infolge der Unberechenbarkeit und Zufälligkeit der Materie eine solche Gesetzmäßigkeit nicht gegeben sei, entdeckte die klassische Naturwissenschaft, daß die himmlischen und die irdischen Regionen durch die gleichen „Naturgesetze" beherrscht würden. Voraussetzung zur Entdeckung dieser Naturgesetze war allerdings, daß man die Natur nicht so beboachtete, wie man sie vorfand, sondern Veränderungen vornahm, die es ermöglichten, Gesamtvorgänge in ihre einzelnen Komponenten zu zerlegen.

Carl Friedrich von Weizsäcker kennzeichnet dieses neue Verfahren pointiert: „Galilei tat seinen großen Schritt, indem er wagte, die Welt so zu beschreiben, wie wir sie nicht erfahren. Er stellte Gesetze auf, die in der Form, in der er sie aussprach, niemals in der wirklichen Erfahrung gelten, und die darum niemals durch irgendeine einzelne Beobachtung bestätigt werden können, die aber dafür mathematisch einfach sind. So öffnete er den Weg für eine mathematische Analyse, die die Komplexheit der wirklichen Erscheinungen in einzelne Elemente zerlegt. Das wissenschaftliche Experiment unterscheidet sich von der Alltagserscheinung dadurch, daß es von einer mathematischen Theorie geleitet ist, die eine Frage stellt und fähig ist, die Antworten zu deuten. So verwandelt es die gegebene ‚Natur' in eine manipulierbare Realität."[22]

Die Ambivalenz dieses Vorgangs wird deutlich, wenn man sich zwei Interpretationen vor Augen hält, die in der Folgezeit vorgebracht wurden: Die eine betont, daß der Mensch der Natur die Möglichkeit zur Beantwortung seiner Fragen gebe, in der respektvollen Bereitschaft, ihre Auskünfte anzuerkennen. Die andere dagegen hebt hervor, daß der Mensch die Natur wie ein Richter behandele, der jemanden „auf die Folter spannt", um ihn zur Aussage auf gezielte Fragen in einem vorentworfenen System möglicher Antworten zu zwingen[23].

Carl Friedrich von Weizsäcker kennzeichnet das neue experimentelle Vorgehen Galileis durch einen eindrucksvollen Vergleich mit Aristoteles, indem er schreibt: „Aristoteles wollte die Natur bewahren, die Erscheinungen retten ... Galilei zerlegt die Natur, lehrt uns, neue Erscheinungen willentlich hervorzubringen und den gesunden Menschenverstand durch Mathematik zu widerlegen. So sagt z. B. Aristoteles, daß schwere Körper schnell fallen, leichte Körper langsam und ganz leichte Körper sogar aufsteigen. Dies ist genau, was die Erfahrung jeden Tags uns lehrt: Der Stein fällt schnell, das Blatt Papier langsam, die Flamme steigt auf. Galilei behauptet, alle Körper fielen mit gleicher Beschleunigung und müßten deshalb nach gleicher Zeit gleiche Geschwindigkeit erlangt haben. In der alltäglichen Erfahrung ist dieser Satz einfach falsch. Galilei fährt fort, im Vakuum würden sich die Körper aber in der Tat so verhalten. Er stellt also die Hypothese auf, es könne ein Vakuum, einen leeren Raum geben, wieder im Widerspruch nicht nur zur Philosophie des Aristoteles, sondern auch zur Erfahrung jeden Tags."[24]

Diese Ausführungen Carl Friedrich von Weizsäckers kennzeichnen alle klassischen Naturgesetze. Alle diese Gesetze gelten jeweils nur unter sogenannten „idealen Bedingungen": Sie gelten nur, wenn außer den in dem betreffenden Naturgesetz selbst formulierten Beziehungen keinerlei Kräfte wirksam sind. Derartige Bedingungen sind jedoch faktisch nicht einmal im Experiment voll gewährleistet, ja es läßt sich nicht einmal entscheiden, ob sie auch nur prinzipiell realisierbar sind. So sind – um bei dem Beispiel des Vakuums zu bleiben – die meisten Physiker heute der Überzeugung, daß es einen absolut leeren Raum grundsätzlich nicht geben könne, daß Raum vielmehr stets nur im Zusammenhang mit Materie besteht. Gerade wenn man sich dies vor Augen hält, tritt die ungeheure geistige Leistung Galileis in ihrer ganzen Paradoxität in Erscheinung: Indem es dieser Mann wagt, die Natur mathematisch so zu beschreiben, wie sie tatsächlich niemals ist, eröffnet er neue Möglichkeiten zur exakten Berechnung realer Vorgänge und – im Hinblick auf Kausalzusammenhänge – Wege zu einer besseren Erkenntnis der Natur!

Im Gegensatz zur Lehre des Aristoteles gelten also nach Überzeugung der klassischen Naturwissenschaften in allen Regionen des Weltalls grundsätzlich die gleichen exakten und verläßlichen Naturgesetze. Alle scheinbaren Abweichungen sind allein darauf zurückzuführen, daß die für die Geltung dieser Gesetze notwendigen idealen Bedingungen fehlen. Dieser Mangel jedoch läßt sich grundsätzlich dadurch ausgleichen, daß man störende Kräfte und Einwirkungen entweder im Experiment ausschaltet oder in der Alltagswelt als zusätzliche Komponenten in die Gesamtberechnungen aufnimmt. So kann man z. B. die allgemeine Geltung der Fallgesetze entweder dadurch nachweisen, daß man im Experiment ein annäherndes Vakuum schafft, oder indem man in der Alltagswelt den Luftwiderstand und andere den freien Fall störende Faktoren als eigene Komponenten in die Berechnung einbezieht.

So entsteht im neuzeitlichen Denken die wissenschaftlich begründete Überzeugung, daß der gesamte Kosmos von absolut gültigen Naturgesetzen beherrscht werde, und daß der Grund dafür, daß in manchen Fällen keine exakte Berechnung gelingt, weder in einer Unzuverlässigkeit der Naturgesetze selbst zu suchen sei, noch in der Möglichkeit, daß es Vorgänge gäbe, die diesen Gesetzen nicht unterlägen.

So haben die klassischen Naturwissenschaften in einer eigenen Art und Weise das Programm der griechischen Philosophie realisiert: In ihrem Weltbild sind die mathematisch formulierten Naturgesetze jene allgemeinen großen Ideen, die den gesamten Kosmos mit all seinen Erscheinungen bestimmen und prägen. Allerdings muß der Mensch, der die konkrete Welt erforscht, jeweils herausfinden, welche „idealen" Gesetze den jeweiligen komplexen Erscheinungen der Wirklichkeit zugrunde liegen, um so deren mathematisch faßbare Strukturen zu erkennen.

In einem wichtigen Punkte freilich unterscheidet sich diese naturwissenschaftliche Auffassung von der griechischen Philosophie: Sie kennt keinen für das Verständnis des Ganzen unentbehrlichen ewigen unbewegten Beweger, der alles in Gang hält. Vielmehr betrachtet sie in einer ihr gemäßen Interpretation des biblischen Schöpfungsberichts den Kosmos als Konstruktion. Gott erscheint als Weltkonstrukteur, der den großen Bau ersonnen, ausgeführt und in Bewegung gesetzt hat. Dank der Vollkommenheit ihres göttlichen Konstrukteurs bedarf die „Weltmaschine“, nachdem sie einmal läuft, weder der Korrektur noch der Wartung. Sie funktioniert nach den anfangs in sie gelegten Gesetzen mit eherner Zuverlässigkeit. Um sie zu erforschen und zu verstehen bedarf es – ebensowenig wie bei anderen Maschinen – eines Rückblicks auf ihren Konstrukteur. Er ist für das neue wissenschaftliche Verständnis der Welt durchaus entbehrlich. Selbstbewußt antwortet daher Laplace auf die Frage Napoleons, warum Gott in seiner Mechanik des Himmels nicht vorkomme: „Majestät, die Wissenschaft bedarf dieser Hypothese nicht.“

Das neue Gesamtbild der Welt verzichtet jedoch nicht nur auf eine Einbeziehung Gottes, sondern verändert auch die Stellung des Menschen im Kosmos. Es begann damit, daß die Erde ihre Stellung als ruhender Mittelpunkt der Welt verlor und schließlich durch neue Entdeckungen in eine immer unbedeutendere und „zufälligere“ Randstellung geriet. Es endete damit, daß der Mensch selbst nicht mehr als „Krone der Schöpfung“, sondern als ein mehr oder weniger glückliches Zufallsprodukt der Evolution erscheint.

In dieser neuen, ihm von der Wissenschaft zugewiesenen Stellung ist dem Menschen keine besondere Würde und kein Sinn mehr vorgegeben. Nur er selbst kann sich eine Würde zubilligen und seinem Leben Sinn verleihen. Dabei kann die Sinnsetzung entweder individuell oder auch kollektiv erfolgen. Idealtypischer Repräsentant individueller Sinnsetzung ist eine philosophische Richtung, die als Existentialismus in die moderne Philosophiegeschichte eingegangen ist. Nach seiner Auffassung ist der Mensch ein ins Nichts Geworfener, der sich eine Existenz gründen und darin seinen Sinn suchen muß[25]. Idealtypischer Repräsentant kollektiver Sinngebung ist der Marxismus, der die Weltgeschichte als einen Prozeß deutet, an dessen Ende ein durch kollektive Anstrengung der Menschheit geschaffenes irdisches Paradies steht. Der einzelne findet sinnvolles Leben allein durch Teilhabe an einem darauf abzielenden fortschrittlichen Handeln.

Nach bisherigen Erfahrungen führen allerdings beide Auffassungen zu verkrampften Anstrengungen und permanentem Scheitern. Es kennzeichnet den Existentialismus, daß seine konsequentesten Vertreter schließlich erklären, die Frage des Selbstmordes sei die philosophisch wichtigste. Wer sich auf diese Denkrichtung konsequent einläßt, kann sich dieser Auffassung tatsächlich kaum entziehen. Welchen Sinn sollte es für ein ins Nichts geworfenes Wesen haben, sich unter Anstrengungen und Mühen eine Existenz zu gründen, obgleich es ja doch über kurz oder lang mit dem Tode dem Nichts erneut preisgegeben wird?

Aber auch die Parole des Marxismus, durch kollektives Zusammenwirken ein Paradies auf Erden zu schaffen, vermag die Sinnfrage nach allen bisherigen Erfahrungen nicht zu lösen. In der Realität, d.h. in den Ländern des „real existierenden Sozialismus“[26], sind alle humanitären Anstrengungen ins Gegenteil umgeschlagen. Politische Verkrampfung und staatliche Zwangsmaßnahmen haben die marxistisch regierten Länder keineswegs in paradiesische Zustände versetzt. Vielmehr sind gerade diese Staaten gezwungen, ihre eigenen Bürger mit Gewalt zusammenzuhalten und ihnen durch Ausreiseverbote, Grenzsperren und Mauern die Flucht aus ihren „fortschrittlichen“ Staaten unmöglich zu machen. Und selbst wenn man hoffen könnte, daß irgendwann das marxistische Paradies verwirklicht wird, so blieben zwei kritische Fragen: die eine, ob alle vorher Lebenden tatsächlich in dieser Endphase der Geschichte nachträglich ihren Sinn finden, und die andere, ob dieses – angesichts der Endlichkeit der Erde – vorübergehende Paradies der Menschheit überhaupt Sinn zu verleihen vermag.

Das Scheitern des Existentialismus und das Scheitern des marxistischen Kollektivismus sind jedoch nur Symptome des allgemeinen Zustandes einer wissenschaftlich interpretierten und technisch organisierten Welt, einer Welt, die ihrerseits in Vorentscheidungen der klassischen abendländischen Philosophie ihre Voraussetzung und in mancher Hinsicht ihre bleibende Grundlage und Rechtfertigung hat. In dieser kritischen Situation stellt sich mit neuer Dringlichkeit die Frage nach einer der Wahrheit verpflichteten, d.h. illusionslosen und tragfähigen Deutung des menschlichen Daseins und der Welt.

4. Die Krise der europäischen Denktraditionen

Angesichts der inneren Kraft der klassischen abendländischen Philosophie, die immerhin über zwei Jahrtausende das europäische Denken geprägt hat, und angesichts der eindrucksvollen Erfolge und der beachtlichen Plausibilität wissenschaftlichen Weltverständnisses setzt ein neuer philosophischer Ansatz eine innere Aufarbeitung der abendländischen Philosophie und des unterschwellig mit ihr verbundenen wissenschaftlichen Weltverständnisses voraus. Es stellt sich daher unausweichlich die Frage, wo die entscheidenden Unzulänglichkeiten dieser Auffassungen liegen.

Hierbei sei zunächst nochmals an die Begriffsbildung zu Beginn der griechischen Philosophie erinnert. Wie bereits bemerkt wurde, konnte Sokrates bei seiner Argumentation nicht bei einem absoluten Nullpunkt beginnen. „Der jeweilige Begriff mußte zunächst angesichts von Erfahrungen und Erscheinungen gewonnen und abgegrenzt werden; dann erst war er als definierter Begriff geeignet, die einzelnen Erscheinungen richtig einzuschätzen und zu beurteilen. Insofern waren die konkreten Erfahrungen und Erscheinungen einerseits Voraussetzung zur Bildung des Begriffs, andererseits jedoch wurden sie an diesem Begriff gemessen. In diesem Sinne enthielt die Argumentationsweise des Sokrates einen Zirkelschluß, der die Gefahr eines Kurzschlusses in sich barg."[27]

Wie dargelegt wurde, sucht Plato diese Gefahr zu überwinden. Er zahlt jedoch dafür einen hohen Preis: Er verzichtet auf die Rückkopplung des Begriffs an die konkreten Lebenserfahrungen des Menschen bzw. an die dem Menschen täglich begegnende Wirklichkeit. Statt dessen sucht er der Begriffsbildung eine davon unabhängige Gültigkeit zu sichern, indem er die Begriffe als vollkommene Ideen auffaßt. Wie bereits dargelegt wurde, geht er dabei von mathematischen Begriffen aus und orientiert sich in seiner Ideenlehre bis zu seinem Lebensende an diesen mathematischen Überlegungen.

Tatsächlich ist die Argumentation Platos im Bereich der Mathematik überzeugend. In diesem Bereiche sind die Begriffe[28] vollkommener als die realen Erscheinungen der menschlichen Erfahrungswelt, so daß diese realen Erscheinungen jeweils am Begriffe gemessen werden: Jeder reale Kreis, den ein Lehrer oder ein Kind an eine Tafel malt, wird zu Recht am idealen Begriff des Kreises gemessen und dementsprechend als ein „guter" oder „schlechter" Kreis bezeichnet. Hier gibt es also zu Recht einen Primat des Begriffs.

Problematisch wird die Ideenlehre Platos jedoch, wenn diese Feststellungen, die für mathematische Begriffe gelten, unkritisch extrapoliert und auf konkrete Erscheinungen der vorgefundenen Wirklichkeit übertragen werden. Dieser Problematik war sich auch Plato selbst bewußt. Unmißverständlich erklärte er, daß sich über die Geltung der Mathematik in der realen Welt wissenschaftlich nichts sagen, sondern nur eine wahrscheinliche Geschichte erzählen lasse. Trotz dieses Eingeständnisses hat Plato jedoch – fasziniert von der Klarheit mathematischen Denkens und in der Hoffnung auf sichere Orientierung des Handelns – der Mathematik bzw. der nach ihrem Muster konzipierten Welt der Ideen Vorrang vor der konkreten Wirklichkeit eingeräumt.

Diese Prioritätsentscheidung war jedoch problematisch. Wie Max Horkheimer und Theodor W. Adorno in ihrer kritischen Auseinandersetzung mit der von Plato ausgehenden idealistischen Philosophie zu Recht festgestellt haben, tut diese „mythologisierende Gleichsetzung der Ideen mit den Zahlen"[29] und die Erhebung dieser Zahlen zum absoluten Richtmaß der konkreten Wirklichkeit Gewalt an. Die Berechtigung dieser Kritik wird besonders deutlich, wenn man sich den Zusammenhang zwischen der Ideenlehre und dem Weltbild der klassischen Naturwissenschaften vor Augen hält.

Zur Verdeutlichung sei zunächst betont, daß die Natur zwar Gegenstände kennt, die man zählen kann, aber keine Zahlen. Schon die einfachste Addition wird fragwürdig, wenn man sie auf reale Dinge bezieht. Der Grundschüler des herkömmlichen Rechenunterrichts lernt zwar, daß man nur Gleiches mit Gleichem zusammenzählen darf. Aber im Widerspruch dazu tut der Rechenunterricht so, als ob zwei Äpfel gleich zwei Äpfeln und zwei Birnen gleich zwei Birnen seien. Dadurch wird es rechnerisch leicht, vier Äpfel unter zwei Kinder zu verteilen und dergleichen mehr. Die Problematik zeigt sich jedoch, wenn tatsächlich vier Äpfel an zwei Kinder verteilt werden: Es gibt unter Umständen Streit, weil ein Apfel größer und ein anderer schöner als der andere ist.

Da es in der vorgefundenen Wirklichkeit niemals zwei Menschen, zwei Tiere, zwei Pflanzen, zwei Steine oder auch nur zwei Atome gibt, die in jeder Hinsicht absolut gleich sind, ist jede mathematische Aussage problematisch, wenn man sie auf reale Gegebenheiten anwendet. Eine Anwendung von Mathematik auf die Wirklichkeit bedeutet die Verknüpfung der aus der idealen Welt stammenden Zahlen mit realen Gegebenheiten[30].

Dieser Hinweis würde freilich mißverstanden, wenn er dazu mißbraucht würde, die Mathematik in Form der angewandten Mathematik schlechthin zu verteufeln. Immerhin hat sich die Mathematik auch als angewandte Mathematik in den Wissenschaften glänzend bewährt. Es besteht also eine innere Bezogenheit zwischen der Mathematik und den mathematisch formulierten Naturgesetzen auf der einen und der konkreten Wirklichkeit mit ihren Veränderungen auf der anderen Seite. Mathematik und Wirklichkeit stehen also nicht beziehungslos nebeneinander. Die Art des Verhältnisses ist jedoch offensichtlich komplizierter, als es bei Plato und den Verfechtern des klassischen wissenschaftlichen Weltbildes erscheint.

Wie die Erfolge der Wissenschaften beweisen, eignet sich die Mathematik vorzüglich zur Berechnung, Ordnung und Beherrschung der Wirklichkeit. Das zu bestreiten wäre unsinnig. Aus der Möglichkeit einer mathematischen Erfassung läßt sich jedoch nicht mit Notwendigkeit folgern, daß die Wirklichkeit selbst mathematisch konstruiert sei. Ein Ordnungsschema, das sich zur Beschreibung einer Erscheinung hervorragend eignet, muß deshalb nicht mit der Struktur dieser Erscheinung selbst identisch sein.

Zur Verdeutlichung sei auf die Längen- und Breitengrade hingewiesen, die sich als Ordnungsschema bei der Beschreibung der Erde in der Geographie bewährt haben. Diese Gradeinteilung ist der Erde angepaßt und setzt eine zumindest annähernde Kugelgestalt der Erde voraus, die sie wie ein Netz überzieht. Es wäre jedoch ein Kurzschluß, aus der hervorragenden Bewährung dieser Einteilung zu schließen, daß die Erde selbst nach Längen- und Breitengraden konstruiert sei.

An diesem Beispiel läßt sich auch das Verhältnis zwischen Mathematik und Wirklichkeit im Sinne einer notwendigen Prioritätsentscheidung gut verständlich machen. Man kann entweder mit Plato der Auffassung sein, daß es eine Idee der Erde gibt, die eine vollkommene Kugel ist und auf der die Längen- und Breitengrade in absoluter Vollkommenheit an jedem Punkte stimmig einen Punkt der Kugeloberfläche treffen und bezeichnen. Die tatsächliche Erde erscheint dann gegenüber dieser ihrer Idee als unvollkommen und mit Mängeln behaftet. Man kann jedoch auch der Überzeugung sein, daß die Erde das Primäre ist und daß ihre Vollkommenheit und Schönheit auch darin zum Ausdruck kommt, daß sie Höhen und Tiefen, Gebirge und Täler, Hochflächen und Meere in je eigener Beschaffenheit kennt. Geht man von dieser Auffassung aus, so läßt sich die Erde mit Hilfe der Mathematik stets nur unvollkommen beschreiben. Diese Unvollkommenheit wird jedoch nicht der Erde angelastet, sondern die Unvollkommenheit liegt darin, daß die Mathematik nicht in der Lage ist, die ganze Komplexität der Wirklichkeit voll zu erfassen.

Die eben getroffenen Feststellungen gelten nicht nur für das angeführte Beispiel, sondern sind von grundsätzlicher Bedeutung. Die klassischen Naturwissenschaften erweisen sich „nicht zuletzt darin als Nachfahren des platonischen Idealismus, als ihre Aussagen sich genau genommen nicht auf die Realität beziehen, sondern nur in einem jenseits aller Realität liegenden Bereich idealer Bedingungen volle Gültigkeit beanspruchen können. Indem diese Bedingungen als ‚ideal' erklärt werden, wird jedoch zugleich das wissenschaftlich Formulierte zum Maßstab der Realität erhoben. Es wird nicht zugegeben, daß die Naturgesetze zur Erfassung der Realität unzulänglich sind, sondern es wird statt dessen unterstellt, daß die Wirklichkeit, insofern sie diesen Gesetzen nicht voll entspricht, unzulänglich sei."[31]

Aus dieser Prioritätsentscheidung ergibt sich der Impuls, die Wirklichkeit so umzugestalten, daß sie den wissenschaftlich-technischen Berechnungen besser entspricht. Dies bedeutet angesichts der Tatsache, daß die Natur nichts Gleiches kennt, die Mathematik jedoch Gleichheit voraussetzt, vor allem eine Normierung der Wirklichkeit. Diese Normierung, die in der gesamten modernen Industriegesellschaft über alle politischen und ideologischen Grenzen hinweg vorgenommen wird, fängt bei der Normierung des Materials an und geht über die Normierung von Maßen und Gewichten bis hin zur computergerechten Normierung von Formblättern, Statistiken und Ausweisen. Hierzu gehört jedoch auch die Einordnung von Pflanzen und Tieren in Güteklassen sowie die Heranzüchtung neuer Pflanzen und Tiere, die jeweils auf normierte Eigenschaften hin gezüchtet werden.

Die Umgestaltung der Wirklichkeit, die in der modernen Industriewelt vorgenommen wird, entspricht genau der Prioritätsentscheidung, die einst Plato und Aristoteles zu Gunsten der Ideen bzw. des Allgemeinen gegenüber der konkreten Wirklichkeit getroffen haben. Wie bereits angedeutet wurde, läßt sich dieses Programm jedoch nur annähernd durchführen. Bezeichnenderweise wird zugleich mit der Festlegung der Normen und der Beschreibung der Güteklassen jeweils auch festgelegt, bis zu welchem Grade Abweichungen von der Norm zulässig sind bzw. unbeanstandet bleiben und toleriert werden. In solchen Maßnahmen zeigt sich, daß das Programm der Angleichung der Wirklichkeit an die Ideen bzw. die Begriffe und definierten Normen nur unvollkommen realisierbar ist, da es zur Wirklichkeit in einem letzthin unaufhebbaren Widerspruch steht.

Trotzdem sind und bleiben Normierungen dieser Art berechtigt und zweckentsprechend. Die meisten kränken niemanden und erleichtern das Leben. Auch wer sich in nostalgischen Gefühlen gegen die moderne Industriewelt wehrt, würde wahrscheinlich schimpfen, wenn in seinem Hotelzimmer die Lichtschalter nicht in der gewohnten Höhe zu finden wären, wenn die Tasten bzw. Buchstaben seiner Schreibmaschine völlig anders als gewohnt angeordnet wären, wenn er die neue Glühbirne vergeblich einzuschrauben suchte, weil sie ein anderes Gewinde als die letzte hat, oder wenn er für sein Haus Ziegelsteine völlig verschiedener Größen angeliefert bekäme.

Selbstverständlich kann man zu Recht darauf hinweisen, daß die Art der Massenproduktion unserer modernen Industriewelt „von selbst" zu genormten Produkten führt, da diese jeweils durch Wiederholung des gleichen Arbeitsvorganges zustande kommen. Diese Normierung kommt jedoch im allgemeinen den Bedürfnissen und Wünschen der Verbraucher durchaus entgegen. Vergleichbares gilt für die Einordnung in Güteklassen. Die Angabe der Güte ist für den Käufer bzw. Verbraucher eine Erleichterung bei der Auswahl und hilft ihm zudem, die Angemessenheit oder Unangemessenheit des Preises abzuschätzen. Ebenso hilfreich und sinnvoll ist es, daß wir dann die durch Normierung annähernd gleichen Gegenstände zählen, obgleich bei einer vollen Berücksichtigung mathematischer Prinzipien nur absolut gleiche Gegenstände zusammengezählt und verrechnet werden dürften.

Es lohnt sich jedoch zu fragen, wo die Grenzen dieser Art von Erfassung liegen bzw. in welchen Fällen eine solche Erfassung und Gestaltung unangemessen wird. Auch hierbei muß bei einer grundsätzlichen Aufarbeitung der bisherigen Philosophie schon in der Antike angesetzt und auf Aristoteles hingewiesen werden. Wie dargelegt wurde, unterscheidet Aristoteles ausgehend vom Beispiel eines Standbildes zwischen Stoff und Form. Ein Standbild „wird von einem Künstler bzw. Kunsthandwerker jeweils nach einer bestimmten Idee geschaffen. Diese Idee prägt seine Form. Seine Erscheinung insgesamt verdankt das Standbild jedoch nicht nur dieser Idee, sondern auch dem konkreten Stoff, den der Künstler bei seiner Formgebung benutzt. Daher sind keineswegs alle Standbilder, die der Kunsthandwerker nach der gleichen Idee schafft, absolut gleich. Die jeweiligen Tönungen, Poren und sonstigen Besonderheiten des Steins, Tons oder Holzes geben vielmehr jedem konkreten Standbild sein eigenes Gepräge."[32]

Ähnlich wie bei Plato ist die Argumentation bzw. Darlegung des Aristoteles überzeugend, solange man bei dem angeführten Beispiel bleibt. Sie ist überzeugend im Bereich der handwerklichen und insbesondere auch der industriellen Produktion. Es ist kein Zufall, daß hier die Waren häufig nach Mustern oder Katalogen ausgesucht und bestellt werden. Exemplare, die signifikant vom Muster abweichen, werden entweder als Ausschuß abgesondert oder allenfalls als Produkte „zweiter Wahl" verbilligt abgegeben. Das Allgemeine ist das Richtmaß des Besonderen. Hierauf beruht das relative Recht des Aristoteles bzw. die Eigenart handwerklicher und industrieller Produktion.

Aber auch Aristoteles selbst weiß, daß sich sein Schema Form–Stoff nicht ohne Schwierigkeiten auf die vorgefundene Wirklichkeit übertragen läßt. Er gesteht zu, daß in der Natur – etwa in der Tier- und Pflanzenwelt – Form und Stoff von Anfang an eine Einheit bilden, die nur gedanklich getrennt werden könne. Offensichtlich ist er sich jedoch der Rückwirkungen nicht bewußt, die sich aus dieser seiner Feststellung für das Verhältnis zwischen dem im Begriff gefaßten Allgemeinen und dem je Besonderen der vorgefundenen Wirklichkeit ergeben.

Tatsächlich jedoch ist im Bereich des Lebendigen das je Besondere keine Abweichung von einer der Idee nach eindeutig vorgegebenen bzw. bei der „Herstellung" angestrebten Form, sondern es ist vielmehr zugleich eine Variation der Form selbst. Während es in der handwerklichen und industriellen Produktion jeweils ein erstes Exemplar gibt, an dem sich die ganze Produktion ausrichtet, und dementsprechend auch Musterexemplare, denen die ausgelieferte Ware entsprechen muß, gibt es keine Urform der Rose oder des Pferdes, die in der Weise normativ wäre, daß jede Abweichung als Fehler bzw. Minderung der Qualität betrachtet werden müßte. Die Besonderheit einer einzelnen Rose oder eines einzelnen Pferdes beruht nicht auf der „Besonderheit des Materials", sondern ist primär eine Variation der Form. Daher achtet unter Umständen jemand, der eine Rose oder ein Pferd kauft, genau auf die Besonderheiten dieses von ihm erworbenen Exemplars.

Hiergegen kann man einwenden, daß seit der Industrialisierung der landwirtschaftlichen Produktion und der Normierung ihrer Erzeugnisse insbesondere beim Versandhandel auch Tiere und Pflanzen nach Katalogen, Güteklassen und dergleichen gekauft und verkauft würden. Die Beachtung der Besonderheit des einzelnen Tieres oder der einzelnen Pflanze sei also nur ein Relikt aus vergangenen Zeiten, während der moderne Mensch längst „umgeschaltet" habe. Dieser Einwand ist jedoch kurzschlüssig. Ob beim Kauf eines Tieres oder einer Pflanze auf die Besonderheit geachtet wird, entscheidet sich nicht daran, ob der Käufer ein konservativer oder fortschrittlicher Typ ist. Vielmehr läßt sich beobachten, daß jeweils dann auf die Besonderheit geachtet wird, wenn dieses Tier oder diese Pflanze in einem besonderen Zusammenhang zum Menschen stehen oder gestellt werden. Wer rasch einen sogenannten Höflichkeitsbesuch erledigen muß, zieht gegebenenfalls einen Blumenstrauß aus einem Automaten, ohne ihn vorher genau anzusehen. Wer dagegen seine Frau oder seine Freundin mit einigen Rosen überraschen will, achtet unter Umständen genau auf Form und Tönung jeder einzelnen Blüte.

Es besteht also offensichtlich ein Unterschied zwischen den Prinzipien, die bei der lebensdienlichen Gestaltung der Sachwelt maßgeblich sind und maßgeblich sein dürfen, und den Prinzipien, die ins Spiel kommen, wenn der Mensch als Person beteiligt ist. Wie schon Redewendungen in unserem Alltag signalisieren, ist es unangemessen, die Prinzipien der lebensdienlichen Sachwelt in die personale Sphäre zu übertragen. Der Mensch als Person empfindet ein spontanes Unbehagen, wenn er das Gefühl hat, austauschbar und verrechenbar zu sein und nur als Nummer behandelt zu werden. Sosehr es seine formale Richtigkeit hat, wenn man im Hinblick auf die funktionale Arbeitswelt feststellt, daß „jeder ersetzbar" ist, so aufschlußreich ist es auf der anderen Seite, daß ein Liebender dem Geliebten zuweilen erklärt: „Du bist anders als die anderen"[33] und daß Angehörige oder Freunde in Todesanzeigen versichern, daß sie einen „unersetzbaren Verlust" erlitten haben.

Diese Feststellung bedeutet jedoch auch, daß die Prinzipien rein wissenschaftlicher Weltdeutung nicht ausreichen, um eine angemessene Darstellung des Menschen und seiner personalen Lebenswelt zu geben[34]. Wie bereits in den einleitenden Gedanken angedeutet wurde, kommen hier Begriffe ins Spiel, die das rein wissenschaftliche Begriffssystem übersteigen: „Keine Wissenschaft vermag zu sagen, worin die Würde des Menschen besteht, oder festzustellen, was Liebe, was Ehrfurcht, was Achtung, was Treue oder auch was Gemeinheit, was Hinterhältigkeit, was Haß und was Mißachtung ist."[35]

Man muß sich jedoch darüber im klaren sein, daß in der menschlichen Lebenswelt nicht nur andere, „unwissenschaftliche" Begriffe ins Spiel kommen, sondern daß diese Begriffe auch eine eigene Qualität besitzen. Die Unzulässigkeit der Extrapolationen, die von Plato und Aristoteles vorgenommen werden, beruht letztlich darauf, daß sie diese qualitative Andersartigkeit überspielen. Plato, der für seine Argumentation mathematische Beispiele benutzt, erspart sich die Frage, ob die Tatsache, daß es in der Wirklichkeit keine Gleichheit gibt, eine beachtenswerte positive Bedeutung hat. Damit trifft er eine folgenschwere undiskutierte Vorentscheidung. Er überspielt damit zugleich die Frage, ob eine mathematische Erfassung, die zu einer zweckdienlichen Gestaltung durchaus hilfreich sein kann, auch geeignet ist, die vorgegebene Wirklichkeit insgesamt angemessen zu verstehen. Wie bereits angedeutet wurde, gilt Analoges für die Argumentation des Aristoteles.

Ein wichtiger Einwand gegen die von Plato und Aristoteles getroffene Prioritätsentscheidung wurde bereits im Mittelalter von Duns Scotus vorgebracht. Duns Scotus lehnt es ab, die jeweilige individuelle Besonderheit des konkreten Einzelnen als eine negativ zu bewertende Abweichung vom Idealtyp bzw. vom Allgemeinen zu betrachten. Die individuelle Besonderheit komme vielmehr als etwas Positives zum Allgemeinen hinzu. Das heißt konkret: die besondere Ausprägung jeder Rose und jedes Pferdes ist etwas Positives, das über die Allgemeinbegriffe „Rose“ bzw. „Pferd“ hinausgeht. Analoges gilt auf einer höheren Ebene und in noch größerem Maße vom Menschen. Wie Duns Scotus ausführt, „ist Sokrates ... nicht eine unvollkommene Realisierung des allgemeinen Menschseins, sondern es tritt zum allgemeinen Menschsein etwas Spezifisches hinzu, nämlich, wie er es nennt, die Socratitas, das Sokrates-sein“[36].

Folgt man dieser Überzeugung, so wird eine wissenschaftliche Erfassung des Menschen und seiner Lebenswelt schwierig. Mit Recht hat die abendländische Philosophie betont, daß das Individuum sich begrifflich nicht fassen läßt. „Individuum est ineffabile“ hieß die klassische Formulierung. Neuerdings hat Gerhard Frey formuliert: „Nur vom Allgemeinen können wir Wissen im eigentlichen Sinne haben. Wir können nur erklären und deuten, indem wir Allgemeinbegriffe dazu benutzen ... Das Individuum ist als solches rational unverstehbar, undeutbar und unerklärbar.“[37]

Es ist jedoch die Frage, ob wir tatsächlich nur etwas von dem zu wissen vermögen, was wir unter allgemeine Begriffe bringen können, bzw. ob wir von den einzelnen Erscheinungen der Wirklichkeit nur so weit etwas zu wissen vermögen, wie eine Erfassung in Allgemeinbegriffen möglich ist. In diesem Zusammenhang sei nochmals daran erinnert, daß Aristoteles nicht die Geschichtsschreibung, jedoch die Dichtkunst als eine Wissenschaft betrachtet; „denn die Poesie richtet sich mehr auf das Allgemeine ...“[38]. Aristoteles fährt im Anschluß an diese Feststellung fort: „Das Allgemeine besteht darin, daß es einem Menschen von bestimmtem Charakter nach Wahrscheinlichkeit oder Notwendigkeit zukommt, so oder so zu reden und zu handeln: Auf dieses Allgemeine zielt die Poesie ...“[39]

Es ist immerhin aufschlußreich, daß Aristoteles hier nicht vom Menschen schlechthin spricht, sondern daß er diesen Allgemeinbegriff in einer höchst ungenauen Weise spezifiziert, indem er von „einem Menschen von bestimmtem Charakter“ spricht. Ebenso aufschlußreich ist, daß nicht einmal dieser schon recht spezifische Mensch mit Notwendigkeit in bestimmter Weise redet und handelt, sondern daß es ihm nur

„nach Wahrscheinlichkeit oder Notwendigkeit zukommt, so oder so zu reden und zu handeln".

Selbstverständlich kann man angesichts dieser Differenzierung fragen, worin denn nun der springende Unterschied zwischen der Dichtkunst und der Geschichtsschreibung unter dem Kriterium „allgemein – einzeln" besteht. Wie auch Aristoteles erkannt hat, erhebt sich diese Frage um so dringender, da der Dichter ja oft geschichtliche Stoffe bearbeitet und mehr oder weniger wahrheitsgemäß darstellt. Aristoteles versucht auch hier seine Unterscheidung durchzuhalten und bemerkt: „Also selbst, wenn es sich einmal trifft, daß er wirkliche Geschichte darstellt, ist er nichtsdestoweniger Dichter. Denn es steht nichts im Wege, daß manches von dem, was wirklich geschehen ist, derart verlief, wie es wahrscheinlicherweise hätte geschehen können und dann ist es zur dichterischen Darstellung geeignet."[40]

Im folgenden wird von Aristoteles dann das, was er vorher als wahrscheinlich gekennzeichnet hat, auch mit dem Sinnvollen in Zusammenhang gebracht. Unter Umständen können dann auch Vorkommnisse, die zufällig erscheinen, unter einem tieferen Gesichtspunkt für die Dichtung geeignet sein. Aristoteles bemerkt dazu: „Denn auch unter den zufälligen Vorkommnissen solcher Art erscheinen diejenigen am wunderbarsten, in denen eine Absicht zu walten scheint wie zum Beispiel bei jener Statue des Mitys in Argos, die auf seinen Mörder fiel und ihn tötete, als er sie gerade betrachtete. Denn ein solches Geschehen scheint nicht sinnlos zu sein. Deshalb sind solche Stoffe notwendig für die dichterische Behandlung vorzuziehen."[41]

Sicher wird niemand behaupten, daß das Umstürzen der Statue eines Ermordeten gerade in dem Augenblick, in dem der Mörder vor ihr steht, nach dem Empfinden des heutigen Menschen als etwas Wahrscheinliches betrachtet werden müsse. Für Aristoteles jedoch ist es dennoch für die Dichtung geeignet, weil sich hierin ein tieferer Sinn zeigt. Angesichts solcher Darlegungen erhebt sich die Frage, wodurch das Allgemeine gekennzeichnet ist, das nach der Auffassung des Aristoteles die Dichtkunst von der Geschichtsschreibung trennt.

Offensichtlich ist es vor allem darin zu suchen, daß in der Darstellung eine allgemeine, bleibende und mahnende Wahrheit erschlossen wird. Falls dem so ist, wird man freilich mit Recht geltend machen müssen, daß die Enthüllung derartiger tieferer Einsichten auch zu den Aufgaben der Geschichtsschreibung gehört.

Worin wurzelt dann des Aristoteles Unbehagen gegenüber der Geschichte? Er spürt offensichtlich durchaus richtig, daß sich die Ereignisse der Geschichte nicht in ein Schema von Kreisläufen und Wiederholungen einfügen lassen, sondern als einmalige und unwiederholbare Ereignisse betrachtet werden müssen. Es gibt jedoch – und das könnte Aristoteles versöhnen – wie Ranke es einst formuliert hat, in der Geschichte trotz aller Unwiederholbarkeit „analoges" Geschehen. Dazu gehören nicht zuletzt Situationen, die als repräsentativ für den in der Geschichte stehenden und handelnden Menschen betrachtet werden können. Die menschliche Bedeutsamkeit solcher Ereignisse und Situationen hebt freilich deren Einmaligkeit nicht auf. Daher ist es unmöglich, repräsentativ Bedeutsames anders als in seiner Einmaligkeit darzustellen. Nur das nicht in Allgemeinbegriffen Darstellbare trifft den Menschen unmittelbar als Person.

Wie schon angedeutet wurde, kann in Definitionen bzw. Allgemeinbegriffen nur höchst unzulänglich ausgesagt werden, was Gerechtigkeit, was Treue, was Liebe, was Gemeinheit, was Selbstlosigkeit oder Hinterhältigkeit ist. Es wird jedoch in der Lebenswirklichkeit des Menschen unmittelbar erfaßt, und es kann dargestellt werden, indem die stets einmalige und unwiederholbare Lebenswirklichkeit als Geschichte beschrieben oder als Dichtung literarisch gestaltet wird. Hierauf beruht die Notwendigkeit unmittelbarer Lebenserfahrung und der besondere Wert geschichtlicher und literarischer Bildung.

Die Eigenart dessen, was den Menschen als Person kennzeichnet, beruht letztlich auf der von Duns Scotus betonten positiven Bedeutung der menschlichen Individualität. Ihre Eigenheit und Besonderheit dokumentiert sich nicht zuletzt darin, daß ihr Verhalten nicht berechenbar ist, sondern im „freien" Handeln zum Ausdruck kommt. Während sich die

Verläßlichkeit einer Maschine darin bewährt, daß sie in genau beschreibbarer und vorhersehbarer Weise funktioniert, dokumentiert sich die Verläßlichkeit eines Menschen in einer qualitativen anderen Weise.

Somit zeigt sich, daß jedes Philosophieren, das sich auf begrifflich Festlegbares beschränkt, die Lebenswirklichkeit des Menschen nur unzureichend zu erfassen vermag. Zukunftsweisende Philosophie muß daher den Rahmen rein begrifflichen Denkens sprengen. Damit verfällt sie keineswegs der Sprachlosigkeit. Denn Sprache äußert sich nicht nur in der Fixierung begrifflichen Denkens, sondern dient auch unmittelbarer Kommunikation. Sie vermag sich gemeinsamer Evidenzen und Erfahrungen zu vergewissern und einmalige Ereignisse zur Darstellung zu bringen, die dank ihrer repräsentativen Aussagekraft spontane Einsichten ermöglichen.

II.
Die Ausgangssituation heutigen Nachdenkens

1. Die Erde in einer expandierenden Welt

Im Gegensatz zum Tier, das in einer bestimmten Umwelt lebt, die es unter Umständen in eigener Aktivität schafft und formt, hat der Mensch schon seit frühesten Zeiten die Frage nach der Welt als ganzer gestellt. Die Mythen der verschiedensten Völker der Erde erzählen über die Anfänge der Welt. Die Frage nach Anfang und Wesen der Welt steht auch im Ausgangspunkt der abendländischen Philosophie.

Es kann nicht Aufgabe heutigen Philosophierens sein, die verschiedenen Auffassungen über das Entstehen und Wesen der Welt darzubieten. Dagegen gilt es zu betonen, daß sich der heutige Mensch, der die Frage danach stellt, in einer grundlegend anderen Situation befindet als der Mensch von der frühesten Zeit bis vor etwa fünfhundert Jahren: Während sich die frühere Menschheit trotz zahlreicher Abweichungen in der Vorstellung und Deutung der Welt darin einig war, daß die Erde deren fester Mittelpunkt sei, kennen wir heute keinen derartigen Mittelpunkt mehr.

Nach alter Auffassung entsprach der besonderen Stellung des Menschen auf der Erde die besondere Stellung der Erde innerhalb des Universums: Die Planeten einschließlich der Sonne drehten sich um die Erde, und über allem wölbte sich wie eine Käseglocke der Himmel, an dem die Fixsterne befestigt waren. Als zu Beginn der Neuzeit der Astronom Kopernikus die Mittelpunktstellung der Erde aufgab, war das für viele Zeitgenossen ein Schock, und als Galilei die neue Überzeugung polemisch zu propagieren begann, zwang ihn schließlich ein Tribunal der römischen Kirche zum Widerruf.

Dieses Tribunal befand sich in Übereinstimmung mit dem

damals herrschenden Zeitgeist. Bezeichnenderweise lehnten auch die Reformatoren das neue Weltbild ab. Dabei berief man sich auf theologische Überzeugungen und erklärte die neue Auffassung für nicht vereinbar mit der Bibel. Rein theologisch hätte sich jedoch das Problem schon damals lösen lassen. So empfahl der dem neuen Weltbild aufgeschlossene Kardinal Pierre de Berulle positive theologische Konsequenzen zu ziehen: Die theologischen Überlegungen sollten sich künftig nicht mehr um den Menschen drehen, als ob er der Mittelpunkt der Welt sei, sondern vielmehr um Gott, die Sonne, um den sich alles bewege. Es ging bei diesem Streit jedoch nicht nur um die theologische Frage einer Vereinbarkeit oder Unvereinbarkeit des neuen Weltbildes mit der Offenbarung, sondern der Mensch war zutiefst getroffen von dem Gedanken, daß die Erde nicht der feste „Mittelpunkt des Kosmos“, sondern ein um die Sonne kreisender Planet sei.

Der Übergang vom ptolemäischen Weltbild mit der ruhenden Erde im Mittelpunkt zur Auffassung des Kopernikus mit der sich um die Sonne drehenden Erde war jedoch nur der erste Schritt zu weiteren Erkenntnissen. Immer mehr Sonnen und Sternensysteme wurden entdeckt. Es zeigte sich, daß unser System nur eines von vielen am Rande der Milchstraße ist, deren Ausdehnung zwar in Lichtjahren berechnet werden kann, jedoch kaum noch vorstellbar ist. Schließlich wurde man gewahr, daß auch unsere Milchstraße nur eine unter anderen ist, im Gesamtsystem eines Weltalls, das nicht nur in seiner Weite, sondern auch in seiner gesamten Struktur alle Vorstellungskraft übersteigt.

Folgt man der weithin anerkannten Relativitätstheorie von Albert Einstein, so ist es nunmehr sogar sinnlos, nach einem festen Mittelpunkt des Universums auch nur zu fragen. Die gesamte Fragestellung hat sich nochmals grundlegend geändert: Während es beim Kampf um das kopernikanische Weltbild darum ging, ob Erde oder Sonne Mittelpunkt des Kosmos sei, gilt heute die Frage nach dem Mittelpunkt der Welt als unzulässig bzw. grundsätzlich nicht beantwortbar.

Man ist sich darin einig, daß kosmische Berechnungen unabhängig von der Frage eines „objektiven“ Mittelpunktes zweckmäßigerweise jeweils so vorgenommen werden, daß sie verhältnismäßig einfach sind. So ist es durchaus angemessen, die Erde zur Berechnungsgrundlage zu machen, wenn es gilt, die Bahn des Mondes zu berechnen, und die Sonne als Mittelpunkt zu betrachten, wenn es um die Laufbahn der Erde geht. Es kommt nur jeweils darauf an, daß der für die Berechnungen maßgebliche Ausgangspunkt genannt wird.

Diese Zusammenhänge werden von Einstein dahin gekennzeichnet, daß jeweils der Standpunkt des Beobachters für die Berechnungen maßgeblich ist. Es verhält sich mit den kosmischen Bewegungen, wie wenn auf einem Bahnhof ein Reisender aus dem Fenster seines Abteils auf einen auf dem Nebengleis stehenden Zug sieht: Wenn sich einer der beiden Züge in Bewegung setzt, kann er nicht entscheiden, ob es sein eigener Zug oder der andere Zug ist oder ob vielleicht auch beide gleichzeitig zu fahren beginnen. Diese Frage kann er nur entscheiden, wenn er nicht nur auf den anderen Zug, sondern auch auf den Bahnhof, die Schienen oder andere „feste" Gegenstände blickt. Im Weltall fehlen jedoch derartige feste Orientierungspunkte; daher vermag man jeweils nur relative Bewegungen anzugeben.

So bewegt sich zum Beispiel der Mond relativ zur Erde in einer Kreisbahn. Da die Erde sich jedoch selbst wiederum in einer elliptischen Bahn um die Sonne bewegt, ist die Bahn des Mondes von der Sonne aus betrachtet schon eine recht komplizierte Kurve. Noch komplizierter wird es, wenn man die Bahn des Mondes vom Zentrum unseres Milchstraßensystems her betrachten wollte. Dazu kommt, daß man den Standort des Beobachters auch jeweils vertauschen kann, indem man zum Beispiel die Frage stellt, wie sich die Erde bewegt, wenn man sie vom Mond aus betrachtet, oder wie sich von dort aus die Bewegung der Sonne darstellt. Solche Berechnungen lassen sich nicht nur dann anstellen, wenn sich auf dem betreffenden Himmelskörper tatsächlich beobachtende Menschen befinden, sondern es ist ebenso möglich, mit hypothetischen Beobachtern zu arbeiten.

Durch diese Entwicklung der Astrophysik bzw. der Theorie des Kosmos wird die Frage nach einem „objektiven" Mittelpunkt der Welt zugunsten der Frage nach dem Standort des jeweiligen Beobachters aufgegeben. Damit jedoch gewinnt die Erde erneut eine Sonderstellung im Kosmos. Denn so richtig es ist, die Sonne als Mittelpunkt unseres Planetensystems zu betrachten und so zweckmäßig es sein mag, je nach der wissenschaftlichen Fragestellung einen hypothetischen Beobachter auf diesem oder jenem Himmelskörper anzunehmen, so eindeutig bleiben alle diese hypothetischen Beobachter auf den einzigen uns bekannten tatsächlichen Beobachter, den Menschen, bezogen, dessen „Beobachtungsstation" die Erde ist. Nach dem heutigen Stand der Erkenntnis ist also die Erde zwar im alten kosmologischen Sinne nicht Mittelpunkt der Welt; sie hat jedoch eine Sonderstellung als der einzige Himmelskörper, auf dem sich nachweislich Beobachter befinden, die den übrigen Kosmos zur Kenntnis nehmen und zu berechnen suchen.

Allerdings hat man gerade in jüngster Zeit Spekulationen darüber angestellt, ob auch auf anderen Himmelskörpern lebendige und intelligente Wesen existieren. Diese Frage ist streng wissenschaftlich nicht beantwortbar, solange man einerseits auf keinem anderen Himmelskörper derartige Wesen nachzuweisen vermag und andererseits auch nicht in der Lage ist, eine entsprechende Überprüfung aller Himmelskörper mit negativem Ergebnis vorzuweisen.

Läßt man sich auf Spekulationen ein, so liegt angesichts der Weite des Weltalls und der großen Zahl von Himmelskörpern die Vermutung nahe, daß es auch anderswo Leben gibt. Diese Vermutung schließt zwei Hypothesen ein: 1. daß auf anderen Himmelskörpern ähnliche Bedingungen wie auf der Erde herrschen, so daß die Voraussetzungen für organisches Leben gegeben sind, und 2. daß es zumindest auf dem einen oder anderen der Himmelskörper, die diese Voraussetzungen erfüllen, auch tatsächlich organisches Leben gibt.

Daß es sich dabei um zwei verschiedene Annahmen handelt, daß also nicht die Vorbedingungen für Leben identisch sind mit dem tatsächlichen Vorkommen von Leben, wird sofort klar, wenn man sich vor Augen hält, daß sich keineswegs in jedem Blumentopf, in dem die Voraussetzungen für das Gedeihen von Primeln gegeben sind, auch Primeln befinden, oder daß sich keineswegs in jedem Land der Erde, in dem die Vorbedingungen für das Leben von Känguruhs bestehen, auch Känguruhs herumtummeln.

Prüft man die Wahrscheinlichkeit, ob sich auf anderen Himmelskörpern Organismen befinden unter den beiden angegebenen Gesichtspunkten, so zeigt sich entgegen ersten Vermutungen, daß sich schon die erste der beiden Fragen, die nach den Vorbedingungen für organisches Leben, wahrscheinlich nur für unsere Erde positiv beantworten läßt[42].

Wenn die Auffassung, daß schon die Vorbedingungen für das Vorhandensein von lebenden Organismen nur auf der Erde bestünden, als endgültig gesichert gelten könnte, würde sich die zweite Frage überhaupt nicht stellen. Tatsächlich jedoch hat die negative Beantwortung der ersten Frage vorerst keine allgemeine Zustimmung gefunden, daher wird die zweite Frage weiterhin gestellt und je nach der „weltanschaulichen" Vorentscheidung der einzelnen Autoren unterschiedlich angegangen. Die einen fragen nach einem eigenen hinreichenden Grund für die Entstehung lebender Organismen, die anderen sind der Auffassung, daß schon die Vorbedingung selbst als Basis „zufälliger" Anfangsereignisse ein hinreichender Grund sei. Hierüber wird in anderem Zusammenhang noch zu sprechen sein.

Zur Frage nach der Welt gehört jedoch nicht nur die Frage nach ihrer Stellung und Eigenart, sondern auch die Frage nach den Gesetzen und Tendenzen kosmischer Veränderungen. Für den Menschen früher Zeiten waren die Bewegungen der Gestirne verläßliche Repräsentanten einer göttlichen Weltordnung und hilfreiche Hinweise auch für die Gestaltung des irdischen Lebens. „Die Gestirne waren Orientierungshilfe in Raum und Zeit, die verläßlichsten Datenspender in den wechselvollen irdischen Zeitläufen. Die Astrologie im alten Sinne, wohl die älteste Wissenschaft mit naturwissenschaftlichen Methoden, konnte auf das treue Erscheinen der Gestirne vertrauen; Fehler und Lügen kamen am Firmament nicht vor. Die Sterne überstiegen somit jedes menschliche Maß."[43] Die Berechnung der Gestirne war eines der wichtigsten Gebiete der alten angewandten Mathematik. Zu den ersten großen Errungenschaften gehörte die Berechnung des Sonnenjahres im Alten Ägypten, die es ermöglichte, die für die gesamte Landwirtschaft wichtige Nilschwemme im vorweg zu berechnen.

Unvorhergesehene Ereignisse am Himmel flößten den Menschen in der Regel Furcht und Schrecken ein. Hierzu gehören vor allem Sonnen- und Mondfinsternisse sowie das Auftauchen von Kometen. Schon früh begann man durch entsprechende Tabellen auch diese Erscheinungen in feste Beziehungen zum berechenbaren Zeitablauf zu bringen. Es gehört zu den bewunderten Leistungen früher Wissenschaftler, eine bestimmte Sonnen- oder Mondfinsternis vorhergesagt zu haben. Trotzdem blieben solche Ereignisse lange Zeit etwas Unheimliches, und die Kometen galten weithin als Vorzeichen drohender Katastrophen.

Der Gedanke einer absoluten Ordnung und Zuverlässigkeit in den himmlischen Regionen kennzeichnet jedoch nicht nur die Vorstellungen der frühen Menschheit, sondern auch das Weltbild der klassischen Naturwissenschaften. Daher vertrat Isaak Newton, für dessen Berechnungen einige Erscheinungen des Himmels störend waren, die Auffassung, daß Gott bei Abweichungen in den Lauf der Gestirne eingreife, um Unregelmäßigkeiten zu korrigieren. Ungewollt wies er damit Gott die Rolle eines Lückenbüßers zur Erklärung für Erscheinungen zu, die sich seinen Berechnungen entzogen. In dieser Rolle wurde Gott freilich dank neuer Berechnungsmethoden bald überflüssig, so daß Laplace die bereits zitierte Äußerung tun konnte, daß die Wissenschaft der Hypothese „Gott“ nicht bedürfe.

Heute allerdings wissen wir, daß die von Laplace behauptete absolute Berechenbarkeit der kosmischen Bewegungen eine Illusion war. Die sich wiederholenden und berechenbaren kosmischen Bewegungen stellen nur ein Strukturelement des Weltalls dar. Es gibt außerdem das Entstehen neuer Systeme, aber auch kosmische Katastrophen, die sich jeder exakten Berechnung entziehen.

Dazu kommt, daß sich nach einhelliger Auffassung der heutigen Wissenschaft das Weltall als ganzes in einer rapiden Ausdehnung befindet, so daß sich die Entfernungen zwischen den verschiedenen Großsystemen laufend vergrößern. Wie und wo diese Bewegung einmal zum Ende kommt ist nicht nur unberechenbar, sondern auch unvorstellbar. Daß die Ausdehnung so nicht ständig weitergehen kann, daß also ein irgendwie geartetes Ende oder zumindest eine völlig neue Phase dieses Kosmos kommen wird, kann jedoch nach dem gegenwärtigen Stand begründeter wissenschaftlicher Spekulationen als sicher gelten.

Ebenso wie die Frage nach dem Fortgang und dem Ende stellt sich die Frage nach dem Anfang neu, nachdem der Gedanke ewiger gleichbleibender kosmischer Bewegungen aufgegeben werden mußte. Die meisten führenden Naturwissenschaftler sind angesichts der Tatsache der Ausdehnung des Weltalls und einer Reihe weiterer Beobachtungen heute der Auffassung, daß die gesamte kosmische Bewegung an einem einzigen Punkte mit einem sogenannten „Urknall" begonnen hat. Wie es dazu gekommen ist, entzieht sich jedoch nicht nur jeder exakten wissenschaftlichen Forschung, sondern auch jeder wissenschaftlich begründeten Spekulation.

Allerdings haben einige Wissenschaftler in den letzten Jahren die These aufgestellt, daß sich das Weltall insgesamt in pulsierenden Bewegungen befinde, daß also der Phase der Ausdehnung, in der es zur Zeit steht, eine Phase des Zusammenfalls folgen werde, der dann ein neuer „Urknall" und damit eine neue Ausdehnungsphase folge. Diese Hypothese ähnelt jedoch der aristotelischen Überzeugung von der Ewigkeit der Welt nur höchst bedingt. Denn nach den Berechnungen, die diesem Pulsierungsmodell zugrunde liegen, übertrifft jede spätere Ausdehnungsphase die vorhergehende räumlich und zeitlich, so daß sich auch bei dieser Hypothese die Frage nach einem ersten Anfang und nach einem letzten Ende stellt.

Unabhängig von derartigen Spekulationen über das Weltall insgesamt kann als sicher gelten, daß die Erde als Heimstatt des Menschen einst ihr Ende findet. In einer an prophetische Formulierungen erinnernden Art und Weise hat der Atomphysiker Robert Oppenheimer als Konsequenz unserer gegenwärtigen wissenschaftlichen Erkenntnisse erklärt: „Der Tag wird kommen, da unser Geschlecht stirbt. Dieses Haus, diese Erde, auf der wir leben, wird eines Tages, so wie die Sonne altert und sich verändert, für den Menschen unbewohnbar werden."[44] Dementsprechend hat sich modernes Philosophieren dessen bewußt zu sein, daß es mit der Erde und der Menschheit zu Ende gehen wird. Alle philosophischen Auskünfte, die von dieser Tatsache völlig absehen, müssen demzufolge als illusionär und nicht tragfähig betrachtet werden.

Im übrigen muß die heutige Menschheit nicht nur mit einem Ende der Bewohnbarkeit der Erde durch kosmische Entwicklungen oder auch kosmische Katastrophen rechnen, sondern sie hat sich selbst in die Lage versetzt, die Erde völlig oder doch weithin unbewohnbar zu machen. Die in Ost und West bereits stationierten und gelagerten atomaren und biochemischen Waffensysteme reichen nach einhelligen Berechnungen der Experten aus, um die Menschheit insgesamt mehrfach zu vernichten.

Selbst wenn man sich mit der Hoffnung tröstet, daß einige Menschen in strategisch unbedeutenden Räumen eine solche Katastrophe überleben könnten, ist die heutige Situation der Bedrohung völlig neu. Während in früheren Zeiten Kriege jeweils bestimmte Regionen trafen und auch dort in der Regel der größte Teil der Bevölkerung zumindest mit dem Leben davonkam, hat sich das Verhältnis radikal umgekehrt. Bei einem modernen Weltkrieg würde die Frage nicht mehr heißen, welche Gebiete von dem Kriege betroffen werden, sondern ob es Regionen gibt, in denen Menschen überleben, wobei die Frage offen ist, ob die Verseuchung der gesamten Atmosphäre mit radioaktivem Material auch ihnen über kurz oder lang das Ende bereitet.

Dabei ist die kriegerische Katastrophe jedoch nur die radikalste Form der Bedrohung der Bewohnbarkeit der Erde durch den Menschen. Daneben lauert eine weitere Gefahr: In vielen Gebieten läßt sich bereits heute eine erhebliche Beeinträchtigung des sogenannten ökologischen Gleichgewichtes feststellen. Zahlreiche Tier- und Pflanzenarten sind durch Verseuchung des Bodens, des Wassers und der Luft bereits ausgestorben oder vom Aussterben bedroht und der Mensch wird direkt und indirekt von dieser Bedrohung mit betroffen. Nachdem diese Gefahren erkannt worden sind, besteht zwar begründete Hoffnung, daß der Zerstörung Einhalt geboten wird. Es bedarf jedoch weltweiter bewußter Anstrengungen.

So zeigt sich insgesamt, daß der Erde innerhalb des Weltalls insofern eine Sonderstellung zukommt, als es nach dem gegenwärtigen Stand unserer Kenntnis nur hier lebende Organismen und darüberhinaus intelligente Wesen gibt, die von ihrem Standort aus den gesamten Kosmos zu berechnen und zu erklären versuchen. Allerdings werden sich die kosmischen Bedingungen auf die Dauer ändern, so daß die Erde in ferner Zukunft unbewohnbar sein wird. Möglicherweise wird jedoch der Zeitpunkt des Endes durch die Aktivitäten des Menschen selbst vorverlegt. Wir Menschen selbst vermögen heute mit Hilfe atomarer und biochemischer Vernichtungswaffen oder auch durch ein ökologisch unverantwortliches Ausbeuten der Erde die Grundlagen zu vernichten, die wir zum Leben benötigen. Es ist dies eine neue Situation, von der modernes Philosophieren nicht unberührt bleiben kann.

2. Die Einheit und Dynamik des Lebendigen

Wie im vorigen Kapitel festgestellt wurde, ist die Erde der einzige uns bekannte Himmelskörper, auf dem es lebende Organismen gibt. Sie unterscheiden sich wesentlich von der unbelebten Materie. Dennoch war man lange Zeit davon überzeugt, daß sich Lebendiges von selbst bilde bzw. daß es durch sogenannte „Urzeugung" im Wasser entstehe. Diese Auffassung herrschte von den frühen griechischen Denkern bis tief in die Neuzeit hinein.

Nach der Überzeugung der Menschen früherer Jahrhunderte war die Urzeugung jederzeit beweisbar: Man konnte beobachten, wie sich in Gefäßen, in denen man Wasser lange genug stehen ließ, „von selbst" Organismen bildeten. Es ist dies ein eindrucksvolles Beispiel dafür, daß auch experimentell überprüfbare Beweise trügen können. Erst im vorigen Jahrhundert gelang es dem französischen Chemiker und Biologen

Louis Pasteur, den Nachweis zu führen, daß Lebewesen nicht von selbst aus unbelebter Materie entstehen, sondern daß sie sich entweder in einer für das menschliche Auge unerkennbaren Größe von vornherein in den für das „Experiment" gebrauchten unorganischen Stoffen befinden oder aber durch die Luft dorthin getragen werden. Seither ist man sich darüber einig, daß zumindest unter den heutigen Verhältnissen auf der Erde Lebendiges nur aus Lebendigem entsteht[45].

Auch alle Versuche, die Bedingungen früherer Zeiten der Erdgeschichte im Experiment herzustellen und auf diese Weise die Frage der Entstehung des Lebens auf der Erde zu klären, sind in der Kernfrage ergebnislos geblieben. Unter enormem experimentellem Aufwand ist es zwar gelungen in einer sogenannten „Ursuppe" einige Fett- und Aminosäuren herzustellen, wie sie auch in lebenden Organismen vorkommen; das eigentliche Ziel wurde jedoch nicht erreicht. Es gelang nicht, aus unbelebter Materie lebende Organismen zu schaffen.

In dieser Lage, in der eine wissenschaftliche Klärung der Frage unerreichbar erscheint, gibt es vor allem drei Hypothesen[46], die jeweils mit bestimmten allgemeinen Grundüberzeugungen verbunden sind[47].

1. Die sogenannten Neodarwinisten vertreten nicht nur die mit dem Namen Darwin verbundene Auffassung, daß sich alles Lebendige auf Erden aus einfachsten Formen entwickelt habe, sondern sind darüber hinaus der Überzeugung, daß die ersten Lebewesen unter glücklichen Umständen aus unbelebter Materie entstanden seien. Sie glauben, daß es einen biochemisch erklärbaren Übergang von der unbelebten Materie zu den Lebewesen gibt. Dieser Übergang wird ihrer Überzeugung nach letzten Endes durch die gleichen Prinzipien hervorgerufen, die nach Darwins Überzeugung die Entfaltung des Lebendigen hervorgerufen haben: Durch zufällige Veränderungen und durch Auslese des durch diese Veränderungen entstandenen in höherem Maße Lebensfähigem.
2. Die Vertreter des Dialektischen Materialismus, welcher die offizielle Ideologie der gesamten kommunistischen Welt

darstellt, sind sich mit den Neodarwinisten darin einig, daß das Lebendige aus der unbelebten Materie hervorgegangen ist. Sie betonen jedoch, daß zwischen der unbelebten Materie und dem Lebendigen ein qualitativer Unterschied besteht. Sie nehmen an, daß sich zunächst im Bereich der unbelebten Materie immer größere Moleküle gebildet haben und daß dann ein „qualitativer Umschlag" erfolgte, der eine höhere Stufe der Materie bewirkte. Im Gegensatz zu den Neodarwinisten[48] machen sie dafür nicht allein den Zufall verantwortlich, sondern führen ein zielgerichtetes Prinzip ein, indem sie für die gesamte Dialektik eine Tendenz „vom Niederen zum Höheren" annehmen[49]. Dank dieser teleologischen Komponente in der Dialektik erfolgte nach dieser Überzeugung ein sprungartiger Übergang von der anorganischen Welt zu einer neuen Qualität, zur „lebendigen Materie".

3. Christliche Denker betrachten die Auffassung des Dialektischen Materialismus zwar als durchdachter und wirklichkeitsgerechter als die des Neodarwinismus, sehen jedoch die allgemeine Formel einer Tendenz „vom Niederen zum Höheren" eher als eine Beschreibung denn als eine Erklärung an. Sie sind der Auffassung, daß diese Tendenz selbst der Erklärung bedarf. Diese Erklärung werde in zureichender Weise erst durch den Schöpfungsbericht des Alten Testaments gegeben, der in der Formel „und Gott sprach, es sollen ..." verkünde, daß von Gott schöpferische Impulse auf die noch unbelebte Erde ausgegangen seien. Letzten Endes seien schöpferische „Worte Gottes" Ursprung und Ausgangspunkt organischen Lebens und seiner Entfaltung[50].

Versucht man eine allseitig kritische Klärung der Frage nach dem Ursprung des Lebendigen, so muß man zunächst feststellen, daß die Hauptschwierigkeit darin besteht, daß diese Frage unter zwei verschiedenen Gesichtspunkten gestellt werden kann und dementsprechend eine je andere Akzentuierung erhält. Dies wird sofort einsichtig, wenn man die Frage nach dem Unterschied zwischen unbelebter Materie und Organismen stellt.

Eine erste Antwort auf diese Frage muß lauten: In Pflanzen und Tieren gibt es keine Prozesse, die den physikalischen und chemischen Vorgängen außerhalb lebender Organismen widersprechen. Es geschieht also in den Tieren und Pflanzen nichts, was physikalisch oder chemisch als unmöglich bezeichnet werden müßte. Gerade die moderne Forschung hat eindrucksvoll gezeigt, daß Lebensvorgänge grundsätzlich auch als chemisch-physikalische Vorgänge beschrieben werden können und daß offensichtlich bei intensiver Forschung kein Rest übrig bleibt, der sich jeder physikalisch-chemischen Beschreibung entzöge. In diesem Sinne kann man durchaus behaupten, daß es keinen grundlegenden qualitativen Unterschied zwischen belebter und unbelebter Materie gibt. Von dieser Akzentuierung der Fragestellung wird also der neodarwinistische Standpunkt zur Entstehung des Lebens verständlich.

Von den Neodarwinisten wird jedoch der zweite Gesichtspunkt, der bei der Frage nach der Unterscheidung zwischen anorganischer Materie und lebenden Organismen berücksichtigt werden muß, völlig außer acht gelassen. Dieser zweite Gesichtspunkt läßt sich in die Frage fassen: Welcher Unterschied besteht zwischen anorganischer Materie und lebenden Organismen, wenn man jeweils Gesamterscheinungen betrachtet und miteinander vergleicht.

Daß es sich hierbei um eine eigene legitime Fragestellung handelt, die nicht auf den ersten Gesichtspunkt zurückgeführt werden kann, wird klar, wenn man sich Beispiele aus anderen Bereichen vor Augen hält. So kommt es vor, daß Archäologen gleichgroße quaderförmige Steine finden, die in regelmäßiger Zuordnung zueinander stehen. Sie ziehen in diesem Falle aus der gemeinsamen Beschaffenheit und der Zuordnung bzw. besonderen Lage der Steine zueinander den Schluß, daß es sich bei diesem Fund um eine menschliche Anlage handelt. Dieser Schluß ist stichhaltig unabhängig davon, ob auch nur von wenigstens einem der Steine mit letzter Sicherheit nachgewiesen werden kann, daß er nicht auch durch natürlichen Bruch seine quaderförmige Gestalt bekommen haben und zufällig an seine Stelle geraten sein könnte. Es wird also in diesem Falle nicht unter dem Gesichtspunkt gefragt, wie jeder einzelne Stein isoliert betrachtet seine Form bekommen und an die Fundstelle gekommen sein könnte, sondern es wird der Fund als Gesamterscheinung gedeutet.

Daß der Mensch dazu in der Lage ist, Gesamterscheinungen richtig zu deuten, zeigt sich eindrucksvoll in seiner Fähigkeit, normale Handschriften mühelos und sogar ausgeprägte und eigenwillige Handschriften verhältnismäßig leicht zu lesen. Auch hierbei handelt es sich nicht um ein exaktes schrittweises Vorgehen, das Buchstaben für Buchstaben aufnimmt. Vielmehr erfolgt eine intuitive Gesamterkenntnis, bei der oft der Sinn ganzer Wortgruppen schon vor den einzelnen Wörtern erfaßt wird und bei der es zuweilen nicht einmal im nachhinein gelingt, jeden einzelnen Buchstaben eines Wortes exakt ausfindig zu machen. Und doch wird niemand behaupten, diese Gesamterfassung sei höchst subjektiv und willkürlich und könne keinen Anspruch auf Richtigkeit und allgemeine Anerkennung erheben.

Stellt man nach diesen Vorüberlegungen die Frage nach dem Unterschied zwischen unbelebter Materie und lebenden Organismen, so muß man nunmehr betonen, daß unter dem Gesichtspunkt der Gesamterscheinung ein wesentlicher qualitativer Unterschied besteht. Der Organismus bildet eine Einheit, in der physikalische und chemische Vorgänge in einer Weise koordiniert werden, wie dies in der anorganischen Materie nicht geschieht. So ist zum Beispiel die Gesamterscheinung eines Grashalmes und sein Aufbau aus den Stoffen des Bodens und der Luft sowie der Energie des Lichtes zwar nichts physikalisch-chemisch Unmögliches, jedoch ein Vorgang, der als Gesamtvorgang allein unter physikalischen und chemischen Gesichtspunkten noch unwahrscheinlicher ist[51] als die Vermutung, daß der eben genannte archäologische Fund ohne die Tätigkeit von Menschen durch reinen Zufall zustandegekommen sei. Auch hierbei geht es also nicht darum, einzelne Teilvorgänge ins Auge zu fassen und danach zu fragen, ob sie sich rein chemisch-physikalisch erklären lassen, sondern es geht vielmehr darum, den Gesamtvorgang bzw. Gesamtbefund in den Blick zu nehmen und angemessen zu deuten.

Allerdings besteht zwischen dem Beispiel der Archäologen und der Frage nach den lebenden Organismen ein Unterschied darin, daß bei der Frage nach dem archäologischen Fund alternativ gefragt werden muß, ob diese Anlage von Steinen durch Zufall zustande gekommen ist oder ob sie von Menschen geschaffen wurde. Bei der Frage nach den Organismen jedoch dürfen die beiden Fragestellungen – die Frage nach der biochemischen Beschreibungsmöglichkeit und die Frage nach der Gesamterscheinung – ebensowenig als alternative Fragen betrachtet werden wie die Frage nach der Buchstabenabfolge und die Frage nach dem Inhalt eines Schriftstückes. Sie sind vielmehr, wie man in der heutigen Wissenschaft zu sagen pflegt, komplementäre Fragen. Das heißt, sie sind beide in ihrer Weise berechtigt und müssen beide gestellt werden, wenn man die Gesamterscheinung angemessen zu verstehen sucht.

Sobald man sich dessen bewußt ist, daß das Verständnis einer Gesamterscheinung Antwort auf eine eigene legitime Frage ist, erweist sich die Antwort des Neodarwinismus auf den Ursprung des Lebens als unzureichend. Denn die Frage nach der Entstehung der frühesten Lebewesen ist grundsätzlich nicht beantwortet, wenn man überlegt, welche biochemischen Prozesse bei einem Übergang von unbelebter Materie zu lebenden Organismen eine besondere Rolle gespielt haben könnten, sondern die Frage nach dem Ursprung des Lebens zielt darauf ab, welche eigentümliche Koordinationskraft dabei wirksam gewesen ist, die von nun ab biochemische Prozesse in einer dem Lebendigen eigenen Art und Weise steuert und Erscheinungen zustande bringt, die unter rein chemischen Gesichtspunkten so unwahrscheinlich sind, daß ihr „zufälliges" Zustandekommen zwar nicht absolut „undenkbar" ist, jedoch faktisch ebenso ausgeschlossen werden kann wie die rein theoretisch denkbare Vermutung, eines Tages würden auf einer bestimmten Autobahn zufällig nur Geisterfahrer unterwegs sein, so daß der Verkehr ohne jede Beeinträchtigung auf der jeweils linken Fahrbahn vonstatten ginge. Dieser Vergleich liegt deshalb besonders nahe, weil es sich bei der Entwicklung des Lebendigen – um eine Formulierung von Joachim Illies aufzunehmen – um einen „der Entropie entgegenlaufenden, die Wahrscheinlichkeitsverteilung von Materie und Energie umkehrenden Prozeß“ handelt[52].

Eine vergleichbare Komplementarität der Fragestellung wie bei der Entstehung des Lebens gibt es auch bei der Frage nach seiner weiteren Entfaltung. Obgleich kein eigentlicher Beweis dafür erbracht werden kann, liegt die Vermutung nahe, daß sich die heutige Fülle des Lebendigen auf der Erde im Laufe der Jahrhunderttausende aus einfachen Formen entwickelt hat. Daher hat man auch versucht, einen Stammbaum aufzustellen, der diese Entwicklung nachzuzeichnen trachtet. Das Ergebnis war jedoch nur solange eindeutig, wie man sich auf einen einzigen Gesichtspunkt für die Einordnung der jeweiligen Pflanzen und Tiere beschränkte. Inzwischen weiß man jedoch, daß man eine derartige Zuordnung unter verschiedenen Gesichtspunkten vornehmen kann und dann auch zu unterschiedlichen Ergebnissen kommt. So unterscheidet sich zum Beispiel ein aus der Zahl und der Art der Unterschiede in der Aminosäure-Sequenz der Cytochrom-c-Moleküle erstellter Stammbaum von einem rein morphologisch orientierten[53]. Diese Frage ist also heute offener, als es noch vor einigen Jahrzehnten schien.

Hierin besteht jedoch nicht die einzige Schwierigkeit, sondern das Hauptproblem ist wiederum grundsätzlicher Art: Wie kommt es überhaupt, daß neue und unter biologischen Gesichtspunkten betrachtet zuweilen „höhere“ und daher „unwahrscheinlichere“ Arten entstehen? Auch auf diese Frage hat die Biologie bisher keine überzeugende Antwort zu geben vermocht. Die Antwort des Neodarwinismus, daß die reiche Entfaltung des Lebendigen insgesamt allein das Ergebnis eines Zusammenwirkens von zufälligen Mutationen und größeren Überlebenschancen der jeweils lebenstüchtigeren Exemplare sei, hält einer kritischen Prüfung nicht stand. Soweit sich empirisch feststellen läßt, reicht der dadurch gekennzeichnete Variationsspielraum nur aus, um in voneinander isolierten Räumen, das heißt unter jeweils spezifischen Umweltbedingungen Arten auszudifferenzieren, wobei diese Ausdifferenzierung offensichtlich allmählich in mehreren kleinen Schritten erfolgt.

Hiervon müssen Mutationen unterschieden werden, die

nicht als Ausdifferenzierung auf der gleichen Ebene betrachtet werden können, sondern der Hervorbringung neuer Typen dienen, wie etwa beim Übergang von der Klasse der Reptilien zu den Vögeln. Solche Übergänge lassen sich grundsätzlich nicht dadurch erklären, daß sich ein Teil der Reptilien in einer isolierten Situation unter spezifischen Umweltbedingungen anders als die übrigen entwickelt habe[54]. Es gibt keine spezifische für den Übergang zu den Vögeln besonders förderlichen Luftbedingungen. Dazu kommt, daß man sich in diesen Fällen die jeweiligen Zwischenexemplare nicht als besonders lebenstüchtig vorstellen kann, so daß sie gemäß der darwinistischen These vom Kampf ums Dasein keine große Überlebenschance gehabt hätten.

Einzelne Entdeckungen, die von Darwinisten als Beleg für den Übergang von einer Tierklasse zur anderen angeführt werden, bereiten dem Nachdenklichen eher weitere Schwierigkeiten für die Gesamtfrage. Dies gilt zum Beispiel für die Quastenflosser, von denen die bis zu 1,80 m lange Latimeria noch heute als sogenanntes „lebendes Fossil" angetroffen wird. Bei ihnen haben mit Ausnahme der ersten Rückenflosse und der Schwanzflosse alle Flossen einen stark gelenkigen Basalstiel, so daß die Latimeria auf felsigem Untergrund kriechen kann. Man hat in ausgestorbenen Verwandten dieses Fisches Arten vermutet, die sich auf dem Übergang vom Meer aufs Land befanden. Es sollte allerdings nachdenklich stimmen, daß die Latimeria im Bereich der Komoren die Felsküste in einer Tiefe zwischen 150 bis 400 m bewohnt und keinerlei Anstalten macht, sich in flachere Gewässer zu begeben oder gar an Land zu steigen. Wahrscheinlich handelt es sich bei den Quastenflossern eher um eine merkwürdige Seitenlinie, die in einer Sackgasse endete. Daher können Erscheinungen wie die Quastenflosser allenfalls Anregungen für Hypothesen bzw. Denkmodelle bieten, jedoch keine Klarheit über die tatsächliche Entwicklung schaffen.

Auch die Stellung des Archaeopteryx, des sogenannten Urvogels, im Gesamt der Entwicklung ist ungesichert. Nachdem man in ihm zunächst „den" Übergang von den Reptilien zu den Vögeln gesehen hatte, mußte man aus entsprechenden

Funden erkennen, daß es zu seiner Zeit ausgeprägte Vögel bereits gab, so daß sich auch hier die Frage stellt, ob es sich bei ihm um einen urtümlichen und entwicklungsgeschichtlich sehr frühen Vogel oder um eine Sonderentwicklung handelt[55]. Unabhängig davon, wie man diese Fragen im einzelnen zu beantworten sucht, handelt es sich bei den Quastenflossern eindeutig um Fische und beim Archaeopteryx um einen Vogel, der allerdings unbestreitbar einige Reptilienmerkmale aufweist. Dagegen gibt es entgegen den Erwartungen, die man bei einer langen Zeit des allmählichen Überganges hegen müßte, keine Funde von Tieren, die als echte Übergangsexemplare weder der einen noch der anderen Klasse zugeordnet werden können.

Im übrigen sollte auch zu denken geben, daß es nicht einmal der menschlichen Züchtung gelungen ist, Übergangsexemplare zwischen Stämmen oder auch nur zwischen Gattungen zu züchten. Es gibt keinen Katzenhund, kein Hundepferd und dergleichen Übergangstiere. Selbst innerhalb der Gattung zwischen verhältnismäßig nahe verwandten Tieren haben Züchtungen in den meisten Fällen nur zu instabilen, das heißt nicht vermehrungsfähigen Exemplaren geführt. Das bekannteste Beispiel ist die Kreuzung von Pferden und Eseln: Weder Maultiere noch Maulesel bilden selbst eine vermehrungsfähige Art, sondern müssen immer neu durch Kreuzung von Pferden und Eseln hervorgebracht werden.

Angesichts dieser Gesamtlage neigen auch manche darwinistisch eingestellten Biologen in jüngster Zeit dazu, sprungartige Großmutationen anzunehmen, die zur Bildung neuer Arten geführt haben. Dabei ist es durchaus denkbar, daß der Sprung im Erscheinungsbild des Tieres über längere Zeit genetisch vorbereitet wurde. In jedem Fall wird jedoch vorausgesetzt, daß es sich bei diesen Mutationen nicht um ein Nebeneinander oder Nacheinander von vielen kleinen Zufällen handelt, sondern daß der Übergang als ein koordinierter Vorgang betrachtet werden muß, der als Gesamtvorgang einer eigenen Erklärung bedarf.

Dies wird auch von den Vertretern des Dialektischen Materialismus erkannt. Sie sind der Auffassung, daß es in der Gesamtentwicklung nicht nur quantitative Veränderungen gibt, sondern daß, wie sie formulierten, an bestimmten Punkten „die Quantität in die Qualität umschlägt“, so daß sprunghaft Neues zustande kommt. Dabei spielt als teleologisches Prinzip die bereits erwähnte allgemeine Tendenz „vom Niederen zum Höheren“ eine bedeutsame Rolle.

Daß diese Tendenz vom Niederen zum Höheren keine eigentliche Erklärung darstellt, sondern mehr eine Beschreibung ist, wurde bereits angedeutet. Vergleicht man diese Erklärung des Dialektischen Materialismus mit Erklärungen, die von traditionell eingestellten Denkern im Anschluß an den aristotelischen Begriff der Entelechie gegeben worden sind, so hat er freilich eine positive Seite. Aristoteles hatte einst dargelegt, daß im Seienden ein teleologisches Prinzip herrsche, das jeweils auf die Hervorbringung bestimmter Formen hindränge. Als Beispiel nennt er die Eichel, deren teleologische Tendenz auf einen Eichbaum abzielt. Diese Feststellung ist im Hinblick auf das angeführte Beispiel ohne Zweifel richtig und wird durch moderne Forschungen bestätigt, die den sogenannten genetischen Code entdeckten, der als Garant der aristotelischen Entelechie betrachtet werden kann.

Es ist jedoch die Frage, ob man die Entfaltung des Lebendigen insgesamt mit einer derartigen Teleologie aristotelischer Art erklären kann[56]. Eine solche Annahme würde bedeuten, daß bereits im ersten Einzeller die Gesamtheit aller späteren Pflanzen- und Tierarten teleologisch vorprogrammiert war und sich sodann in einer ähnlichen Weise entfaltete wie der Eichbaum aus der Eichel[57]. Für die Annahme einer solchen eindeutigen Festlegung gibt es keine Anhaltspunkte. Ihr gegenüber hat der Dialektische Materialismus mit seinem Prinzip „vom Niederen zum Höheren“ den unbestreitbaren Vorteil, daß er eine allgemeine Tendenz zur Entfaltung und Ausprägung höherer Arten annimmt, die im Gegensatz zur aristotelischen Entelechie keine Festlegung auf ein ganz bestimmtes Telos bedeutet.

Die These von einer allgemeinen teleologischen Tendenz bei der Entwicklung des Lebendigen wird auch dadurch nahegelegt, daß es in manchen Bereichen der Wirklichkeit derartige allgemeine Tendenzen ohne eine bestimmte Festlegung nachweislich gibt. Wenn etwa eine Familie der anderen erzählt: „In diesen Ferien fahren wir nach dem Süden“, dann wird hier eine allgemeine Tendenz angegeben, die nicht voraussetzt, daß die Familie sich schon über das konkrete Reiseziel im klaren ist. Vergleichbares gilt für andere Redewendungen, die wir im Alltag gebrauchen, wie etwa: „Jetzt will ich mal unter andere Menschen“, oder auch: „Jetzt habe ich Appetit auf irgend etwas Deftiges.“ Auf anderer Ebene gibt es derart allgemeine Tendenzen auch im Bereich der Organismen. Wenn man ein Samenkorn in den Boden legt, wachsen – unabhängig von der Lage des Samenkorns – die Wurzeln mit der allgemeinen Tendenz nach unten, wobei die genaue Wurzelbildung nicht festgelegt ist. Bestimmte Vogelarten suchen sich zum Nistplatz Bäume, andere bevorzugen Felsen ohne jedoch im einzelnen auf einen bestimmten Platz programmiert zu sein.

Betrachtet man nach diesen Überlegungen nochmals die Entwicklung der gesamten von uns erforschten Tier- und Pflanzenwelt, so scheint der Gedanke einer aristotelischen Entelechie unwahrscheinlich. Wenn bereits im ersten Einzeller die Gesamtheit aller späteren Pflanzen- und Tierarten im Sinne dieser Entelechie genau programmiert wäre, müßte vermutet werden, daß überall, wo in etwa die gleichen klimatischen und sonstigen Vorbedingungen vorhanden sind, auch die gleichen Tier- und Pflanzenarten anzutreffen wären. Das ist jedoch keineswegs der Fall, sondern es gibt jeweils bestimmte Tier- und Pflanzenarten, die für bestimmte Kontinente bzw. Regionen der Erde charakteristisch sind.

Zur Erklärung dieser nicht ableitbaren Vielfalt schreibt der Biologe Konrad Lorenz: „Daß aus Dinosauriern Vögel geworden sind oder aus Affen Menschen, ist jeweils eine historisch einmalige Errungenschaft des stammesgeschichtlichen Werdens, das zwar durch Gesetze, die alles Lebendige beherrschen, in seiner allgemeinen Richtung zum Höheren hingesteuert, in allen seinen Einzelheiten jedoch vom sogenannten Zufall, d. h. von einer Unzahl grundsätzlich nie erfaßbaren Nebenursachen bestimmt wird. Es ist ‚Zufall‘ in diesem Sinne, wenn in Australien aus primitiven Vorfahren Eukalyptusbäume und Känguruhs, in Europa und Asien aber Eichbäume und Menschen entstanden sind."[58]

Bei dieser Erklärung spricht Konrad Lorenz einerseits von Gesetzen, die alles Lebendige beherrschen, und von einer Tendenz zum Höheren, andererseits jedoch vom „Zufall". Bei dieser Kennzeichnung kann man sich zwar unter Gesetzen und auch unter einer Tendenz zum Höheren etwas vorstellen. Der Begriff des Zufalls jedoch ist ein ungereimter Begriff, zumal wenn Konrad Lorenz ihn mit „einer Unzahl grundsätzlich nie erfaßbaren Nebenursachen" gleichsetzt[59]. Wenn er von „*tatsächlich* nicht erfaßbaren Nebenursachen" gesprochen hätte, wäre das wenigstens in sich widerspruchslos gewesen. Die Vorstellung einer „*grundsätzlichen*" Nicht-Erfaßbarkeit jedoch ist mit dem Begriff der Ursache zumindest solange unvereinbar, wie man den Begriff der Ursache naturwissenschaftlich gebraucht.

Der Begriff von „grundsätzlich nicht erfaßbaren Ursachen" bekommt nur dann einen Sinn, wenn man ihn im Sinne von „spontanem Geschehen" deutet. Denn jeweils, wenn der Mensch etwas gedacht, gesagt oder getan hat, für das er keine Begründung anzugeben vermag, formuliert er, er habe dies spontan getan[60]. Offensichtlich gibt es etwas Analoges auch bei der Entfaltung des Lebendigen. Auch hier gibt es Vorgänge, für die sich, wie Konrad Lorenz zu recht geltend macht, Ursachen nicht nur faktisch, sondern auch grundsätzlich nicht angeben lassen, d.h., es gibt so etwas wie spontanes Geschehen. Derartiges spontanes Geschehen hat offensichtlich bei der Entfaltung des Lebendigen eine wichtige Rolle gespielt. In diesem Sinne kann die Auffassung des Dialektischen Materialismus dahin ergänzt werden, daß die Entfaltung des Lebendigen einerseits durch ein teleologisches Prinzip, die Tendenz vom Niederen zum Höheren, andererseits jedoch durch eine Spontaneität gekennzeichnet war, die jeweils die Art und Weise des Übergangs zum Höheren mitbestimmte.

Dabei wird freilich vorausgesetzt, daß es spontanes Geschehen auch im pflanzlichen und tierischen Bereich gibt und andererseits ein teleologisches Prinzip vom Niederen zum Höheren postuliert. So zeigen diese Überlegungen insgesamt, daß sich rein wissenschaftlich keine in sich zureichende und plausible Antwort auf die Frage nach der Herkunft und der Entfaltung des Lebendigen geben läßt, daß vielmehr dieses Gesamtgeschehen durch Komponenten mitgeprägt wurde, die sich einer streng wissenschaftlichen Erforschung entziehen. Es sind also wichtige Fragen offen und unbeantwortbar, solange man nach wissenschaftlich gesicherten oder zumindest plausiblen Ergebnissen sucht[61].

Die Entwicklung des Lebendigen auf der Erde trat in ein neues Stadium ein, als der Mensch in das biologische Geschehen einzugreifen begann. Diese Eingriffe sind gekennzeichnet durch eine bewußte Zielstrebigkeit eigener Art und durch ungewollte oft auch unbedachte Folgen. Die Eingriffe des Menschen in die Tier- und Pflanzenwelt setzen schon früh ein. Bei den Pflanzen begann der Mensch, durch Auswahl von Ablegern und Saatgut aus Wildpflanzen Nutzpflanzen heranzuzüchten. Indem er Pflanzen planmäßig anbaute, schuf er allmählich die Naturlandschaft zur biologisch reicheren Kulturlandschaft um. Auch Tiere bezog er schon früh in die von ihm planmäßig gestaltete Welt ein. Ritzzeichnungen aus der Magdaleien-Kultur – etwa fünfzehntausend Jahre alt – zeigen Großherden des Rens. Solche Großherden gibt es als reine Wildform nicht. Sie setzen voraus, daß Leithirsche kastriert wurden und so – gewissermaßen domestiziert – ihre Nebenbuhler in der gleichen Herde ertrugen. Diese Zeichnungen also deuten darauf hin, daß Menschen dieser frühen Zeit in der Tundra mit in der angegebenen Form halbdomestizierten Herden umhergezogen sind.

Demgegenüber begann Tierzucht im engeren Sinne erst später. Vieles ist bis heute ungeklärt. Sieht man vom Hund ab, der schon früh als Genosse und Hilfstier des Menschen eine Sonderstellung einnimmt, so ist anscheinend das Schaf das älteste Haustier. Eindeutig nachweisbar sind Reste domestizierter Schafe um 9000 v. Chr. in Kurdistan. Wahrscheinlich sind sie unabhängig davon auch in der Gegend zwischen Kaspischem Meer und Aralsee in Zucht und Pflege genommen worden. Die ältesten Funde domestizierter Ziegen stammen aus dem 8. Jahrtausend v. Chr.. Sie wurden in Jericho und Scharmo

(Kurdistan) gefunden. Schweine wurden nachweislich seit etwa 6500 v. Chr. im Irak gehalten. Rindvieh wurde anscheinend erst im Zusammenhang mit dem Getreideanbau in Zucht und Pflege genommen. Esel sind seit dem 4. Jahrtausend im Niltal, die zu den Pferden gehörenden Halbesel etwa um die gleiche Zeit in Turan und Pferde im 3. Jahrtausend in Nord- und Westeuropa sowie im Donauraum und Sibirien anzutreffen.

Infolge dieser Tätigkeit des Menschen, trat neben die „natürliche“ Entfaltung der Pflanzen- und Tierwelt eine vom Menschen planmäßig herbeigeführte Weiterentwicklung, wobei jeweils Pflanzen und Tierarten gezüchtet wurden, die im Sinne einer zweckdienlichen Nutzung für den Menschen besonders vorteilhaft waren. Allerdings bediente sich der Mensch bis in die neueste Zeit hinein dabei vornehmlich natürlicher Mittel, indem er die besten Knollen und Samen als Saatgut verwendete und die besten Tiere zur Fortpflanzung brachte.

In dieser Hinsicht hat erst mit der Industrialisierung der Landwirtschaft und den biotechnischen Eingriffen in die Pflanzen- und Tierzucht ein neues Stadium der Entwicklung begonnen. Nicht durch natürliche Züchtung und Paarung, sondern durch biotechnische Manipulationen werden nunmehr neue Pflanzen und Tiere geschaffen, die die Erträge der landwirtschaftlichen Produktion in einem früher kaum vorstellbarem Ausmaß gesteigert haben. Ein Teil dieser „Erfolge“ beruht darauf, daß man konsequent zwischen den jeweils für die Vermehrung notwendigen Tier- und Pflanzenexemplaren, die man verhältnismäßig „natürlich“ beläßt, und den für die Lebensmittelproduktion bestimmten Exemplaren unterscheidet, die künstlich auf bestimmte Eigenschaften programmiert werden. Während diese Scheidung in früheren Zeiten nur im Sonderfall der Kastrierung männlicher Tiere eine gewisse Rolle spielte, hat sie heute in die gesamte Pflanzen- und Tierzucht Eingang gefunden. Im Extremfall werden sogenannte Hybridformen entwickelt, die selbst vermehrungsunfähig sind, jedoch eine Maximierung der Ertragsmenge ermöglichen.

Stellt man die Frage nach der Zukunft der Tier- und Pflanzenwelt auf der Erde, dann wird beim gegenwärtigen Stand der Entwicklung die Antwort nahegelegt, daß diese Zukunft mehr oder weniger ausschließlich in der Hand des Menschen liegt. Er ist es, der Tiere und Pflanzen, die ihm zweckdienlich erscheinen, biotechnisch erzeugt; und er ist es, der darüber befindet, welche Tiere und Pflanzen geschont und welche der Vernichtung preisgegeben werden. Es kennzeichnet diese Situation, daß die vom Menschen geplante und beherrschte Kulturwelt bereits heute als die „normale“ Welt betrachtet werden muß, während die nicht umgestaltete Natur nur noch dort aufzufinden ist, wo der Mensch sie in Reservaten ausdrücklich in ihrem ursprünglichen Zustand beläßt[62].

Allerdings gibt es auch Anzeichen, die diese Zukunftsvision in Frage stellen. Eine Gegentendenz zeigt sich insbesondere bei den kleinsten Lebewesen, den Krankheitserregern. Noch vor Jahrzehnten galten die schlimmsten Seuchen und Krankheiten als grundsätzlich „besiegt“. Man betrachtete es als eine Frage der Zeit, bis sie weltweit verschwunden seien. In den letzten Jahren jedoch häufen sich alarmierende Nachrichten, daß sich sogenannte resistente Stämme von Krankheitserregern herausbilden, die den herkömmlichen Medikamenten trotzen, und daß epidemische Krankheiten, die man für endgültig besiegt hielt, erneut auftreten und ihre Opfer fordern. Eine vergleichbare Entwicklung kündigt sich auch bei Schädlingen im landwirtschaftlichen Bereich an.

Um Herr der Lage zu bleiben, werden immer rigorosere Bekämpfungsmittel gegen Krankheitserreger und Schädlinge nötig, die dann ihrerseits so problematische Nebenwirkungen haben, daß sie nicht unbedenklich eingesetzt werden können. Schon schließen Experten nicht aus, daß eines Tages das gesamte System kippt, bzw. daß die Erfahrung dazu zwingt, künstliche Eingriffe in den menschlichen Organismus und in die Pflanzen- und Tierwelt zu beschränken. So sind viele Fragen offen. Fest steht jedoch, daß der Mensch eine Rolle übernommen hat, die ihn zwingt, seine Stellung im Gesamt der Wirklichkeit zu bedenken, um die Macht, die er gewonnen hat, angemessen – d. h. im Bewußtsein seiner Verantwortung für das Lebendige insgesamt – einzusetzen.

3. Die Stellung des Menschen in der „Evolution"

Die Frage nach der Herkunft des Menschen ist nicht weniger schwierig als die Frage nach der Entstehung des Lebens. Sie geht den Menschen, der sie stellt, jedoch unmittelbarer an. Daher ist sie seit den frühesten Zeiten der Menschheit immer wieder gestellt worden. Im vorigen Jahrhundert hat sie von Charles Darwin eine Antwort erhalten, die zu heftigen Auseinandersetzungen führte.

Nachdem Darwin im Jahre 1859 in seinem epochemachenden Werk „Die Entstehung der Arten durch natürliche Zuchtwahl oder die Erhaltung der bevorzugten Rassen im Kampf ums Dasein" den Menschen ausgeklammert hatte, wandte er sich in seiner 1871 erschienenen Schrift „Die Abstammung des Menschen" dieser Frage intensiv zu. Er erklärte, daß auch der Mensch in die Gesamtheit alles Lebendigen einzubeziehen sei, daß auch er seine Stellung hartem Daseinskampf und „natürlicher Zuchtwahl" verdanke und daß er „den unauslöschbaren Stempel seines tierischen Ursprungs trägt"[63].

Der heftige und zum Teil von emotionaler Empörung geprägte Widerspruch, mit dem sich damalige Christen gegen die Theorien Darwins wehrten, ist keineswegs so grotesk und unberechtigt, wie es heute zuweilen dargestellt wird. Diese Menschen wehrten sich in der Überzeugung, daß sie von Gott ins Dasein gerufene Personen und keine Tiere seien, verzweifelt gegen ihre Einbeziehung und Einordnung in eine allgemeine biologische Abstammungslehre.

Diese Gegenwehr wird um so verständlicher, wenn man sich vergegenwärtigt, daß die philosophische Tradition des Abendlandes die Lehre vom Anfang und die Lehre vom Wesen der Dinge stets zusammen gesehen hat. Wenn etwa Thales von Milet feststellt: „Aller Dinge Anfang ist das Wasser"[64], so heißt das zugleich: „Wasser ist das Grundelement aller Dinge." Denn das griechische Wort „Arche" bedeutet nicht nur Anfang, sondern auch Wesen im Sinne des Elements oder durchwaltenden Prinzips.

Angesichts dieser Verknüpfung bedeutete im Verständnis vieler Europäer die Feststellung Darwins, daß der Mensch vom Tier abstamme zugleich, daß er seinem Wesen nach ein Tier sei. Wie „unbefangen" diese Auffassung insbesondere von der Biologie her verbreitet wurde, dokumentiert sich nicht zuletzt darin, daß der Mensch von nun an zu den Säuge„tieren" gerechnet wird.

Versucht man eine kritische Überprüfung des Darwinismus im Hinblick auf den Menschen, so sind dementsprechend zwei Fragen zu klären, die zwar nicht voneinander isoliert werden können, die jedoch je ihre eigene Bedeutung besitzen und nicht miteinander verwechselt werden dürfen. Die erste Frage richtet sich darauf, ob der Mensch abstammungsmäßig im Gesamtzusammenhang des Lebendigen steht und wie dieser Zusammenhang gesehen werden muß; und die zweite Frage richtet sich darauf, ob es einen Wesensunterschied zwischen Mensch und Tier gibt oder ob es sich dabei nur um graduelle Unterschiede handelt. Die Beantwortung dieser zweiten Frage hat allerdings Rückwirkungen auf die erste: Wenn es einen Wesensunterschied zwischen Mensch und Tier gibt, dann kann es zumindest im Hinblick darauf ein „Übergangsfeld" zwischen Mensch und Tier nicht geben[65].

Wendet man sich zunächst der ersten Frage zu, so muß man feststellen, daß es bis heute keinen streng wissenschaftlichen Beweis für eine Abstammung des Menschen von tierischen Primaten gibt, daß jedoch so viele überprüfbare Hinweise für diese These sprechen, daß man sie ebenso wie den übrigen Zusammenhang alles Lebendigen als äußerst wahrscheinlich annehmen muß und bei allseitig kritischen Überlegungen von ihr ausgehen sollte.

Seit der Veröffentlichung von Darwins Theorie über die Abstammung des Menschen bis zum heutigen Tage hat man immer wieder gehofft, im Rahmen der paläanthropologischen Forschung überzeugende Hypothesen des „Übergangs" entwickeln zu können. Diese Hoffnungen haben sich jedoch nicht erfüllt. Man ist zwar auf immer frühere Funde gestoßen, jedoch ist es nicht gelungen das gesamte Material in einen überzeugenden Zusammenhang zueinander zu bringen. Nachdem man zunächst von der Annahme ausgegangen war, daß Knochenreste, die „urtümlicher" wirkten, jeweils auch entsprechend älter seien, wurde man dank der heute möglichen Methoden der Altersbestimmung von Funden inzwischen eines besseren belehrt. Offensichtlich haben verschiedene Primatenarten und frühe Menschengruppen lange Zeit nebeneinander gelebt.

Eine besondere Schwierigkeit liegt darin, daß man die Frage, ob Knochenfunde als Überreste von Menschen oder von tierischen Primaten angesehen werden müssen, nach Kriterien entscheiden muß, die letzten Endes fragwürdig sind. Hierbei spielt besonders die Größe des Hirnschädels und die Frage des aufrechten Gangs, auf den sich aus den Überresten Rückschlüsse ergeben, eine Schlüsselrolle. Allerdings vermag man keine feste Relation zwischen Hirnschädelgröße und menschlichem Bewußtsein anzugeben. Auch die Frage, ob der aufrechte Gang ein sicheres Kriterium zur Unterscheidung von Mensch und tierischen Primaten ist, wurde lange Zeit stillschweigend übergangen. Tatsächlich jedoch kann gerade nach neueren Funden nicht ausgeschlossen werden, daß es Primatenarten gegeben hat, die einen aufrechten Gang hatten, jedoch nicht als Menschen angesprochen werden können. Im allgemeinen kann man von menschlichen Überresten nur dann mit Sicherheit sprechen, wenn zusammen mit den Knochen Artefakte gefunden werden, deren Herstellung und Gebrauch eindeutig das übersteigt, was auch bei Primaten vorstellbar ist.

Hält man sich dies vor Augen, so wird eine weitere Schwierigkeit sichtbar. Wie sich bis in unsere Zeit am Beispiel sogenannter „primitiver“ Völker nachweisen läßt, bestehen die meisten Gerätschaften früher Menschen aus leicht vergänglichem Material. Längst bevor Metall verarbeitet wurde und auch bevor man anfing, Steinwerkzeuge herzustellen, hat es offensichtlich Schmuck, Kleidungsstücke und Gerätschaften aus Blättern, Halmen, Holz, Federn, Fellen und anderem organischen Material gegeben. Derartige Gegenstände hatten keine Chance, Zehntausende oder gar Hunderttausende von Jahren zu überstehen. Aussagekräftige, d.h. eindeutig auf menschliche Bearbeitung hinweisende Artefakte aus Stein sind relativ späte Errungenschaften[66].

Vergleichbare Zurückhaltung ist geboten bei unserer Vorstellung, daß Höhlen die typische Behausung früher Menschen gewesen seien. So unbestreitbar frühe Menschen zuweilen bzw. mancherorts Höhlen bewohnten und ausstatteten, so unabweisbar ist es, daß es gleichzeitig und noch früher Behausungen aus organischem Material gegeben hat.

Aus diesen Tatsachen und Überlegungen ergibt sich, daß wir keine große Chance haben, aufgrund von Funden gesicherte und aufschlußreiche Aussagen über früheste Menschen zu machen. Vom Standpunkt strenger Wissenschaftlichkeit sind zahlreiche Veröffentlichungen mit phantasievollen bildlichen Darstellungen früher Menschen allenfalls unter dem Gesichtspunkt des kommerziellen Erfolges als positiv zu betrachten. Sofern man auf Anschaulichkeit nicht verzichten will, wäre es demgegenüber wahrhaftiger und sinnvoller, bildliche Darstellungen von den bis in unser Jahrhundert hinein existierenden sogenannten „primitiven" Völkerschaften zu geben und darauf hinzuweisen, daß man sich das Leben früher Menschen „so ähnlich" vorzustellen habe. In dieser Hinsicht kann der von Fritz Kern konzipierte erste Band der HISTORIA MUNDI[67] als richtungsweisend betrachtet werden, welcher dem Leser keine phantasievoll entwickelte „Geschichte der frühen Menschheit" bietet, sondern statt dessen Darstellungen verschiedener wissenschaftlich erforschter sogenannter primär-primitiver Kulturen nebeneinander stellt.

Sofern man der gut begründeten Annahme zustimmt, daß die frühen Menschen in vieler Hinsicht mit den Angehörigen primär-primitiver Kulturen verglichen werden können, hat das erhebliche Konsequenzen für die Frage eines „Übergangs" von tierischen Primaten zum Menschen. Denn alle primär-primitiven Kulturen zeigen, daß trotz der Einfachheit aller materiellen Errungenschaften der Mensch eindeutig als Mensch erkennbar ist und sich durch eine erstaunlich hohe geistige Kultur auszeichnet. Diese dokumentiert sich einerseits in religiösen Vorstellungen und andererseits in Sozialeinrichtungen und im Sozialverhalten. Die geistige Kultur geht also offensichtlich der materiellen voran und nicht umgekehrt!

Damit kommen jedoch die Überlegungen unmittelbar zur zweiten der am Anfang gestellten Fragen, die sich darauf richtet, „ob es einen Wesensunterschied zwischen Mensch und Tier gibt oder ob es sich dabei nur um graduelle Unterschiede handelt". Hierzu muß zunächst festgestellt werden, daß es zwar phantasievolle Vorstellungen, Darlegungen, Bilder und Hollywoodfilme von einem Übergangsfeld zwischen Tier und Mensch gibt, daß jedoch ein solches Übergangsfeld weder durch entsprechende Funde nachgewiesen ist noch durch die Erforschung primär-primitiver Stämme nahegelegt wird. Positive Hinweise für ein derartiges Übergangsfeld sind schlechthin nicht vorhanden.

Wie wenig ein derartiges Übergangsfeld auch nur gedanklich vorstellbar ist, wird deutlich, wenn man die Frage nach dem Wesensunterschied zwischen Mensch und Tier stellt. In vielen Veröffentlichungen, die einen allmählichen Übergang von tierischen Primaten zum Menschen annehmen, wird bis in unsere Tage hinein der aufrechte Gang und die freie Verfügbarkeit der Hände als entscheidend für die sogenannte „Menschwerdung" bezeichnet. So heißt es zum Beispiel in einem Beitrag des Jahrgangs 1983 der Zeitschrift UNIVERSITAS: „Zur Entwicklung des Gehirns in der Evolution ist zu sagen, daß sie das erstaunlichste Ereignis seit der Entstehung des Lebens überhaupt darstellt. Die Voraussetzung dafür waren nach dem heutigen Wissen die volle Aufrichtung des Körpers und damit die Befreiung der Hand von der Fortbewegungsaufgabe. Damit wurde auch die Befreiung des Gesichts von der Freßfunktion ermöglicht, da die Hand besser als das Gebiß die Nahrung zubereiten kann. Die Hand wurde somit für die Handlung und das Gesicht für die Sprache frei: Der ungemeine Selektionsdruck auf die Erschließung dieser neuen Aktionsräume von Tat und Wort bewirkte die rasante Gehirnentwicklung. Für die Menschwerdung ist die enorme Vergrößerung der neokortikalen Stufe, also die Entfaltung der Großhirnrinde, entscheidend, die mit einer ungemeinen Verdichtung und Vervollständigung der Verbindungen zwischen ihr und allen anderen Hirnanteilen einhergeht."[68]

Man fragt sich freilich, woher der Autor das alles so genau weiß, daß er es mit derartiger Selbstsicherheit vorzutragen wagt. Wie eine kritische Analyse zeigt, ist die durch den aufrechten Gang gewonnene freie Verfügbarkeit der Hände zwar eine Voraussetzung jedoch nicht der tiefere Grund ihres mannigfaltigen typisch menschlichen Einsatzes. Vielmehr erhält dieser Einsatz ebenso wie der nahezu aller anderer auf die Mit- und Umwelt gerichteten körperlichen Organe seine besondere Note erst dadurch, daß er in einer nur dem Menschen eigenen Weise bewußt gesteuert wird und in diesem Sinne unlösbar mit geistigen Fähigkeiten in Verbindung steht. Hierauf hat Georg Siegmund mit Nachdruck hingewiesen, indem er schreibt: „Aber nicht nur beim Menschen, sondern auch beim Känguruh dienen die Vordergliedmaßen nicht mehr als Lauf- oder Stützorgane. Doch haben die Känguruhs in etwa zweihundertmillionen Jahren mit ihren freigewordenen Extremitäten nicht mehr gelernt als Blätter und Gras zum Fressen festzuhalten, was auch ein vierfüßiges Eichhörnchen fertigbringt.“ [69] Die besondere Eigenart des Menschen wird also nicht allein, ja nicht einmal primär durch seine besondere Körperorganisation, sondern erst durch Hinordnung seiner Gliedmaßen und Wahrnehmungsorgane auf geistige Fähigkeiten geprägt.

Letzten Endes führt sich jede dem materialistischem Grundzug der modernen Wissenschaften folgende, auf den Vorrang körperlicher Veränderungen fixierte These von der „Menschwerdung“ selbst ad absurdum. Die bekannteste dieser Theorien ist die vom Mängelwesen Mensch[70]: Der Mensch erscheint als ein Wesen, das körperlich schlechter ausgestattet ist als die Tiere. Um diese seine Defizite zu kompensieren, mußte er notgedrungen handwerkliche und geistige Fähigkeiten entwickeln: Da der Mensch kein Fell hat, mußte er sich Kleidung anfertigen, da er weder Reißzähne noch Krallen hatte, mußte er Waffen erfinden, da er instinktunsicher war, mußte er Institutionen schaffen, zweckrationales Denken entwickeln und dergleichen mehr. Es wird also hier der Kurzschluß programmiert, der Geist und das bewußte Verhalten seien notwendige Kompensationsfaktoren, um Mängel auszugleichen: Da der Mensch schlecht ausgestattet ist und nicht durch Instinkte weiß, was er jeweils zu tun hat, muß er nach dem Motto „Not macht erfinderisch“ zu denken beginnen.

Eine solche Interpretation entzieht sich jedoch nicht nur der

Nachprüfbarkeit, sondern ist auch rein spekulativ in sich unwahrscheinlich. Wie Erfahrungen mit domestizierten Tieren nahelegen, hat der Mensch keine Behaarung, da er ihrer als Wärmeschutz nicht bedarf. Analoges gilt auf der Ebene des Verhaltens. Das überlegte Handeln, zu dem der Mensch fähig ist, bedeutet eine qualitativ höhere Stufe des Verhaltens, die ein Selbstbewußtsein voraussetzt. Instinkte werden dabei nicht schlechthin ausgeschaltet, aber verlieren ihre beherrschende Stellung. Sie programmieren den Menschen nicht, sondern sind nur noch eine der Komponenten, die sein Handeln mitbestimmen. Nicht durch einen Mangel an biologischer Ausstattung, sondern durch eine positive Besonderheit, durch Geist und Selbstbewußtsein wird der Mensch zum Menschen[71].

Die selbstbewußte Geistigkeit des Menschen dokumentiert sich nach außen primär in seiner Sprache. Sie unterscheidet sich qualitativ von den sogenannten „Sprachen" der Tiere, die uns durch die moderne Verhaltensforschung weithin zugängig sind. Die Sprachen der Tiere dienen einer für die jeweilige Tierart biologisch förderlichen funktionalen Kommunikation. Dementsprechend beschränkt sich ihr „Wortschatz" auf das für die jeweilige Tierart Lebenswichtige; die Differenzierung der Sprache wird nur so weit vorangetrieben, wie es unter diesem Gesichtspunkt notwendig ist. Daher werden Erscheinungen der Wirklichkeit in den Tiersprachen nicht mit „objektiven" Begriffen benannt, sondern auf die Lebensbedeutung für die betreffende Tierart bezogen. Menschlich formuliert kann man sagen: Der Begriff „Baum" spielt für das Tier keine Rolle, sondern das, was wir als Baum bezeichnen, erscheint in dessen Wahrnehmungs- und Verhaltens- und Mitteilungssystemen als „Futterstatt", als „Brutstelle", als „Zufluchtsort" oder auch als „Orientierungspunkt". Dagegen dokumentiert sich beim Menschen in der Sprache sein Vermögen, bei der Wahrnehmung und Erkenntnis von sich selbst und seinen unmittelbaren Bedürfnissen abzusehen, d.h. der Welt „frei" gegenüberzutreten.

Der sofort ins Auge fallende quantitative Unterschied zwischen tierischem und menschlichem Wortschatz beruht letzten Endes auf diesem qualitativen Unterschied zwischen tierischen Kommunikationssystemen und menschlicher Sprache.

Tierische Kommunikationssysteme beziehen sich auf die jeweilige Umwelt der betreffenden Tierart; die menschliche Sprache dagegen bezieht sich auf die Welt schlechthin, d.h. auch auf Erscheinungen, die in keinem positiven oder negativem lebensdienlichen Zusammenhang mit dem Menschen stehen. Diese Welt jedoch ist im Gegensatz zur tierischen Umwelt letzthin unauslotbar und unerschöpflich. Daher ist die menschliche Sprache im Gegensatz zu den tierischen Kommunikationssystemen notwendigerweise unabgeschlossen, uneindeutig, und für immer neue Wortbildungen und -verknüpfungen offen.

Bezeichnenderweise gibt es keine Menschengruppe, die ohne Sprache wäre. Selbst bei Menschen, die infolge körperlicher Störungen taubstumm sind, ist die Sprachfähigkeit grundsätzlich vorhanden, so daß sie sich dank der Erfindung der Taubstummensprache, die keineswegs mit tierischen Kommunikationssystemen verwechselt werden darf, menschlich zu verständigen vermögen. So dokumentiert sich in der Sprache die besondere Geistigkeit des Menschen und sein besonderer Weltbezug.

Diese geistgeprägte Eigenart kennzeichnet alle Menschen, auch die Vertreter „primitiver" Kulturstufen. Einen allmählichen Übergang von der tierischen Umweltverhaftetheit zum menschlichen Weltverhältnis kann man empirisch ebensowenig feststellen wie einen Übergang von den sogenannten Tiersprachen zur menschlichen Sprache. Allerdings haben Sprachtheoretiker immer wieder Versuche unternommen, Theorien über ein allmähliches Entstehen der menschlichen Sprache zu entwickeln. Die Hypothesen stehen allerdings auf der gleichen Stufe der Zuverlässigkeit wie die schon genannten phantasievollen bildnerischen Darstellungen frühester Menschen.

Auch die Erfahrungen mit der Entwicklung des Menschen im frühesten Stadium vor und nach der Geburt sprechen gegen einen allmählichen Übergang von tierischem zum menschlichen Dasein. Die umfangreichen und intensiven Forschungen, die gerade in den letzten Jahrzehnten im Zuge der Auseinandersetzung um die Straflosigkeit der Abtreibung vorgenommen wurden, haben ergeben, daß sich schon der menschliche

Embryo in vielfältiger Hinsicht vom tierischen Embryo unterscheidet und in einem anderen Verhältnis zu seiner Umwelt bzw. seiner Mutter steht. Man kann zu Recht bereits vor der Geburt von einer geistig-seelischen Beziehung zur Mutter sprechen.

Noch deutlicher wird die Besonderheit nach der Geburt. Hier sei an einige Feststellungen erinnert, die schon in anderem Zusammenhang getroffen wurden: „Ein Tier wächst heran, wenn es nur mit allem Lebensnotwendigem versorgt wird; beim Menschen genügt das jedoch nicht. Die modernen Humanwissenschaften haben nachgewiesen, daß Neugeborene, auch wenn sie mit allem Lebensnotwendigem gut versorgt werden, jeweils dann verkümmern und im Extremfall sogar dahinsterben, wenn sie keine personale Zuwendung der Mutter oder anderer Personen erfahren. Diese personale Zuwendung bedeutet zugleich eine sinnstiftende und wertende Deutung von Mensch und Welt ... Das Kind wächst somit nicht zunächst einmal in eine objektiv vorgegebene ‚Welt' hinein, die erst später bzw. nachträglich gedeutet und geordnet wird, sondern erfährt die Welt von vornherein als eine dank personaler Zuwendung sinnerfüllte und geordnete Lebenswelt."[72]

Wie das Kind ohne personale Zuwendung nicht gesund heranzuwachsen und zu leben vermag und wie es den aufrechten Gang nur dann erlernt, wenn es dazu angeregt und ermuntert wird, so lernt es auch nur dann zu sprechen, wenn es angesprochen und zur Antwort herausgefordert wird. Eine von personaler Zuwendung geprägte Lebenswelt ist die Voraussetzung dafür, daß der Mensch als Mensch zu leben vermag.

Wie sehr diese personale Zuwendung, die für den Menschen notwendig ist, eine geistbestimmte und keineswegs eine biologische Gegebenheit ist, zeigt sich nicht zuletzt darin, daß sie auch von Menschen erfolgreich geleistet werden kann, die im biologischen Sinne dem Kinde „fremd" sind. In diesem Zusammenhang muß auch auf die erstaunliche Tatsache hingewiesen werden, daß bei entsprechender personaler Zuwendung und allgemeiner Förderung, jedes Neugeborene in jede – also auch in eine ihm von der Herkunft fremde – menschliche

Gemeinschaft als vollwertiges Glied hineinzuwachsen vermag. In dieser Hinsicht besteht auch kein Unterschied zwischen Abkömmlingen „primitiver“ Stämme und Abkömmlingen hochzivilisierter Völker. Der Abstand zwischen „Primitiven“ und Hochzivilisierten ist nicht in einer biologischen Andersartigkeit bzw. Höherentwicklung, sondern allein in der Kulturtradition begründet und kann daher von einer Generation zur anderen überwunden werden.

Auch hierin erweist sich die gesamte Menschheit unabhängig vom jeweiligen Zivilisationsstand als Einheit, während sie sich auch von den höchstentwickelten Primaten qualitativ unterscheidet. Diese Feststellung wird durch neue Versuche, Primaten Zeichensprachen beizubringen, eher bestätigt als widerlegt. Das tierische Weltverhältnis wird auch durch derartig angelernte und vom Menschen vorgegebene Kommunikationsmöglichkeiten nicht wesentlich geändert.

Wie im letzten Kapitel dargelegt wurde, sind schon die Übergänge innerhalb des Tierreiches nicht samt und sonders als allmähliche Übergänge vorstellbar. Es handelt sich in vielen Fällen eher um ein koordiniertes und spontanes Gesamtgeschehen. Das gilt in noch höherem Maße für die „Menschwerdung“. Das eigentlich Entscheidende dabei ist weder das Gehirnvolumen noch der aufrechte Gang – hierbei sind allmähliche Entwicklungen durchaus anzunehmen – noch die von den Primaten abweichende Chromosomenzahl, sondern ein geistiges Bewußtsein, das zugleich ein anderes Verhältnis zur Welt bedeutet. Wie bereits angedeutet wurde, wird dieser Übergang nach der Auffassung des Dialektischen Materialismus zunächst in einer Fülle quantitativer Veränderungen – hierzu gehören Gehirnvergrößerung sowie die Fähigkeit zum aufrechten Gang – vorbereitet; er vollzieht sich jedoch dann sprunghaft durch einen Umschlag von der Quantität in eine neue Qualität. So entsteht nach dieser Lehre die „höchste Form der lebenden Materie“.

Vergleicht man die Lehre des Dialektischen Materialismus mit der Auffassung der Neodarwinisten, die einen allmählichen und fließenden Übergang von tierischen Primaten zum

Menschen annehmen, so erweist sie sich als realistischer. Eine neue Qualität ist nicht allmählich erreichbar.

Allerdings wird man bezweifeln müssen, ob eine allgemeine Tendenz vom Niederen zum Höheren ausreicht, um diesen qualitativen Sprung zustande zu bringen. Bisher gibt es keine wissenschaftlich oder denkerisch plausible Erklärung für dieses erstaunliche Ereignis, das vor langer Zeit irgendwo auf der Erde stattgefunden hat.

4. Das Verhältnis zwischen Mensch und Welt

In anderem Zusammenhang wurde bereits festgestellt, „daß der Erde innerhalb des Kosmos insofern eine Sonderstellung zukommt, als es nach dem gegenwärtigen Stand unserer Kenntnis nur hier lebende Organismen und darüber hinaus intelligente Wesen gibt, die von ihrem Standort aus den gesamten Kosmos zu berechnen und zu erklären versuchen“[73]. Durch das menschliche Bewußtsein und das Verhältnis des Menschen zur Welt bekommt indirekt auch die Welt selbst eine neue Qualität.

Um diese neue Qualität zu erfassen genügt es, sich in aller Konsequenz zu vergegenwärtigen, daß Dinge, von denen schlechthin niemand etwas weiß – ein Gedanke, der freilich theologisch nicht vollziehbar ist[74] –, nur in einer eingeschränkten Weise existieren. Es ist in mancher Hinsicht kaum ein Unterschied, ob es etwas überhaupt nicht gibt oder ob es etwas gibt, von dem schlechthin kein Mensch etwas weiß. Wenn man einem unbefangenen Menschen die Frage stellt, welcher Unterschied zwischen einem Garten bestehe, in dem kein Schatz vergraben ist, und einem Garten, in dem ein Schatz vergraben ist, von dem niemand etwas weiß, antwortet er in der Regel mit der Feststellung, daß es ja sein könnte, daß in dem einem der Schatz eines Tages entdeckt wird, während es in dem anderen Garten nichts zu entdecken gibt.

Eine solche Antwort bestätigt, daß es die Qualität eines Gegenstandes erhöht, wenn jemand weiß, daß es ihn gibt. Insofern hat also der Mensch mit seinem Bewußtsein nicht nur selbst eine besondere Qualität im Kosmos, sondern auch der Kosmos insgesamt bekommt eine neue Qualität: Es gibt in ihm unbezweifelbar Wesen, die wissen, daß er existiert. Es ist eine alte philosophische Frage, ob der Kosmos von Anfang an darauf angelegt ist, erkannt zu werden, d.h., ob es eine vorgegebene gegenseitige Bezogenheit zwischen Welt und Mensch gibt.

Die Erkenntnis der Welt durch den Menschen ist offensichtlich ein höchst komplizierter Vorgang, der sowohl durch die Eigenart der Welt wie auch durch die Eigenart des Menschen geprägt wird. Die Eigentümlichkeit dieses Zusammenspiels wird deutlich, wenn man sich verschiedene Akzentuierungen vor Augen hält, unter denen dieser Erkenntnisvorgang beschrieben worden ist: Die einen betonen, daß die Dinge der Außenwelt „objektiv" vorgegeben seien und daß die menschlichen Wahrnehmungsorgane als Instrumente betrachtet werden müßten, die die einzelnen Gegenstände so registrieren und aufnehmen, wie sie sind. Die anderen dagegen unterstreichen, daß unsere Wahrnehmung sinnenspezifisch erfolge, daß also unsere Sinnesorgane wesentlich entscheiden, in welcher Weise die Dinge der Außenwelt erscheinen.

Tatsächlich hat der Mensch im Gegensatz zu einfachen Lebewesen verschiedene Sinnesorgane mit einer je besonderen Art der Wahrnehmung. Im allgemeinen unterstützen sie sich gegenseitig zur Gewinnung eines Gesamtbildes der Wirklichkeit. Diese koordinierte Wahrnehmung ist im Laufe der Jahrhunderttausende durch ständige Beziehungen zwischen den Sinnesorganen und der Weltwirklichkeit entstanden. Die Dinge werden also tatsächlich sinnenspezifisch aufgenommen und erscheinen in einer Art, die wesentlich von den Sinnesorganen mitbestimmt wird. Andererseits jedoch haben sich diese unsere Wahrnehmungsorgane selbst im Laufe der Entwicklung des Lebendigen in Hinordnung auf die Welt und in diesem Sinne weltspezifisch bzw. wirklichkeitsspezifisch gebildet. So ist zum Beispiel die farbliche Wahrnehmung der Welt nicht nur eine sinnenspezifische Leistung des Auges, sondern ebenso ist das Auge selbst ein auf die Eigenart der Welt bezogenes Organ. Daher ist die farbliche Wahrnehmung sinnenspezifisch und weltspezifisch zugleich.

Analog verhält es sich mit den der Wahrnehmung zugeordneten Anschauungsformen: Es ist nur die halbe Wahrheit, daß der Mensch mit den Vorstellungen Raum und Zeit an die Wirklichkeit herantritt. Denn dabei ist bereits vorausgesetzt, daß diese Anschauungsformen vom Menschen in der Begegnung mit der Welt entwickelt worden sind und demzufolge nicht nur in der Eigenart des Menschen, sondern auch in der der Welt ihren Grund haben[75].

Für den ersten Augenblick scheint es bei der Wahrnehmung zwischen dem Menschen und höheren Tieren keinen wesentlichen Unterschied zu geben. Das ist jedoch eine Täuschung. Das Tier nimmt im allgemeinen nur wahr, was in bestimmten vorgegebenen Funktionskreisen von Belang ist. Außerdem erscheint ihm alles – unter Absehung individueller Besonderheiten – in einem jeweils artgebundenen Schema, das durch lebensdienliche Zuordnungen wie Schutz, Feind, Beute, Kumpan, Rivale gekennzeichnet ist. Diese schematische Zuordnung bedeutet zugleich Einbeziehung in einen bestimmten Funktionskreis bzw. einen Aktions- und Reaktionsmechanismus: Was als Beute erkannt wird, wird nach entsprechenden Verhaltensmustern als Beute behandelt, was als Feind erkannt wird als Feind usw. Erkennen ist also hier untrennbar verbunden mit einem entsprechenden Verhalten. Da, wie Carl Friedrich von Weizsäcker einmal formuliert, „die Einheit von Wahrnehmen und Handeln das Ursprüngliche" ist[76], nimmt das Tier Dinge, die es zwar nach dem rein physiologischen Befund seiner Sinnesorgane wahrnehmen kann und daher nach menschlichem Urteil wahrnehmen „müßte", die jedoch nicht in die Funktionskreise seiner Lebensbezüge gehören, schlechthin nicht zur Kenntnis.

So existiert zum Beispiel für eine hungernde Eule ein fliegender Singvogel nicht, da er nicht in ihre Umwelt gehört. Denn es entspricht der Lebensweise der Eule, Singvögel bei Nacht zu greifen, wenn sie ruhig dasitzen. Andererseits aber nimmt die gleiche Eule eine ruhig dasitzende Maus nicht wahr, weil sie Mäuse dann jagt, wenn diese, die Beine bewegend in der Dämmerung dahinhuschen, und weil das Merkbild „Maus“ von daher fixiert ist. Vergleichbare Fixierungen lassen sich hin und wieder auch beim Menschen beobachten. So kann es etwa beim Frühstück im Hotel vorkommen, daß jemand Milch oder Marmelade verzweifelt sucht, obgleich sie in einer Form, die seinem „Suchbild“ nicht entspricht, unmittelbar vor ihm steht[77]. Das sind jedoch Ausnahmeerscheinungen. Im allgemeinen kann der Mensch seine Sinnesorgane weitgehend frei, das heißt ohne Gebundenheit in bestimmte Funktionskreise und an bestimmte Merkbilder einsetzen.

Damit hängt zusammen, daß das menschliche Erkennen nur in Ausnahmefällen – etwa in Schrecksituationen oder bei plötzlichem Schmerz – mit einem Aktions- und Reaktionsmechanismus verkoppelt ist. Die Bindung zwischen Erkennen und Sichverhalten ist gesprengt, so daß Erkenntnis als ein eigener Akt möglich wird. Diese neue Qualität des Erkennens hat Rückwirkungen auf das Verhalten. Sie ist die Voraussetzung dafür, „reaktives Handeln durch aktives zu ersetzen. Sie erlaubt uns, nicht zu müssen, sondern zu wollen“[78].

Hieraus wird deutlich, daß die Erkenntnis als ein eigener Akt eng zusammenhängt mit dem besonderen Weltverhältnis des Menschen. Selbstverständlich behält auch der Mensch bestimmte Bedürfnisse, deren Befriedigung ein nicht unerheblicher Teil seiner Tätigkeiten dient. Sein Weltverhältnis ist jedoch nicht allein durch diesen biologischen Bedürfnischarakter geprägt. Es ist kein Zufall, daß wir in der Umgangssprache von „Fressen“ und „Saufen“ jeweils dann sprechen, wenn sich Menschen ausschließlich der Befriedigung dieser biologischen Bedürfnisse hingeben. Dagegen ist das menschliche Essen und Trinken in den meisten Kulturen mit kultischen Handlungen verbunden und überall durch bestimmte Sitten geprägt, die nicht aus der Bedürfnisstruktur des Menschen abgeleitet werden können.

Daß das menschliche Weltverhältnis nicht einseitig durch Bedürfnisse und Lebensdienlichkeiten bestimmt wird, ist auch die Voraussetzung dafür, daß der Standpunkt, von dem aus der Mensch die Welt sieht und einschätzt, nicht in jedem Falle der durch seinen Leib vorgegebene raum-zeitliche Standpunkt ist. Es ist dem Menschen möglich, Situationen und Sachverhalte auch von einem anderen Standpunkt als seiner organischen Mitte aus zu betrachten[79]. Er kann sich in die Lage eines anderen Menschen versetzen und kann dabei Raum und Zeit überwinden. Diese Fähigkeit ist nicht nur eine wesentliche Komponente bei der Gestaltung zwischenmenschlicher Beziehungen, sondern auch eine wichtige Voraussetzung für die dem Menschen eigene Möglichkeit einer Erfassung und Erschließung der Welt. So ist man sich, wie bereits bemerkt wurde, heute darüber einig, daß bei einer Berechnung kosmische Bewegungen „unabhängig von der Frage eines ‚objektiven' Mittelpunktes die Berechnungen jeweils zweckmäßigerweise so vorgenommen werden, daß sie verhältnismäßig einfach sind ... Solche Berechnungen lassen sich mit Hilfe der heutigen Kenntnisse nicht nur dann anstellen, wenn sich auf den betreffenden Himmelskörper tatsächlich beobachtende Menschen befinden, sondern es ist selbstverständlich ebenso möglich, mit hypothetischen Beobachtern zu arbeiten."[80] Der Mensch kann also geistig jeden beliebigen seiner Phantasie zugänglichen Standort einnehmen und die Welt von dort aus betrachten und berechnen. Nur er kann Verhaltens- und Umweltforschung betreiben und sich dabei in das Tier hineindenken.

Aus all dem ergibt sich, daß der Mensch in besonderem Maße als Beobachter des Universums ausgezeichnet und geeignet ist. Insofern besteht ein qualitativer Unterschied zwischen tierischer und menschlicher Welt: „Des Menschen Welt ist die Gesamtwirklichkeit, der Mensch lebt inmitten und angesichts der Allgemeinheit der seienden Dinge, wie Vis-à-vis de l'univers ..."[81] Daher hat sich der Mensch unabhängig von zweckdienlichen und nutzbringenden Unternehmungen schon seit ältesten Zeiten im Gesamtzusammenhang der Welt gesehen. Er hat sein Verhältnis zu Sonne, Mond und Sternen zu klären versucht, längst bevor die Weltraumfahrt begann. Obgleich er nur einen Ausschnitt der Welt kannte, hat er nach ihr als ganzer gefragt und war davon überzeugt, daß die Kenntnis der gesamten Welt für ihn bedeutsam sei, weil er nur von daher auch sich selbst und seine Stellung im Gesamt der Wirklichkeit angemessen deuten und verstehen könne.

Angesichts dieser Tatsachen kann man auch die umgekehrte Frage stellen, ob das Universum und die verschiedenen Erscheinungen auf der Erde von vornherein auf einen solchen Beobachter abgestellt sind. Die klassische abendländische Philosophie hat diese Frage bejaht. Sie sprach von einer „Wahrheit der Dinge", die darauf beruhe, daß die Dinge von Gott erkannt und für den Menschen erkennbar seien[82]. Diese Überzeugung schließt allerdings religiöse Vorentscheidungen ein[83]. Aber es spricht in der Tat vieles dafür, daß die außermenschliche Wirklichkeit ebenso wie der Mensch selbst darauf angelegt ist, erkannt und beachtet zu werden[84].

Daß der Mensch selbst nach Beachtung strebt, wird durch die Erfahrung jeden Tages bestätigt: durch die Art, wie Menschen sich ausstatten und wie sie sich verhalten. Oft geben sie darüber hinaus ausdrückliche Zeichen, um bestimmte andere Menschen auf sich aufmerksam zu machen, indem sie „juhu" rufen oder auch mit den Armen winken.

Vergleichbares läßt sich auf einer anderen Stufe auch bei Tieren feststellen. Es gilt in besonderem Maße bei der Partnerwahl und Paarung höher entwickelter Tiere. Die einzelnen Exemplare weisen durch ihr Äußeres – man spricht bei vielen Tieren nicht zu Unrecht von einem „Hochzeitskleid" – durch besondere Lockrufe, durch Duftstoffe und durch ihr gesamtes Gehabe und Verhalten auf sich und suchen den Partner auf sich aufmerksam zu machen. Das Paarungsverhalten ist jedoch nur ein besonderes Beispiel der Selbstdarstellung und Selbstkundgabe von Tieren. Ein weiteres eindrucksvolles Beispiel ist das Glucken der Henne, die ihre Küken auf sich hinweist und um sich schart, oder auch das Piepsen eines Küken, das aus irgendwelchen Gründen ein Hindernis nicht überwinden kann und auf diese Weise die Glucke auf sich aufmerksam zu machen sucht.

Bei diesen Beispielen suchen Lebewesen eigene Artgenossen auf sich aufmerksam zu machen. Es gibt jedoch auch artübergreifende, die Aufmerksamkeit anderer herausfordernde Selbstdarstellungen und Verhaltensweisen. So locken etwa Blumen durch Farbe und Duft Insekten heran. Auch in diesen Fällen ist das Auf-sich-aufmerksam-Machen mit einem lebensdienlichen Zweck verbunden. Selbstdarstellung, Selbstkundgabe und Wahrnehmung stehen also im Dienste oder zumindest im Zusammenhang mit Mechanismen, die für die betreffenden Pflanzen bzw. Tiere lebenserhaltend und lebensfördernd sind.

Man muß jedoch fragen, ob damit schon alles, was an Erscheinungen und Verhalten vorgefunden wird, zutreffend und ausreichend erklärt ist. Offensichtlich bleibt ein erheblicher Überschuß an Gestaltungs- und Darstellungsaktivität, der nicht aus Zweckdienlichkeit bzw. als notwendige Begleiterscheinung lebensdienlicher Verhaltensweisen erklärt werden kann. So zeigt ein Vergleich der Werbungs- und Paarungszeremonien verschiedener Tierarten, daß bei manchen Arten Selbstdarstellung und arttypisches Verhalten weit über das „notwendige Maß" hinausgehen, während andere Arten mit verhältnismäßig bescheidenen Mitteln auskommen. Auch das Imponiergehabe gegenüber Rivalen ist bei manchen Arten besonders ausgeprägt, bei anderen weniger.

Dazu kommt, daß es offensichtlich nicht nur um eine Darstellung gegenüber dem tierischen Artgenossen geht, sondern um eine Darstellung, die auch auf andere Beobachter gerichtet ist. In diesem Zusammenhang kann nochmals an das Beispiel der Blumen gedacht werden, wobei auch hier der Aufwand der Darstellung weit über das hinausgeht, was zur Anlockung von Insekten „notwendig" wäre. Dazu kommt eine weitere bedenkenswerte Erscheinung: Auch Lebewesen, die selbst nicht farblich zu sehen vermögen, weisen in vielen Fällen eine imponierende Farblichkeit auf. Das gilt nicht nur für die Pflanzenwelt, sondern auch für viele Tiere, deren Sehvermögen sich auf eine Schwarz-Weiß-Wahrnehmung beschränkt, die jedoch mit farbiger Schönheit ausgestattet sind. Andererseits hat der Mensch als Beobachter des Universums die Fähigkeit der farblichen Wahrnehmung, obgleich er ihrer im Sinne des Lebensnotwendigen nicht unbedingt bedürfte.

Darüber hinaus hat der Mensch die Fähigkeit, seine Wahrnehmungsmöglichkeiten durch Erfindung von Apparaturen zu vergrößern. Während dem frühen Menschen nur verhältnismäßig kleine Gebiete der Erdoberfläche bekannt waren und dazu

Sonne und Mond sowie das „Himmelsgewölbe“ mit den Sternen, kennen wir heute nicht nur die gesamte Erdoberfläche, unser Planetensystem und unsere Milchstraße, sondern stellen schon Berechnungen an, durch die wir das gesamte Weltall in seiner expansiven Weite zu erfassen versuchen.

Nicht minder beachtlich ist das Vordringen des Menschen zu den kleinsten Bausteinen der Welt. Während für die Menschen der Antike „Atome“ eine philosophisch-gedankliche Spekulation waren, kennen wir sie heute in ihrer Struktur und ihrem Aufbau, so daß wir sie in einem sogenannten „Periodischen System“ lückenlos ordnen und darstellen können. Dabei haben wir erkannt, daß der Begriff Atom auch jetzt noch zu recht besteht, obgleich wir Atome zu zertrümmern und zu spalten vermögen. Die jeweils kleinste Menge von Aluminium, Eisen oder Wasserstoff bleibt das jeweilige Atom. Wenn wir es auflösen, erhalten wir Teile, die nicht mehr Aluminium, Eisen oder Wasserstoff sind.

Längere Zeit sah man in den Atomkernen und Elektronen die letzten Teile der Materie. Inzwischen ist man nicht nur der Zusammensetzung der Atomkerne weiter auf die Spur gekommen, sondern glaubt in noch kleineren Teilchen den sogenannten Quarks die Grundelemente der Materie erkennen zu können[85], ja einige Forscher meinen aus guten Gründen, das Vorhandensein von Protoquarks postulieren zu müssen[86].

Bei diesen Forschungen machte man die aufregende Entdeckung, daß Materie und Energie ineinander umwandelbar sind und daß sich eine der geheimnisvollsten physikalischen Erscheinungen, das Licht, sowohl als Welle wie auch als Corpuscel, also als kleines Körperchen, darstellen läßt, da es sich einmal so und einmal so „verhält“. Dazu kommt, daß dieses Licht im Gegensatz zu allen logischen Überlegungen immer die gleiche Geschwindigkeit hat und daß diese Geschwindigkeit schlechthin nicht übertroffen werden kann[87]. „Normalerweise“ addieren sich Geschwindigkeiten, so daß zum Beispiel ein Pfeil, den ich von einem fahrenden Auto nach vorn abschieße, eine größere Geschwindigkeit hat als ein Pfeil, den ich von dem gleichen fahrenden Auto nach hinten absende. Dagegen strahlt das Licht von einer Lampe, die ich in diesem Auto mitführe, mit gleicher Geschwindigkeit nach jeder Seite.

Der Mensch hat nicht geruht, bis er zu solchen Erkenntnissen gelangt ist. Auch jetzt ist er nicht zufrieden, sondern sucht die sich mit jeder neuer Erkenntnis neu stellenden Fragen ebenfalls zu beantworten. Philosophie hat zu bedenken, was dies alles für den Menschen und für die Welt, bzw. für das Verständnis beider zueinander bedeutet.

III.
Grundfragen heutigen Nachdenkens

1. Die Frage nach Sinn oder Absurdität[88]

Angesichts der in den vorausgehenden Kapiteln gekennzeichneten Eigenart von Welt und Mensch stellt sich als wichtigste Frage die einer Gesamtdeutung. Ist das Ganze letzten Endes absurd oder läßt sich ein Sinn erkennen oder zumindest aus guten Gründen vermuten? Diese Frage ist allerdings keineswegs immer gestellt worden. Denn dem Menschen war zumeist die Antwort vorgegeben, bevor er zu fragen begann.

In diesem Zusammenhang sei daran erinnert, daß es sich beim menschlichen Nachdenken „stets um ein Nachdenken über ein bereits gedeutetes menschliches Dasein, über eine bereits vorgegebene Gesellschaft und über eine bereits interpretierte Welt" handelt, und daß „auch die Philosophie ... mit einer kritischen Überprüfung der überlieferten Deutung der Welt und einem kritischen Nachdenken über die mit dieser Deutung verbundene Ordnung der Gesellschaft" beginnt[89].

Wie die Geschichte ausweist, ist die Überzeugung, daß die Welt und das menschliche Leben sinnvoll sind, die ursprüngliche und primäre Grundüberzeugung der Menschheit. Allerdings dokumentieren die verschiedenen religiösen Überzeugungen, wie sie durch die jeweiligen Kulte und ihre Repräsentanten Ausdruck fanden, erhebliche Unterschiede in der Art und Weise der Weltdeutung und dem Grad der Sinnhaftigkeit. Zumeist wurde die Frage nach dem Sinn von Mensch und Welt nicht ausdrücklich reflektiert. Sie wurde beantwortet, indem man dem einzelnen vor Augen führte, wofür er zu leben und wofür er gegebenenfalls zu sterben habe. Im allgemeinen fand der einzelne den Sinn seines Lebens in den Aufgaben, die er in der Gemeinschaft übernahm, die seine Lebenswelt repräsentierte.

Allerdings wies diese Gemeinschaft in ihren kultischen Feiern zugleich über sich selbst hinaus. Dieser Hinweis auf Transzendenz bezog sich unter Umständen nur auf Stammesidole und Repräsentanten magischer Kräfte, er konnte jedoch auch in einer ausgeprägten Gesamtdeutung der Welt bestehen. In der persischen Religion z. B. wurde die gesamte Welt als Kampf zwischen Licht und Finsternis, zwischen Gut und Böse, zwischen Wahrheit und Lüge gedeutet, eine Deutung, die den einzelnen Menschen aufrief, sich auf die Seite des Lichtes, des Guten und der Wahrheit zu stellen und dadurch ein sinnvolles Leben zu führen.

Schwierig und in vieler Hinsicht kritisch wurde die Frage nach dem Sinn jeweils dann, wenn Menschen bzw. Völker unter die Herrschaft anderer gerieten und sich deren Anordnungen und Verfügungen beugen mußten. Soweit wir über Gedanken und Empfindungen von Menschen in derartigen Situationen unterrichtet sind, ist in Zeiten der äußeren Bedrängnis, Erfolglosigkeit und Ohnmacht das Vertrauen in die Gottheit zumeist ein letzter Halt gewesen. Eindrucksvoll zeugen hiervon die Schriften des Alten Testaments: Trotz tiefer Verunsicherung in Jahren der Erniedrigung und Fremdherrschaft sorgte ein letztes, oft nur noch von wenigen artikuliertes Vertrauen auf den „einen Gott, der Himmel und Erde geschaffen hat", dafür, daß das Dasein nicht als sinnlos und absurd empfunden wurde.

Der Verdacht, daß Welt und Mensch durch Sinnlosigkeit und Absurdität gekennzeichnet seien, kam bezeichnenderweise erst auf, als der Mensch kein höheres Wesen mehr über sich anerkannte. Wie bereits festgestellt wurde, konnte nunmehr nur er selbst „seinem Leben Sinn verleihen". Damit stand er offensichtlich vor einer Aufgabe, die ihn überforderte.

In diesem Zusammenhang muß bedacht werden, daß trotz höherer Lebenserwartungen dank moderner Medizin und anderer Errungenschaften auch heute jeder Mensch dem Tode entgegengeht. Es gibt letztlich keine Chance, die Macht des Todes durch Biotechnik zu überspielen. Die Frage nach dem

Sinn des menschlichen Daseins wird daher redlich nur dann gestellt, wenn die Tatsache des Todes weder ignoriert noch überspielt wird. Da dies – wie wir heute wissen – nicht nur für den individuellen Tod gilt, wird das Gesamtproblem wesentlich verschärft. Denn damit werden alle bislang gängigen Versuche, dem Leben Sinn abzugewinnen, indem man es auf eine vom individuellen Tod nicht betroffene Gemeinschaft bezieht, „vorläufig" und letztlich fragwürdig. Sprüche wie homines mortales, res publica aeterna oder „Ewig währt der Toten Tatenruhm" sind dem heutigen Bewußtsein illusionäre Tröstungen, da nicht nur der einzelne Mensch dem Tode entgegengeht, sondern auch Staaten untergehen und der Ruhm über kurz oder lang verblaßt. Es sei erinnert an die Feststellung Robert Oppenheimers: „Der Tag wird kommen, da unser Geschlecht stirbt. Dieses Haus, diese Erde, auf der wir leben, wird eines Tages, so wie die Sonne altert und sich verändert, für den Menschen unbewohnbar werden."[90]

Angesichts der unerbittlichen Bedrohung allen Lebens spricht Theodor W. Adorno von einem absoluten Tod. Allerdings erklärt er den Gedanken, „der Tod sei das schlechthin letzte", für „unausdenkbar"[91]. Denn es bliebe dann schlechthin nichts. Auch jeder Gedanke würde ins Leere gedacht. Keiner ließe sich mit Wahrheit sagen und denken: Denn auch die letzte Spur von allem, was je gedacht wurde, „verschlänge der absolute Tod"[92].

In den letzten Jahren haben einige atheistische Denker zu unerschrockener Konsequenz aufgerufen. Sie forderten, der Wahrheit ins Angesicht zu sehen, auch wenn der Mensch ein sinnloses Zufallsprodukt der Evolution sei und der Tod das letzte Wort habe. Paradoxerweise stellen jedoch die gleichen Denker nicht in Abrede, daß der Mensch nach allen Erfahrungen besser und angemessener zu leben vermag, wenn er, wie sie es nennen, die Illusion eines sinnvollen Lebens hat.

Tatsächlich ist es weder logisch undenkbar noch grundsätzlich unmöglich, daß der Mensch ein Wesen ist, das objektiv sinnlos und absurd dahinlebt, jedoch subjektiv besser zurechtkommt, wenn es sich über diesen Zustand Illusionen macht. Allerdings muß auch die Gegenthese ernsthaft bedacht werden. Falls der Mensch wesentlich auf Transzendenz bezogen ist, geht der Sinn seines Lebens jeweils dann verloren, wenn er von diesem Bezug völlig absieht. Absurdität wäre dann nicht objektiv vorgegeben, sondern selbst herbeigeführt.

Nach Überzeugung Theodor W. Adornos spricht die Erfahrung des Lebens selbst gegen den absoluten Tod. Er versichert, es „könnte nichts als wahrhaft Lebendiges erfahren werden, was nicht auch dem Leben Transzendentes verhieße; darüber führt keine Anstrengung des Begriffs hinaus“[93]. Allerdings bleiben bei Adorno die Erfahrung der Realität des Todes und die Erfahrung des eine Transzendenz verheißenden Lebens in einer inneren Spannung zueinander stehen, die er für unauflösbar hält. Er erklärt, der Gedanke des absoluten Todes widerstreite dem Denken kaum weniger als der Gedanke an Unsterblichkeit[94].

Bemerkenswerterweise begründet Adorno den Gedanken, daß es bleibendes Leben geben müsse, nicht primär mit dem Horror vor dem eigenen Tode. Die Sehnsucht nach der „Auferstehung des Fleisches“ ist bei ihm vielmehr Konsequenz des Gedankens der „Versöhnung“. Versöhnung spielt im abendländischen Denken eine bedeutende Rolle, seit die Geschichte Thema philosophischen Nachdenkens wurde.

Betroffen erkannte man, daß zwar in der Geschichtsschreibung zumeist die Erfolgreichen, die Herrschenden bzw. die Sieger als die jeweiligen Gestalter der Gegenwart und Zukunft die entscheidende Rolle spielen, daß die Geschichte jedoch tief durchtränkt ist auch vom Leiden der Unterlegenen, der Unterworfenen, der Besiegten, der Vernichteten. Beim Versuch, mit dieser Problematik fertig zu werden, schlug sich der deutsche Idealismus, insbesondere Hegel, letzten Endes auf die Seite der Sieger.

Für Hegel ergibt sich die Grundstruktur des Ablaufs der Weltgeschichte aus einer Analogie zwischen der den Geschichtsprozeß steuernden Weltvernunft und dem menschlichen Denken. Der Denkprozeß vollzieht sich nach dieser Auffassung in dialektischen Schritten: Einem ersten Wissen von einer Gegebenheit (einer These) wird durch Reflexion ein anderes Wissen von dieser gleichen Gegebenheit (eine Antithese) entgegengesetzt. So wird die These negiert. In einem weiteren Schritt der Reflexion wird jedoch die Spannung, bzw. der Gegensatz zwischen These und Antithese zu einer Synthese gebracht. In ihr sind nunmehr These und Antithese „aufgehoben“, das heißt negiert und bewahrt zugleich[95].

Analog dazu erfolgt nach der Überzeugung Hegels die Entwicklung der Welt- und Menschheitsgeschichte in einem dialektischen Prozeß von Gegensatz und Widerstreit und ihrer Überwindung in immer höheren Synthesen. Im Rahmen dieses dialektischen Fortschritts hat auch das Negative in der Welt wie Leid und Zerstörung eine sinnvolle Funktion. Sogar das Böse, brutaler Zwang und Terror dienen letztlich einem höheren Zweck.

Bei dieser Auffassung werden Völker, Staaten und Kulturen ebenso wie einzelne Individuen und ihr geschichtliches Handeln zu Funktionsträgern in einem Weltprozeß, der nach Hegels Überzeugung durch das wachsende Bewußtsein des absoluten Geistes bestimmt wird. Auf jeder Entwicklungsstufe des Weltprozesses sind bestimmte Völker die herrschenden, die den Prozeß vorantreiben, denen gegenüber „die Geister der anderen Völker rechtlos“ sind: „Das Recht des Weltgeistes geht über alle anderen Berechtigungen.“[96]

Der Gesamtprozeß der Geschichte ist somit durch Kampf von Gegensätzen bestimmt. Da dieser jedoch nach Hegels Überzeugung letzten Endes vom Weltgeist selbst gelenkt wird, kommt jeweils das Vernünftige zum Siege. Mit Berufung auf die alte Formel „Das Wirkliche ist vernünftig und das Vernünftige wirklich“[97] setzt Hegel auch in der Geschichte das Vernünftige dem tatsächlich Geschehenen bzw. dem Erfolgreichen gleich. Nach dieser Überzeugung kann nichts Sinnloses geschehen. Hegel versichert vielmehr auch im Angesicht von Katastrophen: „Wir wissen, diese Dinge sind geschehen, und da sie geschehen sind, haben sie einen Sinn.“[98]

Hegel beteuert, daß im dialektischen Verstehen des geschichtlichen Vernunftprozesses Trost und Versöhnung auch gegenüber den Opfern und den Leiden der Geschichte begründet werden könne. Allerdings programmiert er dabei seinen Blick auf das Resultat und den allgemeinen Gang des dialektischen Geschehens, zu dem auch die Leidenden und Unterlegenen gehören. Ihnen versichert er, wie er meint, tröstend: „Dabei, daß einzelne Individuen gekränkt worden sind, kann die Vernunft nicht stehenbleiben; besondere Zwecke verlieren sich in dem Allgemeinen.“[99] Die Empfindsamkeit für das Leiden, das gerade im einzelnen real ist, wird überspielt durch einen Hinweis auf allgemeinen Fortschritt. Faktisch setzt sich Hegel damit über den einzelnen Menschen hinweg.

Gegen diese Konzeption Hegels wendet sich Adornos Kritik. Dabei wird er zutiefst von einem moralischen Impuls beherrscht. Es ist der Schock über die Massenvernichtungen, die von der Bürokratie des Dritten Reiches mit organisatorischer Perfektion in die Wege geleitet wurden. Es ist die furchtbare Erfahrung des Mordes „an Millionen durch Verwaltung“, wobei „in den Lagern nicht mehr das Individuum starb, sondern das Exemplar“[100]. Angesichts der Toten von Auschwitz wehrt sich Adorno entschieden dagegen, den einzelnen Menschen ohne eigenes Recht dem großen Gang der Welt, bzw. dem allgemeinen Fortschreiten der Geschichte unterzuordnen. Er spürt, daß es Zynismus wäre, im Hinblick auf Auschwitz Hegel zu zitieren: „Wir wissen, daß diese Dinge geschehen sind, und da sie geschehen sind, haben sie einen Sinn.“[101] Es ist somit die Erfahrung der Geschichte, oder genauer gesagt, die Solidarität mit ihren Opfern, die nach Adornos Überzeugung nötigt, den Hegelschen Idealismus und darüber hinaus das gesamte durch den Primat von Ideen und Allgemeinbegriffen gekennzeichnete philosophische Denken des Abendlandes radikal in Frage zu stellen[102].

Der von Hegel proklamierte, sich stets wiederholende Dreischritt der Dialektik: These → Antithese → Synthese = Neue These → Antithese → Synthese = Neue These usw. ist für Adorno Gegenstand kritischer Überlegungen. Nach seiner Überzeugung kann eine Dialektik, die ohne positive Bewertung des Konkreten und Besonderen in immer neuen Synthesen die jeweiligen Antithesen in sich absorbiert nicht Versöhnung bedeuten und bewirken: „Gerade das unersättliche Identitätsprinzip verewigt den Antagonismus, vermöge der Unterdrückung des Widersprechenden.“[103]

Adorno wehrt sich gegen die Lehre Hegels – und ebenso gegen die von Karl Marx – daß alles, was als These und Antithese in spätere Synthesen eingeht, seine Bedeutung allein darin habe, daß es zum Fortgang des Ganzen beiträgt. Statt dessen will er ihm sein eigenes Recht sichern. Schonungslos wirft er der Hegelschen und Marxschen Konzeption der Dialektik vor, daß sie die Versöhnung, die sie erreichen möchte, letzten Endes hintertreibe. Adorno will als Versöhnung nur einen Zustand gelten lassen, in dem das andere nicht „mit philosophischem Imperialismus" vereinnahmt wird, sondern „in der gewährten Nähe das Ferne und Verschiedene bleibt, jenseits des Heterogenen wie des Eigenen"[104]. Versöhnung bedeutet für ihn Anerkennung des jeweils konkreten Anderen als berechtigt und als zugehörig zum eigenen Glück.

Daher betrachtet Adorno einen dialektischen Prozeß, der sich alles einverleibt, als unduldsam und formuliert in der ihm eigenen sprachlichen Fassung: „Was nichts toleriert, das nicht wie es selber wäre, hintertreibt die Versöhnung, als welche es sich verkennt."[105] Indem Adorno seinen Grundgedanken der Versöhnung, daß das Konkrete und Besondere nicht absorbiert werden dürfe, sondern bewahrt werden und bleiben solle, in aller Konsequenz zu Ende denkt, formuliert er schließlich angesichts des Todes seine philosophische Hoffnung mit den Worten einer Verheißung der Offenbarung, indem er schreibt: „Seine Sehnsucht wäre die Auferstehung des Fleisches."[106]

Die Überwindung des Todes, bzw. die Auferstehung des Fleisches ist also für Adorno deshalb Inhalt philosophischer Sehnsucht, weil nur unter dieser Voraussetzung Versöhnung möglich ist. Dabei bedeutet Versöhnung eine Bejahung des anderen als zugehörig zum eigenen Glück, wobei diese Bejahung den Willen einschließt, daß er als der andere bleibe. Allerdings formuliert der gleiche Adorno, der den Gedanken „Der Tod sei das schlechthin letzte" als unausdenkbar entschieden zurückweist, die „Auferstehung des Fleisches" nur zurückhaltend als eine „Sehnsucht". Obgleich sie sich als Konsequenz aus der bleibenden Bejahung des einzelnen ergibt, vermag die Philosophie für ihre Wahrheit keine Beweise zu erbringen.

Tatsächlich zeigt die Auseinandersetzung zwischen verschiedenen wissenschaftlichen, philosophischen und theologischen Strömungen der Gegenwart, daß sich die Frage nach der Absurdität oder Sinnhaftigkeit des menschlichen Daseins von der Frage nach einer transzendenten Wirklichkeit nicht abkoppeln läßt, sofern sie nicht im Vorläufigen hängenbleiben soll. Diese Diskussion zeigt jedoch zugleich, daß sich die Frage nach dieser transzendenten Wirklichkeit argumentativ weder so eindeutig bejahen noch so zwingend verneinen läßt, daß die eine Seite der anderen ihre Überzeugung aufzunötigen vermochte.

Versucht man, aus den bisherigen Überlegungen eine gewisse Bilanz zu ziehen, so kann man feststellen, daß der Mensch offensichtlich nur dann erträglich zu leben vermag, wenn er sein Leben als sinnvoll betrachtet. Als sinnvoll wird es jeweils dann betrachtet, wenn es in einem Dienst bzw. in einem größeren Zusammenhang steht, aus dem heraus es bejaht werden kann und sich bejaht weiß. Solange der Mensch in mehr oder weniger geschlossenen Kulturräumen mit einer für die jeweilige Gemeinschaft verbindlichen Weltdeutung lebte, war dementsprechend die Voraussetzung für sinnvolles Leben vorgegeben.

Auch als sich die geschlossenen Kulturräume auflösten, blieb zunächst die Voraussetzung für sinnvolles Leben gewahrt. Über lange Zeit wurde jeweils eine positive Deutung durch eine überzeugendere andere positive ersetzt. Kritisch wurde die Lage erst, als der Mensch alle positiven Deutungen zu hinterfragen begann. Erst angesichts dieser grundlegenden und absoluten Kritik entstand die gegenwärtige Lage, in der der Mensch in mannigfaltigen Abstufungen zwischen der Überzeugung von der Absurdität seines Daseins bis zum Vertrauen auf absolute Sinnhaftigkeit hin und her schwankt.

2. Möglichkeiten und Grenzen menschlichen Wissens

Das vorige Kapitel endete mit einem Dilemma. Es schien zumindest so, als ob alle Versuche, die Frage nach der Sinnhaftigkeit oder Absurdität des menschlichen Daseins zu beantworten, in einer Patt-Situation der Argumente und Gegenargumente gescheitert seien. Dieses Ergebnis muß um so nachdenklicher stimmen, bzw. um so mehr deprimieren, da zuvor die Frage, ob das Ganze letzten Endes absurd ist oder ob sich ein Sinn erkennen oder zumindest aus guten Gründen vermuten läßt, als wichtigste Frage für das Gesamtverständnis von Mensch und Welt bezeichnet worden war[107]. Selbstverständlich könnte man versuchen, alle Argumente und Gegenargumente abzuwägen, um zumindest ein gewisses Übergewicht der einen oder anderen Seite herauszufinden. Zuvor jedoch muß angesichts des Dilemmas, in das wir geraten sind, die grundsätzliche Frage gestellt werden, wie weit die Möglichkeiten menschlichen Wissens überhaupt reichen bzw. wo ihre Grenzen liegen.

Daß es keine glatte Antwort gibt, dokumentiert schon der Sprachgebrauch des Wortes „beweisen“, das wir in verschiedenen Lebensbereichen gebrauchen, wobei wir den gleichen Begriff jeweils mit anderen Verfahren und einem höheren oder geringeren Grad von Endgültigkeit in Verbindung bringen.

Gehen wir von unserer Alltagserfahrung aus, so „beweisen“ wir eine Behauptung in der Regel einfach dadurch, daß wir dem Zweifelnden das zuvor Behauptete vorführen. Daß das Eis eines Teiches trägt, beweisen wir, indem wir darüber gehen; daß jemand einen Kuchen backen kann, beweist er, indem er ihn bäckt; daß eine Kugel durch ein bestimmtes Loch hindurchgeht, beweisen wir, indem wir sie durchfallen lassen. Diese Art des Beweisens ist unmittelbar einleuchtend und wird allgemein anerkannt.

Im weiteren Sinne können auch die in den Naturwissenschaften üblichen Experimente als eine Form dieser Art des Beweises betrachtet werden. Dies gilt vor allem dann, wenn es sich um Experimente handelt, die im Rahmen von Lehrveranstaltungen vorgeführt werden. Die Gesetze der Mechanik oder

der Elektrizitätslehre werden dem Lernenden bewiesen, indem in einer entsprechenden Versuchsanordnung der entsprechende Zusammenhang von Ursachen und Wirkungen vorgeführt wird.

Auch in der Mathematik bestanden die ersten Beweise offensichtlich darin, daß etwas so klappte oder aufging, wie es vorausberechnet war. Vergleichbares findet sich auch heute noch im Rechenunterricht der Grundschule: Daß ein Kind die Aufgabe $12 : 4 = 3$ richtig gerechnet hat, erweist sich darin, daß sich zwölf Stäbchen in vier Stapeln zu je drei hinlegen lassen, ohne daß etwas übrig bleibt oder fehlt.

Wissenschaftsgeschichtlich hat sich die Mathematik auf der Grundlage vorwissenschaftlicher Zähl- und Meßverfahren entwickelt. Jahrtausendelang hat sie sich der Berechnung konkreter Gegebenheiten zugewandt. Daher steht sie ihrer Herkunft nach in einer unlösbaren Verbindung zur konkreten Welt. Das gilt auch für die überkommenen klassischen Axiome, die im Sinne unmittelbar einleuchtender Intuitionen evident sind und keiner weiteren Begründung als dieser Evidenz und der Bewährung in der Praxis bedürfen.

Nachdem die Mathematik jedoch einmal ihre Axiome formuliert und ihre Zahlensysteme entwickelt hatte, konnte sie auch als „reine" Mathematik, d.h. ohne Bindung an konkrete Gegebenheiten weiterentwickelt werden. Diese Weiterentwicklung erreichte ihren Höhepunkt, als man auch die Axiome von ihrer Bindung an die unmittelbare Evidenz und die Bewährung in der Praxis löste und für variabel bzw. austauschbar erklärte.

Tatsächlich jedoch behalten trotz dieser theoretischen Extrapolationen die klassischen Axiome insofern eine Priorität, als sie die Bindung der Mathematik an die Realität sichern. Offensichtlich ist es dieser Bindung zu danken, daß sich des öfteren im Laufe der Geschichte mathematische Systeme, die zunächst rein abstrakt entwickelt worden waren, nachträglich zur Erklärung physikalischer Erscheinungen eigneten und daß es umgekehrt zumeist gelang, für neu entdeckte physikalische Erscheinungen mathematische Beschreibungen zu formulieren.

Trotz dieser positiven Zuordnung von Mathematik und Wirklichkeit vermögen allerdings, wie schon dargelegt, diese Formeln die Realität nur mit größter Annäherung, jedoch nicht absolut genau zu erfassen. In diesem Zusammenhang muß ergänzend gefragt werden, welche Bedeutung es hat, daß sich selbst einfache reale Maßverhältnisse mit Hilfe der natürlichen Zahlen nicht exakt beschreiben lassen. Wenn etwa zur Angabe des Verhältnisses von Umfang und Durchmesser eines Rades die „Zahl" π und zur Angabe des Verhältnisses von Seite und Diagonale einer quadratischen Fläche die „Zahl" $\sqrt{2}$ angegeben wird, so wird damit nur verschleiert, daß diese einfachen Verhältnisse durch Zahlen nicht exakt beschrieben werden können. Denn es gibt zwar Verfahren, π oder $\sqrt{2}$ zu errechnen; aber jeder Versuch einer endgültigen exakten Zahlenangabe scheitert daran, daß diese Berechnungen zwar immer weiter vorangetrieben, jedoch nie zu Ende gebracht werden können. π und $\sqrt{2}$ sind Symbole für Zahlen, die postuliert, aber – zumindest im System der natürlichen Zahlen – nicht exakt angegeben werden können. Daher erklärt Max Born im Jahre 1954 in seiner Rede bei der Verleihung des Nobelpreises, eine Zahl wie π sei zwar „als mathematisches Instrument ... äußerst wichtig und fruchtbar", jedoch „als Maß einer physikalischen Größe ... ein Unsinn"[108].

So ergibt sich insgesamt, daß die Wirklichkeit reicher ist als die Mathematik, daß sie sich jedoch vom Menschen unter bestimmten Gesichtspunkten in mathematischen Formeln hervorragend beschreiben läßt. Diese Formeln sind nicht identisch mit den Strukturen der Wirklichkeit selbst. Sie bieten jedoch eine Möglichkeit, die Natur in einer geordneten Weise so darzustellen, daß der Mensch sie besser zu erfassen und auch zu beherrschen vermag. Hieraus ergibt sich, daß es – nach Anerkennung oder Setzung bestimmter Axiome – zwar im Bereich der reinen Mathematik – und ebenso auch der reinen Logik – Beweisführungen im strengen Sinne des Wortes gibt, daß jedoch alle mathematisch formulierten Beweise, die sich auf konkrete Wirklichkeit beziehen, nur Näherungswerte und keine absolut gültigen Feststellungen darbieten.

Diese Differenz kommt dem Menschen im allgemeinen

kaum zum Bewußtsein, da sich die Richtigkeit der mathematisch formulierten naturwissenschaftlichen Weltdeutung im Sinne des urtümlichen Beweises der praktischen Bewährung als zutreffend und richtig erweist. Diese praktische Bewährung beruht nicht zuletzt darauf, daß die Akteure wissenschaftlich-technischer Weltbeherrschung die Differenz zwischen mathematischer Erfassung und Wirklichkeit in ihren Berechnungen und Konstruktionen von vornherein berücksichtigen. Durch die Einschaltung von Sicherheitsfaktoren, Zusatz- und Warnsystemen gelingt es im allgemeinen, ein Funktionieren zu gewährleisten, das den Anschein absoluter Zuverlässigkeit erweckt.

Bezeichnenderweise wird diese Zuverlässigkeit freilich in vielen Fällen erst durch von vornherein eingeschaltete Korrektursysteme erreicht. In dieser Hinsicht hat sich eine wichtige Änderung gegenüber der Illusion der ersten Phase wissenschaftlich-technischer Weltbeherrschung und Weltbewältigung vollzogen. Die neue Art wissenschaftlich-technischer „Präzision" läßt sich eindrucksvoll an einem Beispiel aus der Waffentechnik darstellen: Während man in der ersten Phase der Entwicklung die Treffsicherheit von Geschossen dadurch zu erhöhen suchte, daß man die Abschußvorrichtungen mit ihren Zielinstrumenten verbesserte, ist man in der zweiten Phase dazu übergegangen, in die mit den Sprengköpfen versehenen Flugkörper Instrumente einzubauen, die die Flugbahn nachträglich so korrigieren, daß das Ziel erreicht wird[109]. Hierin dokumentiert sich eindrucksvoll der Abschied von dem in den klassischen Naturwissenschaften herrschenden Gedanken, im Sinne eines absoluten Kausalmechanismus alles von Anfang an so genau zu berechnen, daß eine gewünschte Endwirkung mit Sicherheit zustande kommt.

Daß die Welt nicht exakt berechenbar und schon deshalb unserem Wissen nur beschränkt zugänglich ist, dokumentiert sich auch im heutigen Verständnis der sogenannten Naturgesetze. Während man früher „Naturgesetze" für absolut gültige Gesetze hielt, weiß man heute, daß sie statistischen Charakter haben. Das bedeutet: Sie sind letzten Endes Wahrscheinlichkeitsgesetze. Allerdings ist im Bereich unserer Alltagswelt die

Wahrscheinlichkeit des jeweiligen Eintreffens der Berechnungen so groß, daß es spürbare Abweichungen faktisch nicht gibt. Denn an diesem Geschehen sind jeweils so viele kleinste Teilchen der Materie beteiligt, daß ihr Durchschnittsverhalten – unbeschadet ihrer individuellen Unberechenbarkeit – sehr exakt vorausbestimmt werden kann.

Zur Verdeutlichung sei an ein einfaches Experiment aus der Wärmelehre erinnert: Wenn man in ein Gefäß einen Liter Wasser mit einer Temperatur von 10 Grad und einen Liter Wasser mit einer Temperatur von 30 Grad einfüllt, dann hat das Wasser im Gefäß nach kurzer Zeit die Temperatur von 20 Grad. Mikrophysikalisch gesehen hängt die Temperatur des Wassers von der Durchschnittsgeschwindigkeit der einzelnen kleinen Teilchen ab. Je größer deren Durchschnittsgeschwindigkeit, desto höher ist die Wassertemperatur. Allerdings hat keineswegs jedes Teilchen gleiche Geschwindigkeit. Daher wäre es an sich durchaus möglich bzw. in einem Gedankenexperiment „denkbar", daß sich in dem erwähnten Gefäß alle in schneller Bewegung befindlichen Teilchen in der rechten Hälfte sammeln, während sich alle Teilchen mit einer langsamen Geschwindigkeit in der linken Hälfte konzentrieren. Dementsprechend würde die rechte Hälfte wärmer, die linke Hälfte dagegen kälter. Rein theoretisch könnte es soweit kommen, daß das Wasser, das wir in das Gefäß geschüttet haben, plötzlich an der einen Seite kocht und an der anderen gefriert.

Es bedarf keines Hinweises, daß eine solche „unwahrscheinliche" Verteilung faktisch nie von selbst zustande kommt. Es gibt jedoch Kühlsysteme, die eine Abkühlung erreichen, indem sie jeweils die schnellsten Teilchen aus dem Kühlraum „abfangen" und entfernen, um so die Durchschnittsgeschwindigkeit der Teilchen und damit die Temperatur zu verringern. Dabei handelt es sich jedoch um eine technische Manipulation, durch die im Bereiche unserer unmanipulierten Lebenswelt die volle Gültigkeit der klassischen physikalischen Gesetze nicht beeinträchtigt wird. Obgleich diese Gesetze statistischen Charakter haben und daher keine absolute Gültigkeit besitzen, können wir uns in unserem Alltagsleben voll auf sie verlassen. Für den philosophisch Fragenden allerdings ist der statistische Charakter der Naturgesetze durchaus bedeutungsvoll.

Die Grenze unserer Berechnungsmöglichkeiten, die durch den statistischen Charakter der Naturgesetze gesetzt ist, hat für das Verständnis der Wirklichkeit schwerwiegende Konsequenzen: Alle Berechnungen, die wir anstellen, betreffen gesetzmäßige Vorgänge. Sie sind daher für die Beherrschung der Wirklichkeit von großer Bedeutung. Zum tieferen Verständnis der Natur können diese statistischen Gesetze jedoch ebensowenig beitragen, wie statistische Angaben über die Verkehrsdichte in bestimmten Straßen einer Großstadt die Frage beantworten, warum sich die einzelnen Verkehrsteilnehmer überhaupt in Bewegung setzen und welchen Zielen sie zustreben. Es wäre ein Kurzschluß anzunehmen, daß die Fahrer sich in Bewegung gesetzt haben, um die Verkehrsstatistik zu bestätigen! Ein vergleichbarer Kurzschluß wäre es, zur Erklärung des Verhaltens der einzelnen Teilchen auf die „Naturgesetze" zu verweisen. Da diese Gesetze statistischen Charakter haben, vermögen sie zwar das (Durchschnitts-)Verhalten zu „beschreiben" bzw. zu berechnen, jedoch das Verhalten der einzelnen Teilchen nicht zu „erklären".

Versucht man allgemeine Verhaltenstendenzen festzustellen, so kann man innerhalb der uns erfahrbaren Entwicklung beobachten, daß bei in sich geschlossenen unbelebten Systemen jeweils ein Ausgleich der Energie stattfindet, bis sich das Gesamtsystem schließlich auf einen Mittelwert einspielt. Als Beispiel kann nochmals an das Wasserbecken erinnert werden, in dem ein Liter Wasser mit einer Temperatur von 10 Grad und ein Liter mit der Temperatur von 30 Grad hineingeschüttet wird. Nach kurzer Zeit befindet sich im gesamten Becken Wasser mit einer Temperatur von 20 Grad. Wenn dieses Becken jedoch im Winter in einem Zimmer steht, in dem die Temperatur 10 Grad beträgt, findet auch zwischen dem Becken und dem Zimmer ein Temperaturausgleich statt. Dabei wird freilich angesichts der Größenverhältnisse die Zimmertemperatur kaum merklich ansteigen, dagegen wird die Temperatur des Wassers im Becken in einiger Zeit auf annähernd 10 Grad gesunken sein.

Wenn man – was heute freilich umstritten ist – das ganze Weltall als ein geschlossenes System betrachten könnte, müßte sich auch hier die Energie auf lange Sicht ausgleichen. Man hat im Hinblick darauf von einem „Kältetod“ gesprochen, dem das Gesamtsystem in ferner Zukunft entgegengehe. Dieser Gedanke ist in sich schlüssig, falls der Kosmos ein geschlossenes System bildet. Lehnt man diese Vorstellung jedoch ab, dann wird das Problem keineswegs leichter: Es stellt sich die Frage, inwiefern und woraufhin der Gesamtkosmos denn als offen zu betrachten sei. Dabei kommt auch die schon in anderem Zusammenhang erwähnte feststellbare Expansion des Weltalls wiederum ins Spiel.

Zieht man aus den bisherigen Überlegungen im Hinblick auf die Frage sicheren Wissens eine Bilanz, so ergibt sich, daß unser Wissen offensichtlich jeweils dann einen hohen Grad an Sicherheit erreicht, wenn es durch Erfahrungen überprüfbar ist, und daß unser modernes Weltverständnis seine Überzeugungskraft eben daraus bezieht. Daß das Fernsehen funktioniert und daß Menschen auf dem Mond gelandet sind, verbürgt die Richtigkeit wissenschaftlich-technischer Weltsicht trotz vieler offener Fragen, die ungeklärt sind. Hierzu gehören z. B. vom wissenschaftlich-technischen Denken überspielten Fragen nach spontanen Veränderungen in der Materie und nach einmaligen Ereignissen in der Geschichte des Kosmos, sowie die Frage nach dessen Anfang und dessen Ende.

Erst recht gehören jedoch zu den überspielten Fragen die Frage nach dem Menschen, nach dem Sinn seines Lebens, die Frage nach seinem Glück. Selbstverständlich kommt der Mensch auch in der technisch-wissenschaftlichen Weltsicht vor. So spielt er z. B. in den gesamten Wirtschafts- und Sozialwissenschaften eine entscheidende Rolle. Allerdings geht es auch hierbei nur um sein durchschnittliches Verhalten und dessen registrierbare Wirkungen. Sein persönliches Handeln und Leiden ist genau so unbedeutend für die Lösung wirtschaftlicher und sozialer Probleme wie das Verhalten eines einzelnen Wasserteilchens für die Temperatur im Becken.

Da die modernen Wissenschaften insgesamt, d. h. die Naturwissenschaften ebenso wie die Sozialwissenschaften, nur nach der funktionalen Bedeutung einzelner Erscheinungen und nach funktionalen Zusammenhängen fragen, stellt sich die Frage, wie bedeutungsvoll sie für unser Gesamtverständnis der Welt sind. Hierzu haben sich in jüngster Zeit Max Horkheimer und Theodor W. Adorno besonders skeptisch geäußert.

Die Zielrichtung dieser Kritik wird deutlich, wenn man sich erinnert, daß Auguste Comte einst zwischen beantwortbaren und unbeantwortbaren Fragen unterschieden hatte, „wobei er die beantwortbaren Fragen den Wissenschaften zuordnete, während er die unbeantwortbaren ‚der Einbildungskraft der Theologen und der Spitzfindigkeit der Metaphysiker' überließ"[110]. Demgegenüber bezeichnet Adorno den obstinaten Drang „lieber über die Richtigkeit von Irrelevanten zu wachen, als über Relevantes, mit der Gefahr des Irrtums, nachzudenken" als ein Symptom „regressiven Bewußtseins"[111]. Er erklärt: „Der Hinterwäldler jüngsten Stils läßt von keiner Hinterwelt sich irritieren, zufrieden mit der Vorderwelt, der er abkauft, was sie ihm mit Worten und stumm aufschwatzt. Positivismus wird zur Ideologie, indem er erst die objektive Kategorie des Wesens ausschaltet und dann, folgerecht, das Interesse am Wesentlichen."[112] Horkheimer erklärt zu dem gleichen Problem: „Die durch quantitative Methoden ermittelten sogenannten Tatsachen, welche die Positivisten als die einzig wissenschaftlichen zu betrachten pflegen, sind oft Oberflächenphänomene, die die zugrundeliegende Realität mehr verdunkeln als enthüllen."[113]

Tatsächlich haben die Wissenschaften, soweit sie gesichertes Wissen bieten, keine Antworten auf die wichtigsten Grundfragen des Menschen zu geben vermocht. Sofern sie derartige Antworten versuchen – etwa im Neodarwinismus oder im Dialektischen Materialismus – vermögen sie das nur, indem sie – in wissenschaftlicher Verpackung und mit entsprechendem falschen Etikett – metaphysische Spekulationen anbieten. Selbstkritische und redliche Wissenschaft dagegen ist beim jetzigen Stand unserer Erkenntnis nicht in der Lage, die Grundfragen des Menschen zu beantworten. Ihre Funktion besteht eher darin, die notwendigen Spekulationen zu begrenzen und bestimmte Auffassungen, die mit ihren Erkenntnissen nicht vereinbar sind, auszuschließen.

So kann man z. B. heute, nachdem Weltraumsonden unser Sonnensystem erforscht haben, mit Sicherheit sagen, daß der früher einmal geäußerte Gedanke, daß es auch auf dem Mars oder einem anderen Planeten vielleicht menschenähnliche Lebewesen gebe, unzutreffend ist. Ebenso verhindern es unsere wissenschaftlichen Erkenntnisse, an dem Gedanken festzuhalten, daß es überall eherne absolut gültige Naturgesetze und kein einmaliges und spontanes Geschehen gäbe[114]. Hieraus ergibt sich, daß die Kenntnis unseres wissenschaftlichen Erkenntnisstandes für modernes Philosophieren auch dann von hoher Bedeutung ist, wenn die Wissenschaften selbst die entscheidenden philosophischen Fragen nicht positiv zu beantworten vermögen.

Das Unvermögen der Wissenschaften, unsere existentiellen Fragen zu beantworten, hängt offenbar mit der bereits anfangs genannten Tatsache zusammen, daß sich der Mensch als Person der wissenschaftlichen Erfaßbarkeit entzieht: „Keine Wissenschaft vermag zu sagen, worin die Würde des Menschen besteht, oder festzustellen, was Liebe, was Ehrfurcht, was Achtung, was Treue oder auch was Gemeinheit, was Hinterhältigkeit, was Haß und was Mißachtung ist. Bezeichnenderweise können die Wissenschaften zwar den Lebensstandard, jedoch nicht die sinnvolle Lebensgestaltung oder gar das Glück des Menschen statistisch erfassen.“ [115]

Ohne Zweifel sind jedoch derartige Fragen, um nochmals eine Formulierung Adornos aufzunehmen, relevanter als wissenschaftlich lösbare Probleme. Allerdings hat Adorno auch hierin recht, daß ihre Beantwortung ein Risiko einschließt. Dieses Risiko hängt unmittelbar damit zusammen, daß jedes personale Verhalten, zu dem auch jedes existentielle Fragen gehört, notwendigerweise eine positive oder negative Vorentscheidung enthält. Dabei sind „positiv“ und „negativ“ jedoch nicht als gleichberechtigte Alternative zu betrachten. Wie dargelegt wurde, ist ein Minimum positiver personaler Zuwendung unabdingbare Vorausetzung dafür, daß der Mensch nicht schon in der ersten Phase seines Lebens zugrunde geht.

Wollte man im wissenschaftlichen Sinne rein rational fragen, warum ein Kind nicht gedeiht, dem alles Lebensnotwendige zuteil wird, das „nur" der personalen Zuwendung entbehrt, so wäre eine schlüssige Antwort schwer zu finden[116]. Dennoch wissen wir, daß das Gedeihen des Kindes von dieser Zuwendung abhängt. Ohne jeden Vorschuß von positiver personaler Erfahrung ist menschliches Leben schlechthin unmöglich. Dieses Wissen verdanken wir nicht theoretischen Überlegungen, sondern Erfahrungen, die in Kinderheimen gemacht worden sind. Damit zeigt sich, daß auch auf der personalen Ebene Erfahrung für unser Wissen eine entscheidende Rolle spielt.

Erfahrung im personalen Bereich ist allerdings selbst wiederum nur aufgrund einer positiven Vorentscheidung möglich. Wer schlechthin nicht bereit ist, sich mit einem Vertrauensvorschuß auf das Risiko personaler Beziehungen einzulassen, kann die Erfahrung von Vertrauen, Liebe, Achtung, Treue usw. nicht machen. Zwangsläufig wird er auch das personal geprägte Verhalten anderer mißverstehen und es jeweils als zweckmäßig oder berechnend und in diesem Sinne als situationsgerecht oder unter Umständen auch als Fehlleistung deuten.

Allerdings ist die Haltung der Abschottung gegenüber personalen Gegebenheiten offensichtlich niemals absolut. Der letzte Grund dafür dürfte in der schon erwähnten Tatsache liegen, daß ein Kind, das keinerlei personale Zuwendung erfährt, nicht aufzuwachsen vermag. Demzufolge hat jeder Mensch, der die Phase der frühen Kindheit durchlaufen hat, wenigstens ein Minimum positiver personaler Zuwendung erfahren und seinerseits diese personale Zuwendung zumindest in Ansätzen erwidert. Diese personale Primärerfahrung kann tief verschüttet werden; sie geht jedoch niemals absolut verloren. Sie kann daher durch entsprechende Erlebnisse wieder zutage treten und wirksam werden.

Hierauf beruht es anscheinend auch, daß Werke der Kunst, insbesondere der Literatur, sofern sie personales Verhalten zur Darstellung bringen, eine Erschütterung hervorzurufen vermögen, die von den Griechen als Katharsis bezeichnet worden ist. In unseren Tagen läßt sich die grundsätzliche personale Aufgeschlossenheit des Menschen auch im Verhältnis zur sogenannten Trivialliteratur beobachten. Der Intellektuelle mag diese Literatur zu recht als kitschig, klischeehaft und künstlerisch minderwertig bezeichnen; ihre positive Aufnahme in breiten Bevölkerungsschichten dokumentiert dennoch einen Rest von Offenheit für grundlegende personale Erlebnisse. Ähnliches gilt für entsprechende Filme und Fernsehserien, die sich anscheinend einer um so größeren Beliebtheit erfreuen, je ärmer an personalen Beziehungen der normale Alltag in der modernen Industriewelt geworden ist.

Betrachtet man personale Gegebenheiten unter dem Gesichtspunkt der Möglichkeiten und Grenzen menschlichen Wissens, so zeigt sich, daß unser „Wissen" in diesen existentiellen Fragen offensichtlich nicht allein durch begrifflich-intellektuelle Argumentationen gewonnen oder abgesichert werden kann, sondern daß es positiver Vorentscheidungen und entsprechender Erfahrungen und Erlebnisse bedarf. Es wäre jedoch ein Kurzschluß, dieses Wissen mit Hinweis auf seine subjektiven Komponenten für unwichtig oder für schlechthin ungesichert zu erklären[117].

3. Das Problem einer Gesamtdeutung der Wirklichkeit

Aus den Überlegungen des vorigen Kapitels ergibt sich, daß das Bemühen um eine Gesamtdeutung der Welt in seinem Ergebnis weithin davon abhängt, welche Beweisverfahren man für zulässig erklärt, bzw. mit welchen Methoden man eine solche Gesamtdeutung versucht. Die Ausschaltung bestimmter Beweisverfahren und bestimmter Methoden der Erkenntnis bedeuten zwangsläufig eine Vorprogrammierung der Ergebnisse.

Selbstverständlich kann es sinnvoll sein, eine solche Beschränkung in bestimmten Phasen der Überlegungen oder auch für bestimmte Fragestellungen vorzunehmen. Unangemessen wird es jedoch, wenn man bei den Ergebnissen davon absieht, daß sie aufgrund dieser Vorentscheidung zustande gekommen sind. Es wäre genauso kurzschlüssig, wie wenn jemand mit einem Schwarz-Weiß-Film Aufnahmen in einer Kunstausstellung machte und dann zu Hause zu der Überzeugung käme, daß sich in der Galerie nur Schwarz-Weiß-Arbeiten befunden hätten. Wahrscheinlich würde jeder über eine solche Naivität lächeln. In wissenschaftlichen Werken bzw. in Werken, die sich selbst als wissenschaftlich bezeichnen, sind vergleichbare Kurzschlüsse jedoch keine Seltenheit. Sie drängen sich jeweils auf, wenn man vergißt, daß die Wirklichkeit differenziert ist, bzw. wenn man qualitative Unterschiede ignoriert, wie sie z. B. zwischen Materie, Lebewesen und Person bestehen.

Umgekehrt darf man allerdings diese Unterschiede auch nicht absolut setzen und die Analogien übersehen, die zwischen den verschiedenen Bereichen bestehen. Daß es derartige Analogien gibt, dokumentiert sich nicht zuletzt in der Sprache: Die gleichen Wörter bzw. Begriffe können in verschiedenen Bereichen angewandt werden. Sie erhalten dann jeweils eine andere Akzentuierung, deuten jedoch zugleich darauf hin, daß es analoge Erscheinungen auch in qualitativ verschiedenen Bereichen gibt.

So kann ich davon sprechen, daß ein Magnet Eisen anzieht, daß der Duft von Blumen Insekten anzieht, und schließlich, daß ein Mädchen anmutig und anziehend sei. Das gleiche gilt vom Gegenbegriff abstoßend. Aber auch zahlreiche andere Begriffe sind in völlig verschiedenen Bereichen gang und gäbe: Der Begriff des „Gesetzes“ findet sich sowohl in der Physik wie in der Staatslehre. Wir sprechen von einem ungebundenen bzw. freien Elektron und von einem ungebundenen bzw. freien Menschen. Wir sprechen von der Schönheit der Natur, der Schönheit eines Kunstwerkes und der Schönheit eines Menschen.

Solche Beispiele zeigen, daß es einerseits etwas Analoges in den verschiedenen Bereichen der Wirklichkeit gibt, daß also eine gewisse Vergleichbarkeit besteht, die den gleichen Begriff rechtfertigt. Sie zeigen jedoch zugleich, daß die jeweils analoge Anwendung der Begriffe eine erhebliche qualitative

Differenz einschließt. So kann z. B. ein Gesetz des Staates neu beschlossen, außer Kraft gesetzt, abgeändert, übertreten oder auch freiwillig befolgt werden. Für physikalische Gesetze gilt all dies nicht.

Auch bei Begriffen, die auf den ersten Blick in allen Bereichen ähnlich erscheinen, bleibt die qualitative Differenz. Man denke nochmals an die Anziehung: Die Anziehungskraft eines Magneten ist berechenbar und wächst zunehmend mit größerer Nähe. Demgegenüber läßt sich die Anziehung, die eine Blume auf Insekten ausübt, nicht im voraus exakt berechnen; und bei dem genannten Mädchen kann es sogar sein, daß ihre Anziehungskraft bei größerer Nähe abnimmt.

Diese Bemerkungen machen deutlich, daß bei einer Gesamterklärung der Wirklichkeit Rückschlüsse aus Analogien nur unter Berücksichtigung der qualitativen Unterschiede ins Spiel gebracht werden dürfen. Insbesondere bedeutet es eine bewußte oder unbewußte Manipulation für das Ergebnis, wenn man als Ausgangs- und bleibenden Bezugspunkt der Analogie eine bestimmte Ebene wählt und von ihr aus auch die übrigen Ebenen zu verstehen sucht. Denn es ist ein erheblicher Unterschied in der Akzentuierung, ob jemand erklärt, die Wirkkraft eines Magneten müsse man sich wie die Wirkung eines anmutigen Mädchens vorstellen, oder ob ein anderer sagt, ein anmutiges Mädchen wirke wie ein Magnet. In dem einen Fall wird die Anziehungskraft des Magneten vermenschlicht; im anderen Falle wird die Wirkung des Mädchens als zwangsläufiger Mechanismus interpretiert.

Demzufolge wird eine Fehldeutung der Welt als Gesamterscheinung vorprogrammiert, wenn man bestehende Analogien so interpretiert, als ob es sich letztlich um gleiche Erscheinungen handle und dabei einer bestimmten Ebene von vornherein Priorität zum Verständnis des Ganzen einräumt[118].

Zur Verdeutlichung kurzschlüssiger Extrapolationen sei daran erinnert, daß das in die Welt hineingeborene Kind diese Welt primär weder als Umwelt erfährt, „die nur seinen biologischen Bedürfnissen dient, noch als eine objektive Vorgegebenheit, sondern als eine von personaler Liebe und Sorge gestaltete und interpretierte Welt. Für das Kind ist die Welt nicht stumm, sondern dank der personalen Vermittlung spricht und antwortet sie. Daher empfindet das Kind – und ebenso der Mensch früher Kulturen – die ihm begegnende Welt selbst als personal ... Bezeichnenderweise werden Tiere und Pflanzen ... als „Du“ empfunden und behandelt. Dies gilt sowohl für frühe Religionen mit ihren in Tiergestalten dargestellten Gottheiten, wie auch für Märchen. Ebenso sprechen Kinder zu Tieren und Blumen und treten zu ihnen in ein personales Verhältnis, ohne deren nicht menschenähnliches Äußeres als Hindernis zu empfinden.“ [119] Das Weltverständnis und Weltverhältnis des Kindes und der Menschen früher Kulturen ist also dadurch ausgezeichnet, daß alles, was dem Menschen begegnet, in Analogie zu seiner eigenen Personalität bzw. zum Verhältnis Kind–Mutter als personal empfunden wird. Sofern man von Kindern absieht, gibt es diese unangemessen vereinfachende Deutung der Welt in den fortgeschrittenen Industrienationen nur noch in Ansätzen: „Tierfreunde“, vor allem, wenn sie vereinsamte Menschen sind, empfinden das Tier, zumeist ihren Hund, als „Du“. Sie erkennen aus seinem Verhalten nicht nur bestimmte Wünsche im Bereich des Lebensdienlichen und Reaktionen auf die Stimmung seines Herrn bzw. seiner Frau, sondern sprechen mit dem Hund über sich selbst und ihr Schicksal, als ob sie bei ihm personale Anteilnahme finden könnten.

In diametralem Gegensatz zu dieser Weltsicht und Weltdeutung einer allgemeinen Personalisierung von Erscheinungen steht das moderne wissenschaftliche Weltbild, wie es seit Beginn der Neuzeit entwickelt worden ist. Diese spezifische Sicht begann mit einer Programmierung der Fragestellung, die auf die Dauer zu einem Weltbild führte, das die gesamte Welt nicht von der personalen Ebene, sondern von der materiellen Ebene zu verstehen und zu erfassen sucht[120].

Als repräsentativ für die Programmierung der Fragestellung auf funktionale Zusammenhänge innerhalb materieller Gegebenheiten können einige Sätze aus dem im Jahre 1684 veröffentlichten Werk Isaak Newtons über „Die mathematischen Prinzipien der Naturlehre“ betrachtet werden. Hier schreibt Newton: „Ich habe noch nicht dahin gelangen können, aus den Erscheinungen den Grund dieser Eigenschaften der Schwere abzuleiten, und Hypothesen erdenke ich nicht. Alles nämlich, was nicht aus den Erscheinungen folgt, ist eine Hypothese, und Hypothesen ... dürfen nicht in die Experimentalphysik aufgenommen werden. Es genügt, daß die Schwere existiere, daß sie nach den von uns dargelegten Gesetzen wirke und daß sie alle Bewegungen der Himmelskörper und des Meeres zu erklären imstande sei."[121] Newton verzichtet also ausdrücklich darauf, nach dem Grund und dem Wesen der Schwerkraft zu fragen, und beschränkt sich darauf, ihre Wirkungen zu berechnen.

Obgleich Newton seine Sätze mit einem „noch nicht" beginnt, dokumentiert sich in ihnen tatsächlich eine bleibende Verlagerung des forschenden und darüber hinaus des geistigen Interesses überhaupt. Soweit sich Naturwissenschaftler in der Folgezeit überhaupt Gedanken über das Wesen der Dinge und über tiefere Hintergründe gemacht haben, handelt es sich im Allgemeinbewußtsein und auch im Bewußtsein der Forscher selbst um zusätzliche Gedanken, die über die eigentliche Wissenschaft hinausgehen und daher als privat und wissenschaftlich unverbindlich betrachtet werden.

Zur Verdeutlichung sei an eine schon in anderem Zusammenhang gebrachte Gegenüberstellung erinnert: Während Aristoteles erklärt hatte, daß die einzelnen Dinge in der Weltordnung je ihren zukommenden Ort hätten und jeweils diesem Ort zustrebten und daß deshalb der Stein nach unten falle, während das Feuer nach oben strebe, verzichtet die neuzeitliche Naturwissenschaft darauf, nach dem „Grund dieser Eigenschaft der Schwere" zu fragen und betrachtet es statt dessen als ihr Ziel, in mathematischer Sprache Gesetze zu formulieren, mit deren Hilfe sich alle Bewegungen der Himmelskörper und des Meeres berechnen lassen.

Diese Programmierung der wissenschaftlichen Fragestellung mit dem Verzicht auf die Frage nach dem Wesen und dem Sinn der Dinge bedeutet zugleich eine Säkularisierung der Wissenschaften: Da sich Gott – sofern man nicht in magisches Denken verfällt – nicht in funktionale Formeln fassen läßt, kommt er nunmehr in der Wissenschaft nicht mehr vor. Das bedeutet nicht, daß künftig alle Wissenschaftler Atheisten seien und nichts von Gott hielten, es bedeutet aber, daß – unbeschadet der persönlichen religiösen Entscheidungen von Wissenschaftlern – die neuzeitlichen Wissenschaften selbst grundsätzlich so arbeiten, als ob es Gott nicht gäbe. Soweit für Vorgänge wissenschaftliche Erklärungen gegeben werden können, ist es nunmehr „überflüssig", Gott in irgendeiner Weise mitzubedenken.

Wie bereits dargelegt wurde, gilt diese Feststellung auch für Vertreter des zunächst weithin herrschenden sogenannten Deismus: „Gott erscheint als Weltkonstrukteur, der den großen Bau ersonnen, ausgeführt und in Bewegung gesetzt hat. Dank der Vollkommenheit ihres göttlichen Konstrukteurs bedarf die Weltmaschine weder der Korrektur noch der Wartung. Sie läuft nach den Anfangs in sie gelegten Gesetzen mit eherner Zuverlässigkeit. Um sie zu erforschen und zu verstehen, bedarf es – ebensowenig wie bei anderen Maschinen – keines Rückblicks auf ihren Konstrukteur. Er ist für das neue wissenschaftliche Verständnis der Welt durchaus entbehrlich. Selbstbewußt antwortete daher Laplace auf die Frage Napoleons, warum Gott in seiner Mechanik des Himmels nicht vorkomme: ‚Majestät, die Wissenschaft bedarf dieser Hypothese nicht.'"[122]

Angesichts ihrer eindrucksvollen Erfolge übten die klassischen Naturwissenschaften auf das gesamte Denken des Abendlandes eine faszinierende Wirkung aus. Insbesondere prägten sie weithin jene Geistesbewegung, die unter dem Sammelnamen Aufklärung in die Geschichte eingegangen ist. In Deutschland verbindet das Allgemeinbewußtsein mit dem Stichwort Aufklärung in erster Linie Begriffe wie Toleranz, Vernunft, Autonomie, Freiheit. Dagegen denken nur wenige daran, daß nahezu die gesamte Aufklärung gekennzeichnet ist durch den Einbruch methodischer Prinzipien und Vorstellungsmodelle der klassischen Naturwissenschaften in das gesamte menschliche Denken. Dieser Einbruch naturwissenschaftlichen Denkens ist für die weitere Geschichte Europas mindestens ebenso folgenschwer wie die Proklamierung humanitärer Forderungen[123].

Bei vielen Aufklärern wird schon der Begriff der Vernunft selbst beschränkt und an den Naturwissenschaften orientiert. So erklärt Dietrich von Holbach, jener Baron aus der Pfalz, der in Paris Freundschaft mit Diderot schloß, sein Haus und sein Portemonnaie den Führern der französischen Aufklärung offenhielt, und so nicht zu unrecht als „Nährvater der Enzyklopädisten" bezeichnet worden ist, Vernunft sei „nichts anderes, als auf das soziale Leben angewandte Naturwissenschaft".

„Anwendung" der Naturwissenschaften auf andere Gebiete bedeutet zugleich Übertragung ihrer methodischen Vorentscheidungen auf andere Bereiche der Wirklichkeit. Die Folge ist eine neue Gesamtsicht der Welt. In seinem Buch über das „System der Natur oder die Gesetze der physischen und moralischen Welt" schreibt Holbach: „Die Welt zeigt uns allenthalben nichts als Materie und Bewegung, sie ist eine unendliche Kette von Ursache und Wirkungen. Die Materie und die Bewegung ist ewig, die Schöpfung aus dem Nichts ist ein leeres Wort."[124] In letzter Konsequenz bezieht er auch den Menschen ausdrücklich in diese Sicht ein und fragt: „Und ist denn der Mensch etwas anderes als eine zusammengesetzte, zu immer neuen Gestalten übergehende Materie?"[125]

In diesen Sätzen Holbachs wird zugleich deutlich, daß die Programmierung der wissenschaftlichen Fragestellung auf funktionale, materiell faßbare Zusammenhänge unter Verzicht auf die Wesensfrage und unter Absehen von Gott mit einer gewissen Konsequenz zu einem eigenen wissenschaftlich zwar nicht beweisbaren, aber von den Wissenschaften her nahegelegten Weltbild führt, das das Materielle mit dem Wirklichen gleichsetzt. Alles nicht Materielle wird dann allenfalls noch als eine Begleiterscheinung oder ein Resultat materieller Gegebenheiten und Vorgänge betrachtet.

Wie bereits angedeutet wurde, kommt die neue Konzeption der Wissenschaften im 19. Jahrhundert bei Auguste Comte zu einem gewissen Abschluß. Sie wird nunmehr ausdrücklich gegenüber früheren Auffassungen abgehoben und zu einem systematisch geordneten Ganzen ausgebaut. Kennzeichnend für das Selbstbewußtsein des modernen Wissenschaftlers ist das von Comte entwickelte sogenannte Drei-Stadien-Gesetz, das die Entwicklung des menschlichen Weltverständnisses in drei aufeinander folgende Stadien einteilt: „das theologische oder fiktive, das metaphysische oder abstrakte, das wissenschaftliche oder positive". Diese drei Stadien werden von Auguste Comte in folgender Weise gekennzeichnet:

„Im theologischen Stadium richtet der menschliche Geist seine Untersuchungen im wesentlichen auf die innere Natur der Dinge und die ersten Ursachen und letzten Ziele allen Geschehens, mit einem Wort: auf eine absolute Erkenntnis. Er sieht in allen Vorgängen das unmittelbare, ununterbrochene Wirken von mehr oder minder zahlreichen übernatürlichen Wesen, deren vermeintliches Eingreifen alle Unregelmäßigkeit im Weltall erklären soll, die ihm in die Augen fällt.

Im metaphysischen Stadium, das im Grunde nur eine einfache Abänderung des ersten ist, werden die übernatürlichen Wesen ersetzt durch abstrakte Kräfte als wirklich gedachte Wesenheit (personifizierte Abstraktion), welche den verschiedenen Dingen der Welt innewohnen sollen …

Im positiven Stadium erkennt man endlich die Unmöglichkeit, absolute Erkenntnis zu gewinnen[126]. Man verzichtet darauf, Ursprung und Bestimmung des Weltalls zu ergründen und die inneren Ursachen der Erscheinung zu begreifen. Man strebt einzig und allein danach, durch wohlüberlegte Vereinigung von Theorie und Beobachtung ihre wirkenden Gesetze, das heißt ihre unveränderlichen Beziehungen nach Zeitfolge und Ähnlichkeit zu entdecken."[127]

Bei der Entwicklung seines wissenschaftlichen Systems knüpft Comte unmittelbar an die geistige Tat Newtons an, indem er dessen methodischen Ansatz auf alle Wissenschaften überträgt. Dementsprechend erhebt er die Forderung, „überall an Stelle der unzulänglichen Bestimmungen der eigentlichen Ursachen die bloße Forschung nach den Gesetzen, das heißt nach den konstanten Beziehungen zu setzen, die zwischen den beobachteten Erscheinungen existieren"[128]. Zur Begründung fügt er hinzu: „Ob es sich nun um die geringsten oder höchsten Wirkungen, um Stoß und Schwerkraft oder um Denken und Sittlichkeit handelt, wahrhaft erkennen können wir hier nur die verschiedenen wechselseitigen Verbindungen, die ihrem

Ablauf eigentümlich sind, ohne jemals das Geheimnis ihrer Erzeugung zu ergründen." [129]

Da es nach Comtes Überzeugung konstante Beziehungen überall gibt und alle Vorgänge, organische und anorganische, körperliche wie geistige, individuelle wie soziale streng unveränderlichen Gesetzen unterworfen sind, hält er es für möglich, durch Kenntnis der Gesetze des individuellen und sozialen Lebens der Menschheit den Weg zu bisher ungeahnten Fortschritten zu sichern. Seine besondere Hoffnung gilt dabei der von ihm neu konzipierten Wissenschaft der Soziologie, die er Sozialphysik nennt. Er hofft, daß die Kenntnis der Gesetze der gesellschaftlichen Veränderungen eine Steuerung der gesamten gesellschaftlichen Entwicklungen gestatten werde und daß die Menschheit sich somit durch entsprechende vorausschauende Planung eine glückliche Zukunft schaffen könne. Letzten Endes gilt es, „die Vorsehung zu organisieren" [130]. Wie Comte versichert, ist der Mensch „oder vielmehr die Menschheit ... das erste bekannte Wesen ... das durch die Gesamtheit der wirklichen Gesetze dazu bestimmt ist, stets so weit wie möglich und in jeder Hinsicht ... die Naturordnung zu verbessern ..." [131]

Allerdings enthält diese Konzeption samt ihren späteren Variationen eine überspielte, jedoch bemerkenswerte innere Ungereimtheit: Einerseits wird eine strenge Gesetzmäßigkeit in allen Bereichen der Wirklichkeit behauptet, andererseits jedoch der Mensch ermahnt, Welt und Gesellschaft verbessernd umzugestalten. Der Mensch gerät somit in eine zwiespältige Rolle. Er soll als Subjekt die sozialen Gesetze anwenden, denen er zugleich als Objekt unterworfen ist. Er erscheint damit als frei und unfrei zugleich, ohne daß das Verhältnis beider zueinander geklärt und die Prioritätsfrage entschieden würde.

Tatsächlich haben sich alle Versuche der Gesellschaftswissenschaften, die von Comte postulierten Gesetze gesellschaftlichen Lebens zu formulieren, letzthin als erfolglos erwiesen. Es ist nicht gelungen, Gesetze festzustellen, mit deren Hilfe die Gesellschaft erfolgreich organisiert werden könnte. Diese Feststellung ist um so gewichtiger, da man ja zunächst vermuten könnte, daß das gesellschaftliche Leben der Menschen ebenso durch statistische Gesetze erfaßbar sei wie das Gesamtverhalten einer größeren Menge kleinster Teilchen durch die Gesetze der Physik. Dies gilt jedoch nur für bestimmte Bereiche wie die schon erwähnte Verkehrsdichte unter Voraussetzungen bzw. Annahmen, deren Richtigkeit nicht garantiert werden kann.

Eines der eindrucksvollsten Beispiele für die Grenzen statistischer Berechenbarkeit ist der immer wieder unternommene Versuch, das Wachsen von Bevölkerungen für längere Zeit vorauszusagen. Derartige Voraussagen bleiben nicht nur angesichts der Möglichkeit verschiedenartiger Katastrophen, sondern auch angesichts der Unvorhersehbarkeit neuer Verhaltensmuster und Bewußtseinstrends höchst unsichere Hypothesen. Der Mensch unterscheidet sich von den Wasserteilchen in dem angeführten Behälter dadurch, daß er in ständiger Kommunikation miteinander steht und daß er sein Handeln mehr oder weniger bewußt von bestimmten Motiven leiten läßt, die von einem Menschen auf den anderen übertragbar sind. Es ist daher durchaus möglich, daß Minderheiten oder gar einzelne Personen – man denke nur an so verschiedene Menschen wie Mohammed, Hitler oder Gandhi – Bewegungen in Gang setzen, die die gesamte weitere Geschichte in unvorhersehbarer Weise verändern.

Auch hier zeigt sich wieder, daß eine angemessene Gesamtdeutung der Wirklichkeit die Anerkennung qualitativer Differenzen trotz aller Analogien zwischen den verschiedenen Wirklichkeitsbereichen voraussetzt. Eine angemessene Gesamtdeutung der Wirklichkeit kann daher nur gewonnen werden, wenn qualitative Unterschiede nicht überspielt, sondern ins Bewußtsein gebracht und angemessen berücksichtigt werden. Dies bedeutet freilich einen Verzicht auf eine allzu simple monistische Deutung der Gesamtwirklichkeit. Die Versuchung, zu einer solchen Simplifizierung ist freilich permanent gegeben, da der Drang des Menschen, die Gesamtwirklichkeit zu verstehen, sich allzu leicht von derartigen Vereinfachungen verführen läßt: Der Kurzschluß ist immer kürzer als der Schluß.

Ziel philosophischer Überlegungen kann es jedoch nicht

sein, für alles eine möglichst kurzschlüssige Erklärung zu geben; bei ihnen geht es vielmehr darum, eine möglichst angemessene Erklärung zu finden. Es gehört zu den Irrtümern neopositivistischer Richtungen, das Simple mit dem Angemessenen gleichzusetzen. Damit wird jedoch die Vielschichtigkeit und der Reichtum der Wirklichkeit verkannt.

4. Die Einheit und Differenziertheit der Wirklichkeit

Wie im vorigen Kapitel dargelegt wurde, herrscht zwischen den verschiedenen Bereichen der Gesamtwirklichkeit eine gewisse analoge Bezogenheit, die jedoch nicht als Gleichheit mißdeutet werden darf, sondern qualitative Unterschiede übergreift. Bei dieser analogen Bezogenheit spielt die Zeit eine wichtige Rolle[132].

In allen Bereichen der Wirklichkeit stellt sich die Frage, wie es möglich ist, daß sich trotz ständiger Bewegung und Veränderung etwas so durchhält, daß es zeitübergreifend als identisch betrachtet werden kann. In unserem Sprachgebrauch hat der Begriff der Identität zwei verschiedene Akzentuierungen: Einmal bezeichnen wir Gleiches als identisch, zum anderen bezeichnen wir Selbiges als identisch[133]. So ist es z. B. ein Unterschied, ob Karl das gleiche Hemd an hat wie sein Bruder, wobei es sich um „zwei gleiche" Hemden handelt, oder ob er heute dasselbe Hemd trägt wie gestern, wobei es um „ein und dasselbe" Hemd geht[134]. Wie bereits dargelegt wurde, ist die gesamte Wirklichkeit dadurch gekennzeichnet, daß es in ihr absolut Gleiches nicht gibt. Diese Feststellung hat für die Identitätsfrage in den verschiedenen Bereichen der Wirklichkeit eine je eigene Bedeutung[135].

Beginnt man im Bereich der Atome, so hielt man hier bis vor wenigen Jahren Atome gleicher Art für absolut gleich. Diese Auffassung bleibt zwar auch nach heutigen Erkenntnissen richtig, muß jedoch im Hinblick auf das nachweisbare Verhalten der Atome bzw. ihren jeweiligen „Zustand" ergänzt werden: Auch unter Atomen gleicher Art gibt es kein einziges Atom, das einem anderen in jeder Hinsicht absolut gleich wäre. Bei Radiumatomen läßt sich diese Ungleichheit in ihrem Verhalten unschwer feststellen: Ein Radiumatom zerfällt früher, ein anderes später, obgleich es sich um gleiche Atome handelt. Der Satz von der Gleichheit der Atome gleicher Art bezieht sich also auf ihre Grundstruktur; die Ungleichheit besteht im jeweiligen Zustand[136]. Dieser Zustand ist jedoch in jedem Atom ein anderer und zudem nicht konstant, sondern in rascher Veränderung begriffen. Unter Umständen kann sich von zwei Atomen gleicher Art das eine im nächsten Augenblick genau in dem Zustand befinden, in dem vorher das andere war. Derartige inneratomare Veränderungen unterliegen keiner strengen Gesetzmäßigkeit und lassen sich daher nicht exakt berechnen. So vermag zum Beispiel kein Physiker im voraus anzugeben, wann ein bestimmtes Radiumatom zerfällt.

Das bedeutet, daß ein Atom einer bestimmten Art zwar bei einem Vergleich mit Atomen anderer Art identifizierbar ist, jedoch nicht im Vergleich mit Atomen der gleichen Art. Wie der Schweizer Physiker Walter Heitler betont, wäre es unmöglich, ein bestimmtes Atom mit Namen oder auch einer Nummer zu bezeichnen und es nach einiger Zeit unter einer Mehrzahl von Atomen gleicher Art wieder herauszufinden[137]. Denn dieses Atom ist der Grundstruktur nach mit allen anderen Atomen der gleichen Art voll identisch, seinem Status nach jedoch weder mit irgendeinem anderen Atom, noch auch zeitübergreifend mit sich selbst. Dementsprechend kann man beim Atom allenfalls von einer kollektiven, dagegen nicht von einer individuellen zeitübergreifenden Identität sprechen[138]. Kollektiv sind alle Atome gleicher Art identisch. Individuell am Atom ist jeweils nur die Aktualisierung eines bestimmten Zustands, der jedoch so instabil ist, daß das Atom diese individuelle Identität nicht zeitübergreifend durchzuhalten vermag.

Trotzdem bedeutet auch diese kollektive Identität bereits eine beachtliche Stabilisierung. Das einzelne Atom ist zwar nicht zeitübergreifend individuell identifizierbar, aber es hält sich wenigstens in einer kollektiven Identität als Atom einer bestimmten Art durch, so daß es zeitübergreifend zwischen Atomen einer anderen Art wiedererkannt werden kann. In diesem Sinn ist durchaus eine positive Stabilisierung erreicht. Die heutige Physik ist der Überzeugung, daß bereits diese Stabilisierung eine wichtige Errungenschaft innerhalb der Entwicklung des Kosmos bedeutet, da es im Anfang, unmittelbar nach dem „Urknall" anscheinend nur chaotische Energie und Materie ohne jede zeitübergreifende Identität gegeben hat.

Vergleicht man die kollektive Identität des Atoms mit der Identität in anderen „höheren" Bereichen der Wirklichkeit, so zeigt sich ein stufenweiser Übergang von der kollektiven zur individuellen Identität. Das wird besonders deutlich, wenn man den Gesamtbereich der Organismen überblickt. Hier läßt sich unschwer feststellen: Je einfacher der Organismus ist – man denke an die Einzeller – desto geringer ist die individuelle Identität. Je höher der Organismus entwickelt ist – man denke etwa an die Wirbeltiere – desto eindeutiger ist auch ohne besondere Mühe und ohne Hilfsinstrumente eine individuelle Identität zu erkennen. Dabei bedeutet individuelle Identität jeweils eine zeitübergreifende Identität, die es ermöglicht, das betreffende Individuum unter anderen Individuen der gleichen Art zu einem späteren Zeitpunkt wiederzuerkennen.

Diese zeitübergreifende Individualität erreicht im Menschen nochmals eine qualitativ höhere Stufe: Der Mensch weiß selbst um diese seine zeitübergreifende Identität und Individualität. Er trägt in seinem Bewußtsein zumindest potentiell seine gesamte Vergangenheit in sich. Er ist das einzige uns bekannte Lebewesen, das sich nicht nur in der Zeit durchhält, sondern die Zeitlichkeit in der Form der Geschichtlichkeit positiv in seine bewußte individuelle Identität einbringt.

Voraussetzung dafür, daß zunächst kollektive Identität geschaffen und in den höheren Bereichen der Wirklichkeit schließlich sogar individuelle Identität gewonnen wird, ist eine innere Strukturierung in der Zeit. Das einzelne Atom verdankt seine kollektive Identität der Tatsache, daß es die zeitlichen Veränderungen in einen Rhythmus gebannt und dadurch eine bestimmte Struktur gewonnen hat, die es in der Zeit durchzuhalten vermag und die es von Atomen anderer Art unterscheidet. Da es diese Struktur mit allen anderen Atomen der gleichen Art gemeinsam hat, ist seine Identität nicht individuell; aber sie ist als kollektive Identität eine deutliche Errungenschaft gegenüber dem Materie-Energie-Chaos des Anfangs.

Das Fortschreiten von der kollektiven zur individuellen Identität erfolgt dann durch eine neue Qualität der sich in der Zeit durchhaltenden Koordination. So ist schon der Einzeller ein ungeheuer kompliziertes Gebilde mit einer vom Atom aus betrachtet neuen und unvorstellbaren Koordinationsleistung.

Man kann daher den Unterschied zwischen anorganischen Stoffen und Organismen nicht zuletzt dadurch kennzeichnen, daß die Organismen eine individuelle Identität gewonnen haben, indem sie Koordinationen zustande bringen, die vom rein chemisch-physikalischen Standpunkt so unwahrscheinlich sind, daß sie allein von daher nicht erklärt werden können. Hierzu gehört nicht zuletzt auch der sogenannte „Stoffwechsel", der die in der unbelebten Materie herrschenden Tendenz eines Ausgleichs aller Energie ins Gegenteil umwendet und durch Aufnahme „fremder" Energie und Substanz sowie durch Ausscheidung von „Abfallstoffen" garantiert, daß das Lebewesen seine eigene Identität gegenüber seiner Umgebung durchhält.

Dementsprechend kann der Augenblick des Todes jeweils als der Augenblick betrachtet werden, in dem das Lebewesen seine bislang durch unwahrscheinliche Koordination gewahrte Identität aufgibt, so daß nun in den bisher zum Organismus vereinten Bestandteilen die physikalisch-chemischen Prozesse wiederum nach ihren eigenen den statistischen Gesetzen der Wahrscheinlichkeit unterworfenen Tendenzen ablaufen. Das bedeutet faktisch Auflösung des bisherigen Individuums bzw. seine Absorbierung durch die organische und anorganische Umgebung.

Diese Überlegungen zeigen, daß die Wahrung der individuellen Identität jeweils mit einer Koordinationsleistung verbunden ist, die das Individuum als Ganzes entgegen den normalen Gesetzen statistischer Wahrscheinlichkeit aufrechterhält. Da der Organismus schon dank dieser Leistung mehr ist als die Summe seiner Teile, ist es nicht nur ein wenig erfolgversprechendes, sondern auch ein unangemessenes Unterfangen, Lebensvorgänge nur so zu betrachten, als ob es sich um chemische Einzelvorgänge handle. Ein angemessenes Verständnis von Lebensvorgängen läßt sich vielmehr nur erreichen, wenn man die chemischen Einzelvorgänge im Vollsinn des Wortes *bio*chemisch und d. h. nicht zuletzt im Zusammenhang mit der jeweiligen Gesamtleistung des Organismus sieht.

Wie sehr der Organismus eine Einheit bildet, die gegenüber den Einzelteilen und Einzelvorgängen seine eigene Qualität hat, wird auch dadurch bestätigt, daß insbesondere bei den höheren Organismen nur durch koordiniertes Zusammenwirken aller Organe und Teilvorgänge lebensdienliche Beziehungen zur Umwelt und biologisches Wachstum möglich sind.

Aber auch die Selbstdarstellung, von der schon gesprochen wurde, ist eine originäre Gesamtleistung des Organismus. Weder die Färbung der Flügel eines Schmetterlings noch die Erscheinung eines balzenden Auerhahns, noch das Imponiergehabe eines Fisches oder eines Gorillas lassen sich durch Summierung einzelner Teilvorgänge erklären. Sie sind nur als Gesamtvorgang der Selbstdarstellung verständlich.

Ebenso wie die individuelle Identität, so gewinnt auch die Selbstdarstellung bei jeweils höheren Organismen eine stärkere Ausprägung und wird selbst in die Individualisierung einbezogen. So sind z. B. die Flügel von Schmetterlingen gleicher Art oder die Blüten von Blumen sowie die Blätter von Bäumen gleicher Art zwar arttypisch, jedoch nicht völlig gleich.

Eine völlig neue und qualitativ unterschiedene Art der Selbstdarstellung gehört zu den Eigenarten des Menschen, bei dem die Selbstdarstellung nicht nur in seiner besonderen Leiblichkeit und seinem geistgeprägten Verhalten zum Ausdruck kommt, sondern durch Tätowierung, Bemalung, Schmuck und Kleidung und nicht zuletzt durch Selbstbezeugung in der Sprache weitere Komponenten erhält.

Selbstdarstellung setzt jeweils voraus, daß es ein Gegenüber gibt, dem diese Selbstdarstellung gilt. In diesem Sinne weist Selbstdarstellung zugleich auf mannigfaltige Bezogenheiten zwischen den einzelnen Erscheinungen der Wirklichkeit hin. Wie bereits bemerkt wurde, gibt es Selbstdarstellung nicht nur

„im Zusammenhang des Paarungsverhaltens höher entwickelter Tiere“, sondern es gilt Analoges auch für das Zusammenspiel in tierischen und pflanzlichen Lebensgemeinschaften: „So locken etwa Blumen durch Farbe und Duft Insekten heran.“[139]

Die Selbstdarstellung in ihren mannigfaltigen Formen deutet darauf hin, daß nicht nur der Gesamtorganismus eine Einheit bildet, der mehr ist als die Summe seiner Teile, sondern daß das einzelne pflanzliche und tierische Individuum jeweils in Bezogenheiten zu Artgenossen oder auch Organismen anderer Art steht. Auch diese Bezogenheiten lassen sich nicht allein durch ein bloß summarisches Zusammenspiel der Beteiligten erklären.

Der Übergang von der kollektiven zur individuellen Identität und die besondere Koordinationsleistung sowie Selbstdarstellung der Organismen geht einher mit einem höheren Grad von „Freiheit“. Bei dieser Formulierung wird der Begriff Freiheit nicht an das bewußte freie Handeln des Menschen gebunden, sondern in einem weiteren Sinne für alles Verhalten gebraucht, das keiner strengen Gesetzmäßigkeit unterliegt und daher nicht berechnet werden kann[140]. Wie bereits dargelegt wurde, ist diese „Freiheit“ im anorganischen Bereich zwar grundsätzlich gegeben, kommt jedoch infolge der statistischen Gesetzmäßigkeit faktisch nur in Ausnahmefällen zum Zuge. So gilt zum Beispiel die erwähnte Unmöglichkeit, anzugeben, wann ein Radiumatom zerfällt, nur für das einzelne Atom. Hat man dagegen eine makrophysikalisch faßbare Menge von Radium vor sich, so vermag man dank der statitischen Gesetzmäßigkeit genau anzugeben, wann die Hälfte dieser Radiummenge zerfallen ist.

Obgleich der Freiheitsspielraum der unbelebten Materie im allgemeinen durch die statistische Gesetzmäßigkeit überspielt wird, so daß sich auf den ersten Blick der Eindruck einer absoluten Gesetzmäßigkeit aufdrängt, zeigt bei näherem Hinsehen auch die Eigenart des Kosmos selbst, daß die statistische Gesetzmäßigkeit in besonderen Konstellationen nicht voll zum Zuge kommt. Denn wenn die Naturgesetze unveränderlich und absolut gälten, wäre ein Kosmos, in dem es nur zyklische

Abläufe, aber keine Veränderungen im Sinne neuer Entwicklungen gibt, zu vermuten. Außerdem müßte eine streng symmetrische Ordnung des gesamten Kosmos angenommen werden. Der Kosmos ist also anders, als man es bei einer absoluten Gesetzmäßigkeit erwarten müßte. Seine nicht umkehrbare Entwicklung – es sei nochmals an den Ablauf vom Urknall bis zur heutigen Expansion des Universums erinnert – und seine unsystematische Mannigfaltigkeit zeigen, daß es auch makrophysikalische Ereignisse gibt, die nicht allein mit Gesetzmäßigkeit erklärt werden können. Eine ihrer Ursachen liegt darin, daß kleine Abweichungen über längere Zeit zu beachtlichen Veränderungen führen. Außerdem gibt es offenbar Kettenreaktionen, die von so wenigen Teilchen ausgelöst werden, daß sie der statistischen Gesetzmäßigkeit nicht unerliegen. Hierauf beruht übrigens im Bereich unserer wissenschaftlich-technischen „Errungenschaften“ die Unmöglichkeit, die Sprengkraft einer Atombombe im voraus exakt zu berechnen.

Wie bereits dargelegt wurde, bedeutet auch Leben stets eine von der statistischen Wahrscheinlichkeit her gesehene unwahrscheinliche Art der Koordination von physikalischen und chemischen Prozessen. Allerdings erfolgen diese Koordinationen nach arttypischen Mustern. Ihr Ziel ist jeweils die Entfaltung des Individuums und die Erhaltung der Art. Übersieht man jedoch einen größeren Zeitraum in der Entwicklung des Lebendigen, so zeigt sich hier ebenso wie bei der Entwicklung des Kosmos, daß es nicht nur eine Wiederkehr des Gleichen, sondern auch die Hervorbringung neuer Formen gibt. Auch hier gibt es unwiederholbare Entwicklungen, die durch das spontane Hervorbringen von Neuem, vorher noch nie Dagewesenem gekennzeichnet sind. Das bedeutet, daß auch die biochemischen Steuerungs- und Erbmechanismen nicht mit absoluter Gesetzmäßigkeit, sondern nur mit großer Wahrscheinlichkeit wirken. Sie sind nicht so starr, daß sie die Bildung neuer Arten ausschlössen. Vergleichbares gilt auch beim Verhalten von Organismen. Trotz aller Instinktgebundenheit bleibt ein Spielraum der Freiheit, der es ermöglicht, daß neue Verhaltensweisen gefunden werden, die sich dann freilich in den meisten Fällen auch ihrerseits wieder stabilisieren, bis eine neue „Erfindung von Verhaltensweisen“ stattfindet. So gibt es auch hier eine unwiederholbare Entwicklung in der Zeit.

Schließlich wird mit dem Menschen eine Freiheit neuer Qualität erreicht. Der Mensch ist das einzige uns bekannte Lebewesen, das trotz der Einbindung bzw. der Abhängigkeit von physikalischen, chemischen, biologischen und arttypischen Vorgegebenheiten in selbstbewußter Freiheit zu handeln vermag. Daher unterscheidet sich seine Herrschaft über die Erde qualitativ von der Mächtigkeit von Tieren. Er gestaltet nicht nur seine Umwelt mit, sondern greift in zunehmendem Maße planvoll in die weitere Entwicklung der Erde und des Lebendigen ein.

Somit wird die Gesamtentwicklung des Kosmos und des Lebendigen von Anfang an nicht nur durch statistische Gesetzmäßigkeiten und festgelegte Verhaltensweisen, sondern auch durch jeweils eigene Spielräume für freie Entwicklungen bestimmt. Offensichtlich ist durch eine im voraus nicht berechenbare Nutzung dieses Freiheitsraumes die Gesamtentwicklung vorangebracht und zu einer immer größeren Differenzierung geführt worden. Dabei fällt ins Auge, daß der Freiheitsraum um so größer und augenfälliger wird, je höher der Wirklichkeitsbereich ist, dem sich die Forschung zuwendet. Daher ist es verständlich, daß man in früheren Zeiten glaubte, daß es im Verhalten der unbelebten Materie einen Freiheitsspielraum überhaupt nicht gäbe. Ebenso verständlich ist die Unsicherheit, ob man im Bereich des Lebendigen von Freiheit sprechen dürfe, oder ob hier alles in vorgegebenen Bahnen verlaufe und sich ständig nach den gleichen Mustern erneuere. Aufschlußreich ist allerdings, daß man dem Menschen von Anfang an die Möglichkeit freien Handelns zugestand.

Aus diesen Beobachtungen und Feststellungen drängt sich insgesamt die These auf, daß einerseits die Freiheit oder zumindest ein gewisser Spielraum freier Möglichkeiten die Voraussetzung der kosmischen und biologischen Entwicklung darstellt, daß andererseits jedoch die Erweiterung dieses Spielraums bis hin zur Freiheit des Menschen als ein teleologisches Prinzip der gesamten Entwicklung aufgefaßt werden muß.

Die neue Qualität der Freiheit ist zugleich Voraussetzung

für eine neue Qualität der Selbstdarstellung und des gesamten Verhaltens, das nunmehr zum „Handeln“ wird, für das der Mensch selbst Verantwortung trägt. Nicht zuletzt ist die Freiheit auch die Voraussetzung für personale Beziehungen und damit für die Personalität des Menschen selbst. Zweifellos gibt es auch hierfür analoge Strukturen im Bereich der unbelebten Materie und im Bereich des Lebendigen. Die moderne Physik mit ihrer Feldtheorie hat erkannt, daß auch im Bereich der Materie die Beziehungen zwischen den einzelnen Teilchen zum Wesen der Teilchen selbst gehören und nicht als eine bloße zusätzliche Möglichkeit betrachtet werden dürfen[141]. Die kleinsten uns bekannten Teilchen, die Quarks, sind aus der Bezogenheit schlechthin nicht herauszulösen und daher nicht isolierbar. Im biologischen Bereich wurde von den Beziehungen der einzelnen Exemplare zueinander bereits im Zusammenhang mit Selbstdarstellung gesprochen.

Von diesen analogen Bezogenheiten unterscheidet sich die personale Bezogenheit durch den qualitativ höheren Grad der freien Zuwendung. Diese Freiheit kommt nicht nur darin zum Ausdruck, daß die Person sich der anderen Person öffnen oder verschließen kann, sondern sie ist nicht zuletzt die Voraussetzung für eine immer wieder notwendige Aktualisierung menschlicher Liebe. Es gehört zu den Eigenarten der liebenden Zuwendung, daß sie einerseits verläßlich, andererseits jedoch nicht berechenbar ist, daß sie zwar im Idealfall keine Enttäuschungen, jedoch Überraschungen kennt. Je phantasievoller die Freiheit ist, mit der Liebe immer neu aktualisiert wird, desto größer ist ihre Lebendigkeit.

Hält man sich die verschiedenen Analogien vor Augen, von denen in diesem Kapitel die Rede war, so drängt sich der Eindruck auf, daß trotz der Analogien zwischen den verschiedenen Wirklichkeitsbereichen die qualitativen Unterschiede beachtlich sind, so daß die spezifische Art der Gesetzmäßigkeit, der Freiheit, der Selbstdarstellung oder der Identität eines Bereichs nicht in den anderen hineininterpretiert werden darf, daß jedoch andererseits ein durchlaufendes teleologisches Moment in dem Gesamten erkennbar wird, das auf Personalität abzielt.

In der Personalität des Menschen erreicht offensichtlich auch die Identität ihre höchste Vollendung. Sie wird durch Freiheit entscheidend mitbestimmt. Dies gilt für beide Komponenten personaler Identität: Einerseits für die individuelle Identität des einzelnen und zum anderen für die zu seinem Wesen gehörenden Bezüge zu anderen Personen. Der Mensch hat offensichtlich in seiner Freiheit die doppelte Aufgabe, seine eigene Identität und die personalen Bezogenheiten in der Zeit so durchzuhalten, daß er dadurch sein eigenes Wesen bleibend bewahrt[142].

IV.
Philosophisches Fragen und transzendente Wirklichkeit

1. Zum Verhältnis von Philosophie und Offenbarung

Seit Beginn der abendländischen Philosophie in Griechenland ist auch die Frage nach Gott bzw. Göttern Gegenstand philosophischer Überlegungen. Sieht man von einer „radikal-skeptischen“ Minderheit ab, so ging es über Jahrtausende lang weniger darum, ob es überhaupt Gottheiten gibt, als vielmehr um die Frage, wie sie zueinander und zur Welt stünden, wie sie wirkten und wie sie beschaffen seien.

Trotzdem wurden schon früh auch „Gottesbeweise“ entwikkelt. Sie fanden im Mittelalter ihre klassische Formulierung durch Thomas von Aquin, der in Anlehnung an Argumente des Aristoteles darlegte, „daß erstens aller Bewegung ein letztlich unbewegter Beweger, zweitens allem Verursachten eine in sich ruhende Erstursache, drittens allem Kontingenten ein absolut Notwendiges, viertens allem mehr oder weniger Vollkommenem ein ganz Vollkommenes, fünftes aller Sinnhaftigkeit und Zielstrebigkeit ein denkender Geist zugrunde liege“[143].

Erst im Zeitalter der Aufklärung wurden diese Gottesbeweise nicht nur von einzelnen Außenseitern, sondern von führenden Vertretern der Philosophie radikal in Frage gestellt. Es war Immanuel Kant, der in seinen berühmten Antinomien jedem dieser Beweise einen Gegenbeweis gegenüberstellte und auf diese Art eine formale Patt-Situation zwischen Beweisen und Gegenbeweisen schuf. Allerdings erklärte derselbe Kant das Dasein Gottes als ein Postulat der praktischen Vernunft, die durchaus in der Lage sei, überzeugende und hinreichende Gründe für die Existenz Gottes zu nennen.

Ohne auf diese verschiedenen Positionen im einzelnen einzugehen, läßt sich von unserem heutigen Erkenntnisstand feststellen, daß alle Versuche, Welt und Mensch unter völligem Absehen von Gott zu deuten, bislang gescheitert bzw. – man denke nur an die verschiedenen Formen des Materialismus – mit so viel Ungereimtheiten und willkürlichen Annahmen behaftet sind, daß sie keine überzeugende Lösung bieten. Diese negative Feststellung ist jedoch – das muß klar ausgesprochen werden – kein positiver Gottesbeweis.

Bevor man an dieser Stelle weiterüberlegt, sollte man kurz die Vorfrage klären, welcher Art ein positiver Gottesbeweis sein könnte. Diese Frage wird zumeist nicht gestellt oder in ihrer Bedeutung unterschätzt. Wer sie jedoch stellt, muß vorab anerkennen, daß die klassischen Gottesbeweise durchaus ihre innere Stimmigkeit behalten haben[144]. Sie beruhen allerdings auf der Grundüberzeugung, daß die Welt „vernünftig" und darum grundsätzlich erklärbar sei. Sofern man ihre Schlüssigkeit ablehnt, ist man dementsprechend gezwungen, die Welt als unvernünftig und unerklärbar hinzustellen[145]. Mit dieser These von der Unvernünftigkeit und Unverstehbarkeit der Welt schmettert man freilich nicht nur die klassischen Gottesbeweise, sondern auch die Argumentation der praktischen Vernunft ab. Man muß die schlechthinnige Absurdität der Welt und des menschlichen Daseins proklamieren, wie das konsequente moderne Atheisten denn auch getan haben.

Allerdings besteht rein argumentativ zwischen der Überzeugung, daß es Gott gibt, da Welt und Mensch ohne ihn unverständlich wären, und dem Bekenntnis zu einer absoluten Absurdität der Wirklichkeit eine unterschwellige Verbindung: Wie im Hintergrund der Gottesbeweise die Überzeugung steht, daß die Welt Rückschlüsse auf Gott zuläßt, beruht die Ablehnung der Gottesbeweise auf einer radikal negativen Grundentscheidung, die für Beweise schlechthin ungeeignet ist: Absurdität ist weder selbst beweisbar, noch kann sie als Basis für Beweise dienen.

Menschen, deren Denken von den Naturwissenschaften geprägt ist, fordern zuweilen, anstelle der klassischen Gottesbeweise einen Nachweis dafür zu erbringen, daß Gott in bestimmter experimentell überprüfbarer Weise wirkt. Ein solcher

Beweis könnte etwa darin bestehen, daß auf bestimmte Gebete und Opfer jederzeit überprüfbar entsprechende Erhörungen eintreten und im Extremfall eindeutig registrierbare Wundertaten geschehen. Diese Forderung ist jedoch unangemessen. Denn ein solcher Beweis könnte nur dann erbracht werden, wenn Gott im Sinne des magischen Denkens durch den Menschen beherrschbar wäre, wenn es sich also letzten Endes um einen unfreien, vom Menschen her instrumentell einsetzbaren Gott handelte[146].

Versucht man eine positive Klärung, so bietet sich vor allem folgende Überlegung an: Falls Gott der Überzeugung vieler Menschen, insbesondere im Bereich der jüdisch-christlichen Überlieferung, entsprechend keine unpersönliche Macht, sondern ein personaler Gott ist, dann kann er zumindest in dieser ihm wesentlichen Personalität mit objektivierenden oder experimentellen Verfahren grundsätzlich nicht nachgewiesen werden. Wie bereits dargelegt wurde, sind alle personalen Realitäten einem objektivierenden wissenschaftlichen Beweisverfahren unzugänglich. Schon die Liebe eines Menschen ist jemandem, der sich ihr verschließt und Beweise fordert, nicht faßbar. Dies gilt sicher in noch höherem Maße von Gott und seiner Liebe. Daher kann ein angemessener, auf das Wesen Gottes ausgerichteter „Gottesbeweis" letztlich nur dadurch erfolgen, daß Gott selbst sich dem Menschen personal zuwendet und der Mensch sich Gott öffnet. Nur so kann der Mensch höchste personale Sicherheit bzw. Verläßlichkeit und in diesem Sinne einen Gottesbeweis erfahren.

Hält man sich diese Grundwahrheit vor Augen, so gewinnen auch die klassischen Gottesbeweise, die zumindest ihrem aristotelischen Ursprung entsprechend nicht auf die wesenhafte Personalität Gottes abzielen, erneut eine zumindest relative Bedeutung. Wie dargelegt wurde, sind sie ja durchaus schlüssig, allerdings unter der einen Voraussetzung, daß der Mensch nicht bereits eine negative Vorentscheidung zum gesamten Dasein gefällt hat, indem er dessen Absurdität oder grundsätzliche Unerreichbarkeit für die menschliche Vernunft proklamiert. Folglich beruht die Patt-Situation, die im Bewußtsein vieler seit Kant besteht, entgegen erstem Anschein nicht darauf, daß sich Argumente und Gegenargumente die Waage halten, sondern eher darauf, daß es Menschen gibt, die eine Vorentscheidung gefällt haben, die einer personalen Verweigerung analog ist und alles positive Argumentieren ausschließt.

So zeigen diese Überlegungen insgesamt, daß die Frage nach Gott legitimerweise auch eine philosophische Frage ist. Allerdings ist eine rein philosophische Antwort nur unter der Voraussetzung eines Urvertrauens zur Gesamtwirklichkeit möglich und kann auch dann die wesenhafte Personalität Gottes nicht erreichen. Um so dringender stellt sich die Frage nach dem Verhältnis von Philosophie und Offenbarung. Denn die Offenbarung tritt mit dem Auspruch auf, glaubwürdiges Zeugnis von einer Kundgabe Gottes zu geben, die zu personaler Antwort auffordert.

Allerdings dürfen bei derartigen Überlegungen Philosophie und Offenbarung nicht miteinander verwechselt und durcheinander gebracht werden. Aufeinander bezogen sind sie freilich schon immer[147]. Philosophie ist eine Anstrengung des menschlichen Denkens; sie ist die Art und Weise, wie der Mensch mit seiner Vernunft die Welt und sein eigenes Dasein zu deuten versucht. Sie beginnt jedoch nicht bei einem Nullpunkt. Vielmehr handelt es sich, wie dargelegt wurde, „stets um ein Nachdenken über ein bereits gedeutetes menschliches Dasein, über eine bereits vorgegebene Gesellschaft und über eine bereits interpretierte Welt“[148]. Diese Feststellung gilt nicht nur für den Beginn der Philosophie in Griechenland, die sich in Auseinandersetzung mit dem überlieferten Götterglauben vollzieht, sondern es gilt ebenso für jede andere Zeit und demzufolge auch für unsere gegenwärtige Situation.

Unsere Situation ist allerdings dadurch kompliziert, daß es miteinander konkurrierende Daseinsdeutungen gibt, die nicht nur im Inhalt, sondern auch in der Art, wie sie gewonnen werden, deutlich voneinander abweichen. Wie aus den bisherigen Überlegungen hervorgeht, gibt es Weltdeutungen, die sich allein auf die Wissenschaften berufen. Zu ihnen zählt einerseits eine auf den Positivismus aufbauende mehr oder weniger materialistische Deutung der Welt, zum anderen die sich ebenfalls auf die Wissenschaften berufende marxistische Lehre des

Dialektischen Materialismus und schließlich auch rassistische Ideologien, die sich auf den Sozialdarwinismus stützen und ebenfalls als wissenschaftlich betrachten[149]. Eine weitere Gruppe von Weltdeutungen beruft sich auf philosophische Überlegungen oder allgemein menschliche Einsichten. Zu ihnen zählen vor allem die verschiedenen Richtungen des Existenzialismus, aber im weiteren Sinne auch die Anthroposophie, wie sie vor allem von Rudolf Steiner entwickelt worden ist. Dazu kommen schließlich als dritte Gruppe von Welt- und Daseinsdeutungen die Religionen des Judentums, des Christentums und des Islam, die sich auf eine Offenbarung Gottes in der Geschichte zurückführen.

Die wissenschaftlichen Weltdeutungen und die philosophischen Grundüberzeugungen der Gegenwart wurden in die bisherigen Überlegungen, wenn es jeweils anstand, einbezogen. Nunmehr soll die philosophische Bedeutung der Offenbarungsreligionen gekennzeichnet werden. Dabei konzentrieren sich die Überlegungen auf das Christentum, da die meisten Leser dieses Taschenbuches vermutlich christlichen Kirchen und Glaubensgemeinschaften angehören. Neben wissenschaftlichen Auffassungen sind es vor allem mehr oder weniger klare christliche Grundüberzeugungen, durch welche das vorphilosophische Weltverständnis der meisten Menschen unseres Landes geprägt wird.

Nach der Grundüberzeugung der Christen hat sich Gott in der Geschichte geoffenbart. Diese Offenbarung Gottes konzentrierte sich zunächst auf das jüdische Volk. Daher ist das Alte Testament nicht nur für die Juden, sondern auch für die Christen „Heilige Schrift" und dadurch von anderen historischen Dokumenten qualitativ unterschieden. Höhepunkt der Offenbarung ist nach christlicher Überzeugung der Eintritt Gottes selbst in die Geschichte[150]. Da Gott in Jesus Christus Mensch wird, kann seine Offenbarung schlechthin nicht mehr übertroffen werden. Hierin unterscheidet sich das Christentum vom Islam, der Jesus zwar als Propheten und künftigen Richter anerkennt, jedoch lehrt, daß die Offenbarung ihren Höhepunkt erst in Mohammed finde, der in dieser Religion als *der* Prophet schlechthin gilt.

Offenbarung ist nach christlichem Verständnis primär Selbstoffenbarung des personalen Gottes, der sich zunächst im Alten Testament seinem Volke als „der, der da ist“ bekundet, und der sich schließlich im Neuen Testament als der eine und doch Dreipersonale offenbart. Obgleich es also primär um eine personale Offenbarung Gottes selbst geht, gibt diese Offenbarung zugleich Hinweise auf ein angemessenes Verständnis von Mensch und Welt.

Zumindest in diesem Bereich überschneidet sie sich demzufolge mit Aussagen von Wissenschaft und Philosophie, so daß sie auch unter diesem Gesichtspunkt nochmals die Frage nach dem Verhältnis zueinander stellt. Die Wahrheit der Offenbarung und die Wahrheit der Philosophie können zumindest nicht in unaufhebbarem Widerspruch zueinander stehen.

Diese Konformität zwischen philosophischer und theologischer Wahrheitsfrage war nach der Überzeugung Max Horkheimers die Stärke der Hochscholastik, die „zwischen theologischem und säkularem Wissen keinen Widerspruch gekannt“ habe, wenngleich sie einige „wenige der höchsten christlichen Wahrheiten allein dem übernatürlichen Licht zugeschrieben“ und damit die Unmöglichkeit ihrer Erfassung durch die rein natürliche menschliche Vernunft begründet habe[151]. Insgesamt habe man jedoch damals „ein Bild des Universums“ besessen, „in dem göttliche und irdische Wissenschaft, göttliches und irdisches Gesetz vereinigt waren“[152]. Mit dieser Auffassung stimmt auch Theodor W. Adorno überein, indem er versichert: „Die große Scholastik, vorab die Summen des Thomas, hatten ihre Kraft und Würde daran, daß sie, ohne den Begriff der Vernunft zu verabsolutieren, nirgends ihn verfemten ... Die thomistische Lehre reflektierte nicht bloß die ... Ordnung ihrer Epoche, sondern entsprach auch deren fortschrittlichstem wissenschaftlichen Stand.“[153]

Es war eine der Grundüberzeugungen der Scholastik, daß die recht angewandte philosophische Vernunft über Welt und Mensch und weithin auch über Gott die gleiche Wahrheit erkennen könne, die Gott durch seine Kundgaben im Alten und Neuen Testament geoffenbart hat. Die Einheit zwischen philosophischer und theologischer Erkenntnis wurde dieser Überzeugung entsprechend durch die Einheit der Wahrheit garantiert[154]. Verschieden war jedoch der Weg, auf dem Philosophie und Theologie zu einer Erkenntnis der Wahrheit gelangten. Allerdings war man davon überzeugt, daß die geoffenbarte Wahrheit die philosophisch-wissenschaftliche Erkenntnis fördere. „Credo, ut intellegam" lautete die Parole.

Auf viele heutige Menschen wirkt diese Formel „ich glaube, damit ich begreife" wie eine unredliche Mogelei. Dieser Verdacht mag zwar in bestimmten Fällen zutreffen, trifft jedoch insgesamt den Kern der damit ausgesprochenen Grundüberzeugung nicht. Schon früh hat die christliche Tradition zum besseren Verständnis der Notwendigkeit einer geistigen „Erleuchtung" darauf hingewiesen, daß es auch zur sinnlichen Wahrnehmung nicht nur der Augen und der Gegenstände, sondern zudem der Erhellung des Raumes durch das Licht bedürfe und daß man in einem verhältnismäßig dunklem Raum die einzelnen Gegenstände leichter erkennt, wenn man den gesamten Raum zunächst einmal bei vollem Licht betrachtet hat. Offensichtlich ist der Schwierigkeitsgrad beim nachvollziehenden Erkennen grundsätzlich geringer als bei primärer eigener Erkenntnis. Es ist, um ein Beispiel zu nennen, bedeutend einfacher, ein fremdsprachiges Schriftstück, das einem vorübersetzt wird, nachvollziehend zu verstehen, als das gleiche Schriftstück selbständig richtig zu erfassen. Die Formel „Credo, ut intellegam" ist also durchaus eine angemessene Formel, sofern sie nur redlich gehandhabt wird.

Horkheimer und Adorno billigen der Scholastik zu, auf diese Weise zu einem dem damaligen Erkenntnisstand entsprechend angemessenen Verständnis von Gott, Mensch und Welt gekommen zu sein. Im Gegensatz dazu werfen sie dem heutigen Christentum Irrationalismus vor. Er komme „zum Ausdruck in der zentralen Stellung des Begriffs der religiösen Paradoxie"[155]. Adorno nennt in diesem Zusammenhang insbesondere die dialektische Theologie. Seit dem Zeitalter des Nominalismus, zumal bei Luther, sei die Theologie dazu übergegangen, den Begriff der Vernunft zu verfemen. In sachlicher Übereinstimmung mit diesen Äußerungen Adornos erklärt Horkheimer, im Christentum nach Luther stehe „die der Bibel eigene Weltansicht neben den ihr widersprechenden neuen wissenschaftlichen Ansichten, unvermittelt durch Philosophie“[156].

Nach der Auffassung dieser beiden modernen Philosophen kommt also der Philosophie legitimerweise die Aufgabe zu, zwischen der Offenbarung und dem jeweiligen Stand der wissenschaftlichen Forschung zu vermitteln. Diese Vermittlung darf freilich nicht verwechselt werden mit Kompromissen in der Wahrheitsfrage. Es bleibt der Philosophie vielmehr wie eh und je unerbittlich aufgetragen, ihre Vermittlung im Angesichte des Ernstes der Frage nach Wahrheit zu versuchen. Ob eine solche Vermittlung heute möglich ist und wie sie aussehen könnte, wird dementsprechend in den folgenden Kapiteln zu prüfen sein.

2. Philosophie als Mittlerin zwischen Theologie und Wissenschaft

Wie im vorigen Kapitel bemerkt wurde, steht nach der Überzeugung Max Horkheimers in der Neuzeit „die der Bibel eigene Weltansicht neben den ihr widersprechenden neuen wissenschaftlichen Ansichten, unvermittelt durch Philosophie“[157]. Diese Feststellung traf Horkheimer trotz zahlreicher Gespräche zwischen Vertretern der Theologie und der modernen Wissenschaften, an deren Ende zumeist versichert wurde, daß unaufhebbare Widersprüche nicht bestünden. Horkheimer hält diese Feststellung für problematisch. Nach seiner Überzeugung ist die ursprünglich engagierte Kritik der Aufklärung an der Religion umgeschlagen „in jene Gleichgültigkeit, die mit dem Namen Toleranz sich ein Mäntelchen von Humanität umhängte“[158]. Entschiedenes und ernsthaftes Ringen um verbindliche Wahrheit sei erlahmt.

Im gleichen Sinne stellt Adorno fest: „Warum einer den Glauben annehmen soll und nicht einen anderen, dafür ist dem Bewußtsein heute kein anderer Rechtsgrund mehr gegeben, als einzig sein eigenes Bedürfnis, das Wahrheit nicht verbürgt.“[159] Obgleich „die Zumutung der Offenbarungsreligion ans Bewußtsein seit der Aufklärung nicht zurückgegangen, sondern ins Ungemessene gestiegen“ sei, errege sich kaum noch jemand darüber, da man Offenbarungsreligion und Erkenntnis „überhaupt nicht mehr zusammenbringen kann“[160].

Nach der Überzeugung Horkheimers steht die Gleichgültigkeit gegenüber der Wahrheitsfrage in Zusammenhang mit der Verdrängung der Frage nach Gott durch den wissenschaftlichen Positivismus, der das menschliche Denken auf rein Weltimmanentes programmiert und alles weitere Fragen für unsinnig erklärt. Als Motiv dieser Ablehnung uralten philosophischen Fragens vermuten Horkheimer und Adorno die Existenzfurcht des modernen Menschen. Da sie ihn nicht losläßt, suche er sie zu verdrängen und glaube, ihrer dann „ledig zu sein, wenn es nichts Unbekanntes mehr gibt“[161]. Hinter der wissenschaftlichen Aufklärung mit ihrem Programm der Lösung aller Welträtsel stehe letztlich „die radikal gewordene mythische Angst. Die reine Immanenz des Positivismus, ihr letztes Produkt, ist nichts anderes als ein gleichsam universales Tabu. Es darf überhaupt nichts mehr draußen sein, weil die bloße Vorstellung des draußen die eigentliche Quelle der Angst ist.“[162]

Die Redlichkeit modernen Philosophierens hat sich nicht zuletzt darin zu bewähren, daß es dem universalen Tabu der reinen Immanenz des Positivismus die Anerkennung versagt, indem es seine Frageverbote durchbricht. Damit begibt sie sich freilich – so paradox das erscheinen mag – in Gegensatz nicht nur zum herrschenden wissenschaftlich-technischen Denken, sondern auch zu breiten Strömungen der christlichen Theologie. Der Sog positivistisch weltimmanenten Denkens hat sich nicht zuletzt darin als geradezu unwiderstehlich erwiesen, daß er auch in jene Disziplin eingebrochen ist, deren ursprüngliche Voraussetzung gerade Anerkennung der Transzendenz war[163].

Die urchristliche Überzeugung, daß sich die Verehrung Gottes und die Liebe zu ihm nicht zuletzt auch im Handeln des Menschen, in den „Früchten“, die der gute Baum bringt, oder auch in den „guten Werken“ zu bewähren habe, wurde Ansatzpunkt für eine radikale Schwergewichtsverlagerung: Die immanenten registrierbaren Konsequenzen des Glaubens erschienen nunmehr als das A und O, während die Notwendigkeit des Glaubens an geoffenbarte Wahrheiten, die Notwendigkeit der Teilhabe am sakramentalen Leben und die Notwendigkeit der liebenden Verehrung und Anbetung des Dreifaltigen Gottes, deren Ernsthaftigkeit und Qualität sich ohnehin der Nachprüfbarkeit entzogen, undiskutiert blieben oder für irrelevant erklärt wurden. Die weithin bekannte, die ureigene und unabhängige Realität Gottes ignorierende Formel, wonach Gott eine „Chiffre für Mitmenschlichkeit" sei, dokumentiert eindrucksvoll diese Akzentverschiebung. Aktualisierung der Mitmenschlichkeit, worauf das Gebot der Gottes- und Nächstenliebe programmiert wurde, galten nunmehr als einzig relevantes Kriterium der Christlichkeit. Diese Akzentuierung eröffnete auch neue Möglichkeiten des Zusammenwirkens zwischen „allen Menschen guten Willens". Man betonte die Notwendigkeit gemeinsamen Einsatzes für eine allseitige Humanität, die man durchaus verschieden begründen könne, ohne ihre Qualität und Substanz wesentlich zu beeinträchtigen.

Eine solche Harmonisierung erscheint um so erfolgversprechender, da sich die auch im christlichen Bereich weithin herrschende Ethik als teleologische Ethik versteht, die sich nicht primär an bestimmte „von oben" gegebene Gebote und Vorschriften gebunden fühlt, sondern den Menschen ermächtigt, jeweils in eigener Verantwortung zu bedenken, welche Folgen aus seinen konkreten Entscheidungen und Handlungen entstehen[164]. Die Absage an die Erfüllung vorgegebener Gebote wird zumeist mit konkreten Erfahrungen begründet. Oft wird eine Situation aus der Zeit des Dritten Reiches angeführt: Jemand hat einem Juden Unterschlupf gewährt. Einige SS-Leute erscheinen an der Haustür mit der Frage: „Ist hier ein Jude versteckt?" In diesem Falle sei es für den Gefragten ethisch geboten, mit einem der Wahrheit widersprechenden „Nein!" zu antworten. Es gehe also nicht darum, stur ein Gebot zu befolgen und nicht zu lügen, sondern sich situationsgerecht zu verhalten.

So eindrucksvoll dieses Beispiel für den ersten Augenblick

sein mag, so unzureichend ist es, um eine teleologische Ethik zu begründen. Denn bei diesem Beispiel handelt es sich um eine besondere Situation, bei der zwei ethische Weisungen in einem unaufhebbaren Konflikt miteinander stehen: Einerseits die Forderung, nicht zu lügen, und andererseits die Forderung, seinen Nächsten ungerechter Gewalt nicht preiszugeben. Vergleichbare Konfliktsituationen können in nahezu allen Bereichen auftreten. So kann ein Arzt unversehens vor der Alternative stehen, entweder das Leben einer Mutter oder das ihres Kindes zu retten. Solche Konflikte sind gerade deshalb nicht schematisch lösbar, weil in ihnen Gebote und ethische Forderungen nicht außer Kraft gesetzt werden. Daher kann nur im konkreten Falle unter Berücksichtigung der jeweiligen Gesamtlage von den in der Situation Stehenden so oder so entschieden werden. Es gehört zu den Irrwegen der klassischen Kasuistik, daß sie – analog dem begrifflichen Denken insgesamt – der Wirklichkeit Gewalt antat, indem sie ein Schema zu entwickeln suchte, in dem grundsätzlich jede Situation als „Fall“ untergebracht werden konnte.

In unserer Zeit gilt es als schick, sich über diese Kasuistik vergangener Jahrhunderte zu amüsieren, gleichzeitig jedoch werden Konfliktsituationen wie die oben erwähnte benutzt, bzw. unkritisch extrapoliert, um daraus allgemeine Grundsätze einer teleologischen Ethik zu rechtfertigen. Um die Problematik solcher Verfahrensweisen zu kennzeichnen, seien im Hinblick auf eine allgemeine Rechtfertigung situationsgerechten Lügens nur zwei Überlegungen angeführt:

1. Das hervorragende Medium menschlicher Verständigung und Kooperation ist die Sprache. Diese ist jedoch nur solange brauchbar, wie jedermann davon ausgehen kann, daß der andere auch meint, was er sagt. Voraussetzung für unsere Kommunikation durch Sprache ist ein Vorschuß an Vertrauen darauf, daß der jeweils Sprechende uns nicht anlügt. Ohne diesen personalen Vertrauensvorschuß wird jede Sprache als Kommunikationsmittel unsinnig und wertlos. Sogar die Lüge lebt davon, daß die Ehrlichkeit in der Sprache Vorrang hat und daß alles, was gesagt wird, von jedermann in erster Linie auch so gemeint ist. Daher ist jede

Lüge ein Mißbrauch des Vertrauensvorschusses und verletzt eine zentrale Wurzel des Verhältnisses aller Menschen zueinander. In der jüdisch-christlichen Überlieferung wird der Böse daher als „Vater der Lüge“ bezeichnet und der Sündenfall des Menschen wird durch eine Lüge eingeleitet. Sogar Menschen, die sich von der übrigen Gesellschaft distanziert haben und aus ihr ausgestoßen sind – etwa Terroristen – setzen im sprachlichen Umgang miteinander sowohl personale Zuverlässigkeit als auch Offenheit und Ehrlichkeit voraus. Falls sie mit Vertretern der von ihnen bekämpften Gesellschaft in Kommunikation treten, sind sie sogar hierbei auf ein Minimum an Vertrauen auf die Verläßlichkeit von Mitteilungen und Abmachungen angewiesen. Erst wenn gegenseitig nur noch Mißtrauen in jede Äußerung gesetzt wird, sind alle Brücken abgebrochen. Gerade solche Situationen zeigen, wie notwendig es ist, daß es zumindest bestimmte Personengruppen gibt, auf deren Wort sich jeder – auch der Verbrecher – unbedingt verlassen kann. Bezeichnenderweise sind in den letzten Jahren bei Entführungen und in anderen vergleichbaren Situationen als Vermittler immer wieder Exponenten der christlichen Kirchen eingeschaltet worden, denen man von allen Seiten eine derartige Glaubwürdigkeit zuerkannte. Wo es keinerlei Vertrauen in das gegebene Wort mehr gibt, ist z.B. jede Zusicherung freien Abzugs für einen Geiselnehmer wertlos.

2. Jede reine Verantwortungsethik, die den sittlichen Charakter einer Handlungsweise ausschließlich an ihren guten oder üblen Folgen mißt, führt ihrerseits zu unbeabsichtigten Nebenwirkungen. Sie überfordert den Menschen grundsätzlich, da es ihm in der je gegenwärtigen komplexen Geschichtssituation nie möglich ist, alle Folgen bestimmter Entscheidungen auch nur einigermaßen vorauszusehen, geschweige denn gegeneinander abzuwägen. Wie die Erfahrung zeigt, begünstigt diese Überforderung zumeist eine opportunistische und anpassungswillige Haltung, weil der Handelnde sich faktisch an einer vereinfachten Globalbeschreibung der Situation und der voraussehbaren Folgen orientieren muß, deren Akzentuierung weitgehend seinem

eigenen Ermessen anheimgegeben ist. So kann sich bezeichnenderweise mit Hilfe einer teleologischen, d. h. einer allein an den voraussehbaren Folgen des eigenen Handelns orientierten Ethik jeder Handlanger und Mitläufer unmenschlicher Systeme rechtfertigen, indem er sich und anderen vormacht, daß sein systemkonformes Verhalten dazu beigetragen habe, noch Ärgeres zu verhüten. Das gilt nicht nur für die Übernahme von Posten, die angeblich sonst „ein viel Schlimmerer" bekommen hätte, sondern sogar für die unmittelbare Teilnahme an Untaten und Verbrechen. Bei einschlägigen Prozessen haben sich Täter zuweilen damit „gerechtfertigt", daß eine persönliche Weigerung die Verbrechen nicht verhindert, sondern allenfalls weitere Gewaltmaßnahmen – in diesem Falle gegen den Verweigerer – hervorgerufen hätte.

So zeigen diese Überlegungen insgesamt, daß die Abkoppelung der Ethik von vorgegebenen und nicht zur Disposition stehenden Geboten und Forderungen letzten Endes eine Unsicherheit im zwischenmenschlichen Bereich und die Auflösung jeder Verläßlichkeit bedeutet. In den komplexen Situationen, in denen Menschen jeweils aufeinander angewiesen sind, muß es zu einer völligen Verunsicherung führen, wenn das Gebot der Wahrhaftigkeit nicht als verpflichtend gilt und keine ethischen Normen mehr allgemein anerkannt sind, sondern jeder vom anderen weiß, daß dieser letztlich allein gemäß seiner eigenen Abschätzung der Folgen handeln wird. Es kann dann keiner mehr sicher sein, ob der andere es in der gegebenen Situation für ethisch geboten hält, seinen Partner zu täuschen, preiszugeben oder auszuschalten.

Man muß sich allerdings darüber im klaren sein, daß eine dem Menschen nicht verfügbare Ethik letzten Endes rein weltimmanent kaum begründet werden kann. Es sollte hellhörig machen, daß Max Horkheimer mit bemerkenswerter Eindeutigkeit erklärt: „Alle Versuche, die Moral anstatt durch den Hinblick auf ein Jenseits auf irdische Klugheit zu begründen ... beruhen auf harmonistischen Illusionen. Alles, was mit Moral zusammenhängt, geht letzten Endes auf Theologie zurück."[165]

Offensichtlich ist eine rein weltimmanente Moral letzten Endes schon deshalb unmöglich, weil beim Absehen von jeder Transzendenz der Mensch selbst zum höchsten Wesen wird. Diese Konsequenz hat auch Karl Marx klar ausgesprochen: „Die Kritik an der Religion endet mit der Lehre, daß der Mensch das höchste Wesen für den Menschen sei." Er hat diese Feststellung freilich sogleich verbunden „mit dem kategorischen Imperativ, alle Verhältnisse umzuwerfen, in denen der Mensch ein erniedrigtes und geknechtetes und verlassenes und verächtliches Wesen ist."[166]

Die erwartete positive Wirkung hat dieser Imperativ in den Ländern unter marxistischer Herrschaft freilich nicht gehabt. Offensichtlich bedeutet die Inanspruchnahme der Stelle Gottes für den Menschen eine Überforderung. Ihm ist alles erlaubt, was nach seiner Abschätzung zu einem „guten" Ergebnis führt. Er muß nach eigener Abschätzung über alles verfügen. Dabei hat er, da es nichts Höheres gibt, letzten Endes den eigenen Nutzen zum Richtmaß zu machen. Damit jedoch erhält der Mensch zwangsläufig eine Macht und eine Stellung in der Gesamtwirklichkeit, die einem unvollkommenen und endlichen Wesen nicht zukommt, so daß sich die Frage erhebt, ob diese Inanspruchnahme bereits selbst unmoralisch ist.

Die ungewollte Folge dieser Unangemessenheit ist eine in sich paradoxe „unmenschliche Humanität", die entschlossen und konsequent Gottes Rolle übernimmt. Während der ewige Gott jedoch nach Überzeugung der Offenbarung voll Erbarmen und Langmut ist und seine Sonne über Gerechte und Ungerechte aufgehen läßt, sucht der in seiner Rolle unter Zeitdruck und Erfolgszwang handelnde Mensch in einem ungeduldigen und daher erbarmungslosen Engagement möglichst umgehend alle Ungerechtigkeit auf der Erde radikal zu beseitigen. Gerade dadurch jedoch schlägt in ihrer eigenen Tendenz Humanität in Inhumanität um. Rigoroses Streben nach Gerechtigkeit führt zu totaler Herrschaft, die sich „nötigenfalls" auch des Terrors bedient[167].

Aber auch der Kampf gegen Leid wird gnadenlos, wo Leid unwiderruflich ist und daher nur durch die Beseitigung der Leidenden beendet werden kann. Perverse Humanität fordert

Euthanasie als „Gnadentod“ für alle, die von unheilbaren Krankheiten und Altersleiden erfaßt und gezeichnet sind. Da sie zu Menschen deklariert werden, die sich und ihrer Umgebung nur Last sind, erscheint ihre schmerzlose Beseitigung allseits wünschenswert, ja notwendig, um die Welt leidfreier und somit froher und „besser“ zu machen[168].

Mit ähnlichen Argumenten wird legale und hygienisch einwandfreie Abtreibung empfohlen, wo ein Kind mit gesundheitlichen Mängeln zu erwarten ist. Aber auch einem unerwünschten Kind könne nicht zugemutet werden, in eine Welt zu gelangen, in der es durch seine bloße Existenz Konfliktsituationen schaffe. Mit solchen und anderen humanitären Begründungen wurden allein in der Bundesrepublik in den letzten Jahren über eine Million Kinder vor ihrer Geburt beseitigt[169].

Der Anspruch, über Leben und Tod zu verfügen, beschränkt sich jedoch nicht auf Abtreibung und Euthanasie. In Retorten wird menschliches Leben ins Dasein gerufen, für wissenschaftliche Experimente verwendet und wieder abgetötet. Auch hierfür gibt es eine in sich stimmige Begründung teleologischer Ethik: Die Experimente dienen der medizinischen Forschung und stehen damit letztlich im Dienste helfender Humanität.

Nicht zuletzt zeigt sich die Selbstermächtigung des zum höchsten Wesen aufgestiegenen Menschen in der Verfügung über sein eigenes Leben. Der Selbstmord, der früher – sicher zuweilen allzu undifferenziert – als Verbrechen betrachtet wurde und daher kirchliches Begräbnis sowie Sozialansprüche ausschloß, wird nun – ebenso pauschal und undifferenziert – zum „Freitod“ umgemünzt. Jedem steht die negative Verfügung über sein Leben frei.

Wie aus Aufzeichnungen von Kindern und Jugendlichen hervorgeht, erheben diese zum Teil den Vorwurf, ungefragt in diese Welt gesetzt zu sein, und fühlen sich daher berechtigt, diese „Fremdentscheidung“ zu korrigieren. Eine solche Argumentation zeigt zugleich, daß die alte Grundüberzeugung der Menschheit, wonach es besser ist, zu sein als nicht zu sein, fragwürdig geworden ist. Dadurch wird das Verhältnis zwischen Kindern und Eltern grundlegend geändert: Anstelle der

Dankbarkeit gegenüber den Eltern tritt der Anspruch, daß die Eltern ihre Kinder, die sie ohne deren Einverständnis ins Leben gerufen haben, nunmehr wenigstens optimal versorgen.

Während derartige Auswirkungen atheistischer Humanität und teleologischer Ethik wenigstens von Teilen der Öffentlichkeit noch beachtet werden und Anlaß zum kritischen Nachdenken sind, haben sich in anderen Bereichen die Grundsätze dieser Humanität und Ethik unmerklich nahezu allgemeine Anerkennung verschafft. So betonen z. B. „weltliche“ und christliche Hilfsorganisationen in beachtenswerter Einhelligkeit, vor allem „Hilfe zur Selbsthilfe“ zu leisten. Von der frühen Christenheit wurde eine solche Akzentuierung bewußt abgelehnt. So wandte sich z. B. Lactantius gegen die „verständigen Lehren der Römer“ über die Schädlichkeit einer nicht umsichtigen Freigebigkeit. Er vermochte nicht anzuerkennen, daß man nur „geeigneten Leuten“ in ihrer Bedürftigkeit helfen solle, und fragte, was dann mit den ungeeigneten geschehen solle. Seine Antwort lautet: „Nein, eben den Ungeeigneten sollst du helfen, die ohne deine Hilfe untergehen müßten. Den Menschen mögen sie unnütz sein, Gott sind sie nützlich.“ [170] Diese Auffassung ist bei unverbildeten Vertretern christlicher Humanität auch heute noch wirksam. Wenn etwa Mutter Teresa mit ihren Schwestern in Indien Sterbende aufliest, um ihnen letzte Stunden menschenwürdigen Daseins zu geben, dann realisiert sie, was einst Lactantius forderte. Für auf Hilfe zur Selbsthilfe programmierte Vertreter rein weltimmanenter Humanität wäre es dagegen sinnvoller, Hilfe auf die zu konzentrieren, denen „tatsächlich noch geholfen werden kann“.

Angesichts der Ambivalenz atheistischer Humanität ist es eine problematische Ermächtigung, wenn sich Erich Fromm mit den Worten der Schlange „Ihr werdet sein wie Gott“ ermunternd an die Menschen unserer Tage wendet. In seiner atheistischen Interpretation des Alten Testaments, entspricht es durchaus dessen Intentionen, „daß der Mensch sich unabhängig gemacht hat und Gott nicht länger braucht“ [171]. Dabei empfindet er sich bezeichnenderweise als Vertreter eines „radikalen Humanismus“. Da er den Bogen der Vertreter dieses Humanismus von Albert Schweitzer bis zu Karl Marx spannt, drängt sich freilich die Frage auf, ob die breite Zustimmung, die er findet, mehr auf der Überzeugungskraft oder der schillernden und allseits gefälligen Unklarheit seiner Überlegungen beruht.

Im Gegensatz zu Erich Fromm drängen Denker wie Adorno und Horkheimer auf Klärung der Position und redliche Konsequenz. Sie lehnen Kompromisse, die auf Kosten der Wahrheit gehen, entschieden ab und wenden sich daher auch gegen herrschende Tendenzen heutiger Theologie. Auf unredliche Weise werde „jeder mögliche Konflikt mit Wissenschaft" vermieden[172]. Opportunistisch gebe man die überlieferten Dogmen preis: „Die Behauptung, daß Gott als Person, gar als Dreieinigkeit, wirklich existiert, von einem Jenseits ganz zu schweigen, gilt als bloßer Mythos ... Die Erzählungen der Bibel sind symbolisch. Wenn das Neue Testament ... erklärt, Gott war in Christus, und das Wort war, was Gott war, so bedeutet das nichts anderes, als daß Gott die letzte ‚Tiefe' unseres Seins, das Unbedingte im Bedingten ist. Das sogenannte Transzendente, Gott, die Liebe, wie immer man es nennen möge, ‚ist nicht draußen, es wird in, mit, unter dem Du aller endlichen Beziehungen als ihre letzte Tiefe, ihr Grund, ihre Bedeutung angetroffen'." [173] Kritisch bemerkt Horkheimer im unmittelbaren Anschluß an diese Kennzeichnung: „Wenn aber schon von letzter Tiefe die Rede ist, hat eher Schopenhauer recht, der sie in jedem Wesen als den Trieb der Selbsterhaltung, den Willen zum Dasein und Wohlsein denunzierte." [174]

All diese Überlegungen zeigen, daß die Philosophie nur dann die Chance hat, als Mittlerin zwischen Theologie und Wissenschaft anerkannt zu werden, wenn sie diesen Dienst mit höchster Unerschrockenheit und Redlichkeit übernimmt. Eine kurzschlüssige Harmonisierung von Wissenschaft und Glauben ist ihr ebenso verwehrt wie ein Friede, der durch Anpassung, durch Gesprächsunfähigkeit oder durch Verharmlosung der Position des anderen erkauft wird.

Zu der geforderten Redlichkeit gehört auch das Eingeständnis, daß eine Vermittlung zwischen Theologie und Wissenschaft jeweils eine zeitgebundene Anstrengung ist. Dies ist im Hinblick auf die Wissenschaft evident, da es sich bei ihr um eine bestimmte Art menschlicher Welterkenntnis handelt, die weiter vorangebracht werden kann und unter Umständen der Korrektur bedarf. Die Zeitgebundenheit jeder Vermittlung gilt jedoch auch im Hinblick auf die Theologie. Sowenig nach theologischer Überzeugung die Offenbarung, die uns in Jesus Christus, das heißt durch die Menschwerdung Gottes, zuteil geworden ist, der Korrektur bedarf oder überboten werden kann, so entschieden muß zugestanden werden, daß es Fortschritte in der theologischen Erkenntnis gibt. Hiervon zeugt auch das Neue Testament selbst. Jesus Christus betont bei der Verheißung des Heiligen Geistes, daß der Heilige Geist von dem Seinigen nehmen und verkünden werde: Der Heilige Geist vermittelt also keine neue Offenbarung, jedoch werden Jesu Jünger erst in seiner Kraft erfassen, was sie „jetzt" noch nicht aufzunehmen vermögen.

In diesem Sinne kann die Geschichte der Theologie auch als ein Prozeß fortschreitender Klärung betrachtet werden. Ein hervorragendes Beispiel dafür, daß eine zentrale Offenbarungswahrheit erst im nachhinein angemessen anerkannt und formuliert worden ist, ist die Lehre von der Dreifaltigkeit: Während sich im Neuen Testament selbst keine volle Klarheit darüber findet, ob man Jesus Christus als dem Vater wesensgleich oder dem Vater untergeordnet zu betrachten habe und in welchem Verhältnis der Heilige Geist zu Vater und Sohn steht, werden nach heftigen Auseinandersetzungen bei den Formulierungen der Konzilien des 4. und 5. Jahrhunderts Klärungen erreicht, die dann im Großen Glaubensbekenntnis festgehalten wurden.

Hieraus ergibt sich, daß die Vermittlung zwischen Theologie und Wissenschaften, die zu den Aufgaben der Philosophie gehört[175], angesichts der Fortschritte der wissenschaftlichen Erkenntnis und angesichts der weiteren Entwicklung der Theologie immer wieder neu erfolgen muß. Daher kann die gegenwärtige Aufgabe der Vermittlung nicht einfach in einer „Modernisierung" von früheren gelungenen Vermittlungsversuchen bestehen. Insofern haben Horkheimer und Adorno recht, wenn sie die Vermittlung der scholastischen Philosophie als eine gelungene, aber inzwischen nicht mehr überzeugende Vermittlung betrachten.

Wie eine Vermittlung zwischen heutiger wissenschaftlicher Erkenntnis und verantwortbarer Theologie aussehen könnte und sollte, kann in dieser Einführung in modernes Philosophieren nicht im einzelnen aufgewiesen werden[176]. Um jedoch zu zeigen, welche Ansatzpunkte es gibt, werden darüber im folgenden Kapitel einige grundsätzliche Hinweise gegeben.

3. Heutige Möglichkeiten einer Vermittlung

Die klassische Vermittlung zwischen Theologie und Wissenschaft durch die Scholastik war vor allem bezogen auf die Erkenntnisse der antiken Wissenschaften, insbesondere auf die Werke des Aristoteles. Das damals herrschende wissenschaftliche Weltbild unterschied sich vom heutigen nicht zuletzt dadurch, daß es am „Sein" ausgerichtet war. Der Gegensatz von Sein und Werden, der zunächst zu Auseinandersetzungen innerhalb der griechischen Philosophie geführt hatte, war durch Plato und Aristoteles zugunsten des Seins entschieden worden, als dessen höchste Form schließlich der göttliche, ewige, „unbewegte Beweger" betrachtet wurde. Dieser wurde von Thomas von Aquin weithin mit dem im Alten Testament geoffenbarten „Schöpfer Himmels und der Erde" gleichgesetzt.

Gegenüber diesem alten Vermittlungsversuch muß eine heutige Vermittlung davon ausgehen, daß die Vorstellung von einem Gegensatz zwischen Sein und Werden unserem wissenschaftlichen Weltbild nicht gerecht wird. Alle uns wissenschaftlich faßbare Wirklichkeit ist vielmehr ihrer eigenen Natur nach in ständiger Bewegung begriffen. Dies gilt für den gesamten Bereich der Materie von der Mikrophysik bis hin zur Expansion des Weltalls. Die Erscheinungen bzw. Gegenstände, die für den ersten Blick bzw. unserer Alltagserfahrung als „unbewegtes Sein" erscheinen, werden jeweils durch eine rhythmische Stabilisierung von Bewegungen, jedoch nicht durch deren Stillstand erreicht.

Dies gilt auf einer anderen Ebene auch für den gesamten Bereich des Lebendigen. Im Gegensatz zu Aristoteles, der der Auffassung war, daß die Arten ewig bleibend als die selben weiterbestehen und daß das einzelne Exemplar durch Fortpflanzung Anteil am Bleibenden und Ewigen habe, wissen wir heute, daß auch Arten zeitgebundene Stabilisierungen sind bzw. daß auch Arten entstehen und aussterben. Daher dürfen Stabilisierungen auf den verschiedenen Ebenen der Wirklichkeit weder als immer gleichbleibendes Sein und Wesen noch als ewig sich wiederholende Kreisläufe gedeutet werden, wie das von Aristoteles versucht worden ist[177].

Es gilt jedoch nicht nur, die neuen Erkenntnisse der Wissenschaften in eine moderne Vermittlung zwischen Theologie und Wissenschaft einzubeziehen, sondern es gilt ebenso, die Theologie angemessen weiterzudenken. Während die Scholastik den Versuch unternommen hat, die aristotelische Vorstellung von einem ewigen Sein und einem unbewegten Beweger mit dem Monotheismus des Alten Testamentes in Einklang zu bringen, stellt sich heute die Frage nach einer Theologie, die an der Personalität bzw. der Dreifaltigkeit Gottes orientiert ist[178]. Der klassischen Theologie wäre es freilich absurd erschienen, bei einer Vermittlung mit der Wissenschaft die Dreifaltigkeit einzubeziehen. Man betonte vielmehr, daß die Dreifaltigkeit ein göttliches Geheimnis sei, das der Mensch nur durch Offenbarung wissen könne und das demzufolge bei einem nicht auf Gläubige beschränkten Gespräch um ein angemessenes Welt- und Daseinsverständnis nicht eingebracht werden könne[179].

Diese Auffassung der überkommenen Theologie läßt jedoch den ihr grundsätzlich bekannten Unterschied zwischen primärem eigenem und nachvollziehendem Erkennen nicht zum Zuge kommen. Wie schon ausgeführt wurde, ist diese Differenz jedoch erheblich und beachtenswert. Es ist einfacher, ein fremdsprachiges Schriftstück, das einem vorübersetzt wird, nachvollziehend zu verstehen, als das gleiche Schriftstück selbständig richtig zu erfassen. Dementsprechend kann aus der Tatsache, daß die Dreifaltigkeit als ein göttliches Geheimnis betrachtet werden muß, das die Menschen von sich aus kaum entziffert hätten, nicht gefolgert werden, daß die innere Plausibilität eines trinitarischen Verständnisses von Gott, Mensch und Welt von einem Nicht-Christen nicht nachvollzogen werden könne.

Zur Verdeutlichung muß vorab bemerkt werden, daß es im Mittelalter zwei verschiedene Akzentuierungen der Lehre von der Person gab. Die herrschende scholastische Auffassung knüpft an den antiken Philosophen Boethius an, der die Person als naturae rationalis individua substantia, also als „unteilbares Selbstsein der Geist-Natur" bezeichnet hatte. Die Person wird in dieser Akzentuierung primär als eigenständiges Individuum gesehen, während die interpersonalen Beziehungen als etwas mehr Äußeres und Sekundäres erscheinen. Die andere Akzentuierung dagegen, die von Denkern wie Richard von St. Victor und Duns Scotus ausging, betont, daß es wesentlich zur Person selbst gehöre, auf andere Personen bezogen zu sein. Wie Thomas F. Torrance formuliert, haben „die Beziehungen zwischen den Personen ... in dieser Auffassung eine ontologische Bedeutung und sind eine wesentliche Komponente dessen, was die Person als Person ausmacht"[180].

Für die Richtigkeit dieser Auffassung spricht schon der in allen Sprachen gemeinsame Befund, daß nahezu alle zentralen personalen Begriffe die Bezogenheit der Person auf andere Personen einschließen. Das gilt ebenso für konkrete Bezeichnungen wie Vater, Mutter, Kind, Schwester, Bruder, Freund, Braut und dergleichen wie auch für abstrakte Begriffe wie Liebe, Treue, Verläßlichkeit, Dankbarkeit, Achtung, Ehrfurcht usw.

Inzwischen ist die Auffassung von der wesenhaften Bezogenheit der Person auf andere Personen für die menschliche Person durch die Ergebnisse der modernen Humanwissenschaften bestätigt worden. Wie bereits in anderem Zusammenhang bemerkt wurde, verkümmern oder sterben im Extremfall Kinder, die nur mit dem biologisch Notwendigen versorgt werden, jedoch keine personale Zuwendung erfahren. Beim erwachsenen Menschen sprechen wir vom „sozialen Tod", wenn die Aktualisierung der interpersonalen Beziehungen unter ein Minimum herabsinkt. Der Begriff des sozialen Todes signalisiert zugleich, daß die Beziehungen zu anderen Personen sich nicht in statischen Bezogenheiten – etwa darin, daß jemand faktisch einen Bruder oder eine Schwester hat – erschöpfen, sondern ständig neuer Aktualisierungen bedürfen.

Sofern man den analogen Gebrauch des gleichen Begriffs für die göttlichen Personen und für menschliche Personen nicht völlig herunterspielt und für belanglos erklärt, wird aus diesen Beobachtungen und Erfahrungen im menschlichen Bereich die Folgerung nahegelegt, daß ein personaler monistischer Gott ein Widerspruch in sich selbst wäre. Diese Folgerung gewinnt um so mehr Gewicht, da der Gott, von dem die Heiligen Schriften zeugen, im Gegensatz zum unbewegten Beweger des Aristoteles ein im höchsten Maße lebendiger Gott ist. Das bedeutet im Hinblick auf die Dreifaltigkeit, daß in ihr ein Höchstmaß immer neuer Aktualisierungen der interpersonalen Bezogenheiten angenommen werden muß. Daß es sich hierbei – unbeschadet der wesenhaften Einzigkeit und Einheit Gottes – um echte interpersonale Beziehungen handelt, wird in den Heiligen Schriften nicht zuletzt darin bezeugt, daß der Vater zum Sohne und der Sohn zum Vater „Du“ sagt und daß der Sohn vom Heiligen Geiste als „Er“ spricht[181].

Viele Erkenntnisse, die die Wissenschaften in den letzten Jahrzehnten gewonnen haben, lassen sich mit der Lehre von der Dreifaltigkeit Gottes in einer überraschend guten Weise zusammensehen. Dies gilt nicht nur von der Personalität des Menschen, der nach dem Bericht des Alten Testamentes nach dem Bilde Gottes als Mann und Frau geschaffen ist[182], sondern es gilt auch für die Strukturen der Welt insgesamt. Leider ist in Deutschland wenig bekannt, daß der Übergang von der deterministisch-mechanistischen Konzeption der klassischen Naturwissenschaften zur flexiblen Feldtheorie der modernen Physik nicht zuletzt im Hinblick auf die Trinitätslehre vollzogen worden ist[183].

Der in der theologischen Tradition des Richard von St. Viktor und Duns Scotus stehende schottische Physiker James Clerk Maxwell konnte sich angesichts der Einheit der Schöpfung nicht vorstellen, daß es im Gegensatz zum personalen Bereich angemessen sei, die einzelnen Teilchen der Materie so zu betrachten, als wenn sie isoliert ihren Eigenstand hätten und sich dann erst nachträglich in mechanische Beziehungen zueinander setzten. Wie die drei göttlichen Personen nicht als getrennte Individuen betrachtet werden dürfen, die nur durch äußere Beziehungen in einem starren System gegenseitiger Einwirkungen aufeinander stehen, so können nach der Überzeugung Maxwells auch die geschaffenen Dinge isoliert nicht angemessen verstanden werden. Daher war er im Gegensatz zu Newton der Auffassung, daß die Beziehungen zwischen den Teilchen der Materie Wesensmerkmale der Teilchen selbst seien. Diese Überzeugung war für ihn der wichtigste Impuls, seine Feldtheorie zu entwickeln, die nach dem Zeugnis Albert Einsteins als der bahnbrechende Durchbruch auf dem Wege von der klassischen zur modernen Naturwissenschaft betrachtet werden muß.

Die Forschungen der letzten Jahre haben die Grundüberzeugung, die zur Entwicklung der Feldtheorie führte, eindrucksvoll bestätigt. Der Physiker Heinz Bilz formuliert prägnant: „Elementarteilchen sind immer wechselwirkende Individuen, aber sie sind auch zugleich Individuen.“[184] Dies gilt auch für die kürzlich entdeckten sogenannten Quarks. Sie sind so eng aufeinander bezogen, daß es schlechthin nicht möglich ist, ein einzelnes von ihnen zu isolieren. Trotzdem bilden sie – in drei verschiedenen als „Farben“ bezeichneten Ausprägungen – eine je besondere in ihren Eigenschaften bestimmbare Einheit innerhalb eines größeren Ganzen.

Selbstverständlich dürfen solche Hinweise und Überlegungen nicht so gedeutet werden, als ob sich aus der Struktur der Welt ein Gottesbeweis im klassischen Sinn ableiten ließe. Sie sind jedoch durchaus geeignet, um zu zeigen, daß entgegen der These Max Horkheimers kein unvermittelbarer Widerspruch zwischen der der Bibel eigenen Weltansicht und der heutigen wissenschaftlichen Erkenntnis besteht, daß vielmehr eine Vermittlung zwischen Theologie und Wissenschaft möglich ist, sofern man die Ergebnisse der modernen Wissenschaften angemessen berücksichtigt und sich in der Theologie nicht auf eine zeitgebundene scholastische Position festlegt, die in der

Tat mit manchen heutigen Erkenntnissen schwer zu vereinbaren ist.

Eine solche Vermittlung ist um so naheliegender, da die Welt eine Reihe von Kennzeichen trägt, die als Hinweise auf eine Schöpfung aus Liebe gedeutet werden können. Wenn die Schöpfung das Werk eines monistischen Weltkonstrukteurs im Sinne des Deismus oder auch das Ergebnis unwandelbarer Naturgesetze wäre, dann müßte man vermuten, daß in ihr überall gleiche und symmetrische Gestaltungen anzutreffen seien. Es müßte eine absolute Determiniertheit und Berechenbarkeit vermutet werden, da solche Naturgesetze keine Ausnahmen kennen und da auch ein göttlicher Superkonstrukteur den Gang der Dinge mit absoluter Genauigkeit berechnet hätte. Es war also durchaus konsequent, daß antike Denker, die von einer absoluten Gesetzmäßigkeit überzeugt waren, den Kosmos in strengen mathematischen Formen um einen festen Mittelpunkt geordnet darstellten und daß für Deisten ein freies Wirken Gottes – man denke nur an die Auseinandersetzungen um die Möglichkeit von Wundern – mit einer in ihrem System unvorstellbaren „Durchbrechung von Naturgesetzen" gleichbedeutend gewesen wäre[185]. Falls es sich jedoch bei der Wirklichkeit um eine Schöpfung aus Liebe handelt, dann muß vermutet werden, daß sie völlig andere Grundprinzipien aufweist als eine raumsymbolische oder technische Konstruktion.

Zur Veranschaulichung kann in diesem Zusammenhang auf Krippen der Volkskunst hingewiesen werden. Hier gibt es Künstler, die mit einer geradezu unbegreiflichen Liebe und Geduld ganz Palästina und Umgebung zusammengebastelt und aufgebaut haben. Irgendwo, oft am Rande, steht dann auch der Stall von Bethlehem; und doch ist das Ganze um dieses Stalles bzw. um des Kindes willen, das dort geboren wurde, geschnitzt und hergerichtet. Heute lieben wir Krippendarstellungen, bei denen die Prioritäten klar erkennbar sind. Auch das mag seine Berechtigung haben. Wenn wir jedoch darüber jene andere Form „liebevoller" Krippendarstellung überlegen belächeln, dann zeigen wir nur, wie weit wir dem Geschehen entfremdet sind. Die alten Krippen der Volkskunst geben die reale Situation besser wieder: Weder in Rom, dem politischen

Zentrum der damaligen Welt, noch wenigstens in Jerusalem, der Hauptstadt der Juden, sondern in Bethlehem, das nicht einmal im Neuen Testament durchweg als Stadt, sondern auch als Dorf bezeichnet wird, wird Jesus Christus geboren. Die Hirten als einzige finden Ihn auf bloße Weisung hin, die Magier werden durch den Stern geführt; und auch der Betrachter solcher Krippen orientiert sich zumeist am Stern, um den Stall im Gewirr der Darstellung zu finden.

Hält man sich solche Gebilde vor Augen, wie sie eh und je entstehen, wenn Menschen etwas mit Liebe machen, dann ist es uns verwehrt, die Kleinheit der Erde oder ihre Randstellung im Milchstraßensystem als Argument dagegen aufzubieten, daß um dieses Planeten bzw. seiner „späten" Bewohner willen das Ganze geschaffen sein könne. Liebe mißt nicht nach Quantitäten. Ihre „Einfälle" sind zumeist überraschend und unberechenbar.

Auf eine Schöpfung aus Liebe deutet insbesondere auch die Ungleichheit und Einmaligkeit aller Dinge hin. Für Liebe bedeutet es Vollkommenheit, wenn es nichts absolut Gleiches gibt. Sie gestaltet alles „besonders" und wendet sich stets dem Einmaligen zu. Selbst bei Gebrauchsgegenständen sind uns nicht die die liebsten, bei denen ein Exemplar dem anderen völlig gleicht. Hierauf beruht die Hochschätzung der Handarbeit. Bei einem kostbaren Kaffeeservice oder wertvollen Gläsern entspricht zwar ein Teil harmonisch dem anderen, unterscheidet sich jedoch ebenso harmonisch von ihm. Schon Kinder behandeln Spielsachen, die sie in mehreren Exemplaren haben, zumeist nicht liebevoll. Bei manchen Völkern hat man in früheren Zeiten Zwillinge totgeschlagen, weil man sie irrtümlicherweise als völlig gleich und damit als Monstren betrachtete. Kein Mensch, der einen anderen liebt, wünscht sich zur Steigerung seiner Liebe diesen Geliebten in möglichst vielen Exemplaren. Liebe setzt die Einmaligkeit und damit auch Unvertauschbarkeit und Identifizierbarkeit des Geliebten voraus.

Zu der schon erstaunlichen Tatsache, daß es in der vorgefundenen Welt nur je Einmaliges gibt, kommt eine weitere, nicht minder beachtenswerte: Die jeweilige Individualität ist nicht nur eine Vorgegebenheit, sondern sie wird durch eine Komponente mitbestimmt, die der Eigeninitiative des betreffenden Individuums selbst entspringt. Insofern besteht eine enge Bezogenheit zwischen Individualität auf der einen und Indeterminiertheit bzw. Freiheit auf der anderen Seite. Dies gilt in besonders hohem Maße für den Menschen. Die personale Individualität eines konkreten Menschen ist weder durch Vererbung allein vorbestimmt noch durch das Milieu allein geprägt, noch auch die Resultante dieser beiden Komponenten, sondern diese Individualität ist wesentlich mitausgeprägt durch die Eigenaktivität des betreffenden Menschen in seinem gesamten Lebensvollzug selbst.

Nicht das gleiche, aber Analoges gilt für die jeweilige Individualität von Tieren und Pflanzen. Auch hier gibt es trotz vorgegebener biologischer Festlegungen und Verhaltensschemata keine absolute Determiniertheit, sondern eine Mitgestaltung der Individualität durch das Individuum selbst. Und wiederum in analoger Weise gilt dies sogar für den Bereich der unbelebten Materie. Wie neuere Forschungen festgestellt haben, beruhen zum Beispiel die Abweichungen realer Kristalle vom Idealtyp nicht allein auf Einflüssen durch äußere Bedingungen, sondern auch auf individuellen Eigenarten bzw. „Verhaltensweisen" der einzelnen Teilchen, wie etwa den je besonderen Atomschwingungen, d.h. auf der jeweils eigenen Art, in der sie trotz scheinbarer Starrheit die Lebendigkeit des Schöpfers bezeugen. Offenbar findet die personale Lebensfülle Gottes im materiellen Bereich analogen Ausdruck in immerwährender, jedoch der Zeitlichkeit unterworfener Bewegung.

Das alles bedeutet, daß die Freiheit des Menschen samt der Möglichkeit, selbst seine Individualität mitzuprägen, nicht wie ein Fremdkörper in einer ansonsten determinierten Welt steht, sondern daß sie ihr jeweiliges Analogon in allen Bereichen der Wirklichkeit hat, ja daß sie als die Krönung dessen erscheint, was in den anderen Bereichen der Wirklichkeit nur im Ansatz und in der Tendenz vorhanden ist. Eines der erstaunlichsten Geheimnisse der Schöpfung liegt darin, daß sie insgesamt Indeterminiertheit voraussetzt und auf Freiheit hin angelegt ist.

Diese Tendenz wird auch durch den Schöpfungsbericht des

Alten Testamentes angedeutet: Gott legt nach der Urschöpfung Himmels und der Erde die weiteren Gestaltungen nicht unmittelbar fest, sondern gibt auffordernde Impulse, die von Himmel und Erde positiv aufgenommen und beantwortet werden. Dies gilt schon von dem Spruch „Es werde Licht!“ und der Aufforderung „Es sammle sich das Wasser, das unter dem Himmel ist, zu einer Ansammlung, und es erscheine das trokkene Land!“ Diesen Worten folgt die Antwort: „Und es geschah so.“

Insbesondere schafft Gott nicht bestimmte Pflanzen und Tiere, sondern gibt allgemeine Aufforderungen: „Es lasse grünen die Erde Grünes, Kraut, das Samen bringt, und Fruchtbäume, die Früchte auf Erden tragen, in denen ihr Same ist!“ Oder: „Es sollen die Wasser wimmeln vom Gewimmel lebendiger Wesen, und Vögel sollen über die Erde am Firmament des Himmels hinfliegen!“ Oder auch: „Es bringe die Erde hervor lebendige Wesen nach ihren Arten: Vieh, Gewürm und Wild des Feldes nach ihren Arten!“ Auch hierbei wird die Antwort vom Anruf abgehoben, indem es jeweils heißt: „Und es geschah so.“ Angesichts dieser Struktur des Schöpfungsberichtes kann durchaus von einem dialogischen Geschehen gesprochen werden: Gott spricht – die Schöpfung antwortet.

Es bedarf kaum besonderer Hinweise, wie zwanglos dieser Bericht mit dem Stand unserer biologischen Erkenntnisse zu vereinbaren ist. Gottes Schöpfungsimpuls kann als der wissenschaftlich nicht faßbare Grund dafür betrachtet werden, daß eine immer größere Ausdifferenzierung des Lebendigen mit der Tendenz vom Niederen zum Höheren erfolgt, wobei die Art dieser Ausdifferenzierung im einzelnen nicht von vornherein festgelegt ist.

In diesem Zusammenhang ist auch beachtenswert, daß das Alte Testament die Erschaffung des Menschen deutlich von den übrigen Schöpfungsakten abhebt. Hält man sich vor Augen, daß der einzelne nur dann zum gesunden Menschen heranwachsen kann, wenn er personale Zuwendung von seiten der Eltern oder anderer Personen erfährt, so ist kaum vorstellbar, daß in der Gesamtentwicklung der Übergang von tierischen Primaten zu menschlichen Personen durch die gleichen allgemeinen Impulse erfolgte wie der Übergang von einer Tierart zu einer anderen. Vielmehr ist glaubhaft, daß erst eine besondere personale Zuwendung Gottes den Menschen zur Person werden ließ. Hieraus wird auch verständlich, daß sich der Mensch – im Gegensatz zum Tier – seit frühesten Zeiten in mannigfaltigen Kulten an ein göttliches Gegenüber wendet. Anscheinend liegt hierin auch eine wichtige Voraussetzung für das dem Menschen eigene Verhältnis zur Welt. Ein Wesen, das sich auf ein transzendentes Gegenüber bezogen weiß, sprengt dadurch zugleich die Umweltgebundenheit und tritt der Welt „frei" gegenüber. Auf diesen Zusammenhang wird auch in dem bildhaften Bericht des Alten Testaments hingewiesen. Hier ist es Gott selbst, der dem Menschen die Welt überantwortet und ihm damit eine Sonderstellung gegenüber allen anderen Lebewesen gibt.

Gewiß werden die einander folgenden Stufen der Schöpfung nicht zuletzt deshalb Geheimnis bleiben, weil es für uns Menschen kaum vorstellbar ist, daß die Allmacht eines Schöpfers sich gerade darin dokumentiert, daß er das von ihm Geschaffene Stufe um Stufe in immer größere Eigenständigkeit freigibt und selbst in ein dialogisches Verhältnis zu ihm tritt. Dennoch enthüllt sich diese Schöpfung in ihrer eigenen Plausibilität, wenn man den Dreifaltigen, d. h. lebendigen und dialogischen Gott als Schöpfer und die Liebe als sein Motiv ernst nimmt; denn Liebe ist dialogisch und wartet auf Antwort in Freiheit.

Wie das Alte Testament – bei allem legitimen Spielraum der Auslegung in Einzelheiten – klar erkennen läßt, geht Gott mit dieser relativen Freigabe seiner Schöpfung menschlich gesprochen ein Risiko ein. Insbesondere gilt dies für den Menschen, das einzige Geschöpf, das bewußt frei zu handeln vermag. Bezeichnenderweise sichert Gott den Baum der Erkenntnis in der bildhaften Geschichte vom Paradiese weder durch hohe Mauern noch durch Cherubinen mit Flammenschwertern gegen Adam und Eva vorsorglich ab. Vielmehr gibt er die weitere Geschichte zwar nicht völlig, aber weithin dem Risiko der freien Entscheidungen der neuen menschlichen Akteure anheim. Es bedarf kaum eines besonderen Hinweises, daß für den Menschen mit diesem Risiko auch die Möglichkeit des Bösen, des Scheiterns und des Leidens verbunden ist. Über dessen Bedeutung wird im folgenden Kapitel des näheren zu sprechen sein.

Vorerst sei unterstrichen, daß die Freiheit der Schöpfung offensichtlich ihre besondere Prägung darin hat, daß sie nicht in Art eines Ja-Nein-Schematismus auf Befehle Gottes nur positiv oder negativ reagiert, sondern daß ihr ein offener Spielraum für positive Antworten auf die in den Schöpfungsworten der Bibel formulierten Impulse Gottes gewährt ist. Wie der Schöpfungsbericht nahelegt, gilt dies offensichtlich schon für die vormenschliche Schöpfung. Dementsprechend sollte auch die Feststellung „Und Gott sah, daß es gut war" nicht allzu simpel als eine Selbstzufriedenheit eines als Werkmeister (miß)verstandenen Gottes mit seinem eigenen Werke interpretiert werden. Eine solche Interpretation setzt die Vorstellung voraus, daß ein Mißlingen von Gottes unmittelbarem Tun denkbar wäre. Tatsächlich jedoch kündet der Satz „Und Gott sah, daß es gut war" angesichts der dialogischen Struktur der Schöpfung die Freude Gottes darüber, daß sein jeweiliges Wort eine reiche und vielfältige Antwort von der in eine relative Freiheit gesetzten Schöpfung erhielt.

In diesem Zusammenhang sei daran erinnert, daß Liebe nicht nur deshalb Freiheit voraussetzt, weil erzwungene Liebe nichts bedeutet, sondern daß Freiheit auch deshalb zur Liebe gehört, weil Liebe zu immer neuen phantasievollen Aktualisierungen drängt. Es gehört zur Eigenart der Liebe, daß sie zwar verläßlich, aber nicht berechenbar ist, daß sie im Idealfalle zwar keine Enttäuschungen, jedoch Überraschungen kennt. Dies gilt bereits im zwischenmenschlichen Bereich; es gilt jedoch auch für die Liebe zu Gott. Liebe erschöpft sich nicht in einer – gewiß notwendigen – Grundsatzentscheidung, sondern bedarf darüber hinaus ständiger Aktualisierung. Bezeichnenderweise ist das Ja-Wort der Beginn, aber nicht der abschließende Ausdruck personaler Liebe.

Es kennzeichnet Aktualisierungen der Liebe im zwischenmenschlichen, aber auch im religiösen Bereich, daß sie einerseits durch eine Komponente vorhersagbarer Verläßlichkeit und andererseits durch eine Komponente unvorhersehbarer

Überraschungen gekennzeichnet sind. So gehören das „guten Morgen“ und „gute Nacht“ sowie das tägliche Gebet und der sonntägliche Gottesdienst zur ersten, das kleine Geschenk und die überraschende Umarmung sowie der spontane Lobpreis, das dankbare Anzünden einer Kerze oder der kurze Kirchenbesuch zur zweiten Komponente.

Hält man sich diese doppelte Eigenart der Liebe vor Augen, so zeigt sich auch, wie unbegründet die Sorge phantasieloser Christen ist, daß es bei Vollendung der Liebe im „Himmel“ auf Dauer langweilig werde. Es ist zwar niemand in der Lage, sich Ewigkeit vorzustellen. Sicher jedoch schließt auch in der Ewigkeit die Liebe schöpferische Aktualisierung ein. Es wird, um im biblischen Bilde zu sprechen, beim himmlischen Gastmahl nicht immer den gleichen Wein geben, sondern es ist eher wie eine Weinprobe, bei der immer wieder neue köstlichere Sorten eingeschenkt werden, ohne daß diese Steigerung jemals zum Ende käme. Denn nach den Verheißungen der Offenbarung bedeutet der Himmel ja Teilhabe an der ewigen Liebe des Dreifaltigen Gottes, die in lebendiger, immer neuer Aktualisierung die drei göttlichen Personen miteinander verbindet.

4. Leiden als philosophisches und theologisches Problem

Bei der Frage einer Vermittlung zwischen Wissenschaft und Theologie wurde die Frage des Leidens zurückgestellt. Denn bei ihr geht es weniger um eine Vermittlung als vielmehr um ein gemeinsames Grundproblem philosophischen und theologischen Nachdenkens. Die Frage nach Sinn oder Sinnlosigkeit des Leidens gehört zu den ältesten und nie verstummenden Fragen der Menschheit.

Wie schon festgestellt wurde, ist manchen Vertretern moderner Humanität das Leiden schlechthin unerträglich. Sie suchen es auch dann zu „überwinden“, wenn sie dieses Ziel nur durch Beseitigung der Leidenden selbst erreichen können. Zuweilen hat man von der Unerträglichkeit „sinnlosen Leidens“

gesprochen, womit man andeutete, daß es auch sinnvolles Leiden geben könne. In früheren Zeiten dachte man bei „sinnvollem Leiden" insbesondere an den Mann im Kriege und die Frau bei Schwangerschaft und Geburt. Der Tod auf dem Schlachtfeld und ein Sterben im Kindsbett wurden weithin als höchste Sinnerfüllung männlichen und fraulichen Lebens betrachtet.

Das heutige Zeitempfinden lehnt, sofern man öffentliche Meinungsäußerungen betrachtet, jede heroisierende Auffassung des Leidens ab. Die sogenannte Trivialliteratur sowie Teile des Film- und Fernsehangebots bieten freilich eine andere Einschätzung.

Weithin Einmütigkeit besteht in der Achtung, die man einem Flieger zollt, der sich nicht mit dem Schleudersitz rettet, sondern seine Maschine mit letzter Anstrengung über ein bewohntes Gebiet hinwegreißt, oder einer Frau, die jahrelang ihren behinderten Mann betreut, obgleich ihr „andere Möglichkeiten" offenstünden. Solche Beobachtungen zeigen, daß die Frage nach dem Leid auch heute nicht pauschal zu beantworten ist.

Zur Vermeidung möglicher Mißverständnisse muß zunächst zwischen Schmerzen und Leiden unterschieden werden. Schmerzen haben Mensch und Tier gemeinsam. Sie haben biologisch eine lebensdienliche Bedeutung: Sie weisen den Organismus auf Gefährdungen hin. Bezeichnenderweise erfolgen Reaktionen auf akuten Schmerz auch beim Menschen, der ansonsten zumeist bewußt handelt, in Form eines Reiz-Reaktions-Mechanismus: Wir ziehen die Hand „unwillkürlich" zurück, wenn wir im Dunkeln an einen spitzen Gegenstand stoßen oder ein heißes Rohr berühren. Auch bei Bewußtlosen erfolgen entsprechende Reaktionen auf Schmerzen. Bei Operationen erspart die Narkose durch Ausschaltung des Bewußtseins schmerzbedingtes Leiden, nicht jedoch die Schmerzen selbst.

Tiere haben nach dem Stand unserer Erkenntnisse kein Bewußtsein[186], auch hochentwickelte Arten allenfalls eine niedrige Vorstufe[187]. Daher werden Schmerzen – ähnlich wie bei bewußtlosen Menschen – zwar vom tierischen Organismus registriert und lösen entsprechende Reaktionen aus; sie verursachen jedoch keinen dem menschlichen Leiden vergleichbaren Bewußtseinszustand. Dementsprechend enthält das alte Sprichwort „Quäle nie ein Tier zum Scherz, denn es spürt wie du den Schmerz" war eine beherzigenswerte Mahnung, gibt dafür jedoch eine sachlich unzutreffende Begründung.

Von allen uns bekannten Wesen leidet unter Schmerzen nur der Mensch. Sofern er ihre Ursache nicht zu beseitigen vermag, sucht er die Schmerzen – zumeist durch Abkopplung vom Bewußtsein – zu lindern. Umgekehrt waren seit ältesten Zeiten planmäßig verursachte Schmerzen ein Mittel, anderen Leid anzutun. Bis in unsere Tage achten politische Systeme, die Folter einsetzen, planmäßig darauf, daß den Gefolterten das Bewußtsein nicht schwindet. Kulturen, in deren Rechtspflege der Gedanke der Vergeltung herrscht, verhängen zumeist schmerzvolle Strafen bis hin zu langwierigen und qualvollen Hinrichtungspraktiken.

Schmerzen sind jedoch nicht die einzige Quelle menschlicher Leiden. Es gibt auch das Leiden des Verlassenen, des Ausgestoßenen, des Verachteten, des Unverstandenen, des Entehrten, des Betrogenen sowie das des Unzufriedenen, des Gescheiterten, des Erfolglosen, des Bösen. Vieles Leid ist selbst verschuldet, vieles könnte vermieden oder behoben werden. Aber auch dann bliebe beträchtliches, nicht behebbares Leid.

Das unsägliche Leid, das auf Erden herrscht, gehört zu den ernstesten Argumenten für die Absurdität des menschlichen Daseins und gegen die christliche Botschaft. Max Horkheimer schreibt, „die Lehre der christlichen Religion, daß es einen allmächtigen und allgütigen Gott gibt", sei „angesichts des Leidens, das seit Jahrtausenden auf dieser Erde herrscht, kaum glaubhaft."[189]

Die Beendigung und Überwindung des Leidens gehört zu den ältesten und allgemeinsten Sehnsüchten der Menschheit. Angesichts des Leidens, das sich Menschen gegenseitig zufügen, ist diese Sehnsucht zumeist verbunden mit dem Gedanken einer allgemeinen Versöhnung und endgültigen Friedens, zum Teil allerdings auch mit dem Ruf nach Bestrafung aller, die anderen Böses angetan haben.

Im Gegensatz zur Frage nach dem Schmerz kann die Frage nach dem Leiden kaum mit einer lebensdienlichen Deutung beantwortet werden. Versuche hat es freilich gegeben: Leiden habe eine läuternde Wirkung. Es zwinge zum Nachdenken und führe zur Einsicht. Das Leiden erscheint also als pädagogischer Impuls, der den Menschen letztlich fördert und voranbringt.

Solche Argumente können jedoch bestenfalls einen Teil menschlichen Leidens erreichen. Zudem läßt sich schwer überprüfen, ob und wann derart heilsame pädagogische Wirkung eintritt. Gewiß sagt das Sprichwort: „Not lehrt beten!" Nicht zu Unrecht fügte jedoch jüngst ein Zeitgenosse diesem Spruch die Worte „und fluchen!" hinzu[189].

Nimmt man die erweiterte Formel „Not lehrt beten und fluchen!" an und stellt sich ihrer Herausforderung, so scheint Not und Leid den Menschen in besonderem Maße zur Entscheidung zu zwingen. Während er sonst ohne Beten und Fluchen auszukommen vermag, bedeuten Leid und Not einen Ernstfall eigener Art.

Tatsächlich sind Not und Leid und im Extremfall der Tod im Gefüge personaler Beziehungen ein Kriterium höchster Ernsthaftigkeit. Bezeichnenderweise beurteilen ältere Menschen die Liebe jüngerer Paare oft zurückhaltend mit der Begründung: „Die haben ja noch nichts durchgemacht!" Andererseits wird nach Schicksalsschlägen anerkannt: „Ist allerhand, daß die das durchgehalten haben!" Wie solche Redewendungen zeigen, bedeutet das Durchhalten in leidvollen Situationen offensichtlich eine besondere Bewährung, die mehr ist als eine bloße Absichts- oder Liebeserklärung.

Tatsächlich ist es ein Unterschied, ob ein Mensch einem anderen versichert: „Ich liebe dich und würde Leid und Not, ja sogar den Tod für dich auf mich nehmen", oder ob er wirklich in Leid und Not durchhält, oder gar für den anderen in den Tod geht. In diesem Sinne sind Leid, Not und im Extremfall der Tod der kritische Ernstfall für die Bewährung des Menschen, insbesondere für die Tiefe personaler Verläßlichkeit und Liebe.

Hieraus entsteht zwangsläufig ein merkwürdiges und ambivalentes Verhältnis Liebender zu Not und Tod. Selbstverständlich wünscht keiner sich selbst oder seinem Geliebten Leid und Tod. Dennoch möchte der Liebende die Ernsthaftigkeit seiner Liebe dokumentieren und sie in Not und Leid, ja selbst im Tode bewähren. Sofern er den Tod ernsthaft in diesen Willen einbezieht, wünscht er allerdings zumeist, im letzten Augenblick gerettet zu werden und dann die Bestätigung der Ernsthaftigkeit seiner Liebe durch den Geliebten zu erhalten.

Die damit gekennzeichnete Spannung zwischen dem Wunsch, glücklich – das heißt nicht zuletzt ohne Leid, Not und Tod – zu lieben, und dem Wunsch, die höchste Ernsthaftigkeit der Liebe zu erweisen, ist im menschlichen Erfahrungsbereich unaufhebbar. Sosehr ein Liebender bereit sein mag, sein Leben für den Geliebten hinzugeben, so umsichtig muß er gerade auch mit Rücksicht auf den Geliebten versuchen, den Tod zu vermeiden. Denn dieser ist nicht nur Bewährung der Liebe, sondern zugleich schmerzvolle Trennung.

In Märchen und Sagen wird diese Spannung dadurch gelöst, daß die Liebe zunächst ihre Ernsthaftigkeit erweist, am Ende jedoch einmündet in ungetrübtes Glück. Oft gehen die leidvollen Prüfungen bis an die Schwelle des Todes. Hin und wieder wird diese Schwelle sogar überschritten und der oder die bereits Tote durch Zauber oder gute Geister ins Leben zurückgerufen. Am Ende steht zumeist eine Hochzeitsfeier und in vielen Fällen die Schlußformel „und wenn sie nicht gestorben sind, dann leben sie heute noch“, mit der die unbegrenzte Dauer nunmehr glücklichen Lebens angedeutet wird.

Solche Überlegungen zeigen, daß Leid und Not nicht schlechthin mit Sinnlosigkeit und Unglück gleichgesetzt werden dürfen. Sie sind zugleich ein besonderer Fall menschlicher Bewährung, zumal dann, wenn sie auf jene letzte Grenzsituation hinweisen, der jeder Mensch entgegengeht: den Tod. Dies gilt insbesondere, wenn ein Mensch Not und Leid ohne Haß und ohne Resignation trägt, obgleich er die Möglichkeit hat, unter fragwürdigen Bedingungen auszuweichen: Wenn er Möglichkeiten eigener Entfaltung nicht nutzt, um bei Menschen auszuharren, die ohne diese Solidarität verzweifeln würden, wenn er auf Aufstieg verzichtet, weil dieser durch Anpassung an ein unvertretbares politisches System erkauft werden müßte, wenn er beim Versuch, anderen Hilfe und Rettung zu bringen, Arbeitskraft und Gesundheit verliert.

In solchen Fällen können – so paradox das dem weithin herrschenden eindimensionalen Denken erscheinen mag – Leid und Not zugleich Erfüllung und in diesem Sinne Glück bedeuten[190]. Es gibt ein Glück, das tiefer ist als die Not. Das gilt nicht nur für extreme Fälle, in denen ein Dahinsterbender ein Lächeln zeigt, weil er andere gerettet hat, sondern auch für viele Unbekannte, deren eintöniger und leidvoller Alltag seinen Sinn in dem Dienst hat, den er für andere bedeutet.

Frühere Zeiten neigten dazu, diesen Gesichtspunkt einseitig herauszustellen. Zuweilen diente der Hinweis, daß Leid und opfervoller Einsatz sinnvoll seien, dazu, eigensüchtige Ausbeutung zu verschleiern. Darum ist man gegenüber solchen Parolen mißtrauisch geworden und fordert für jeden Einsatz angemessene Gegenleistung. Dieser Forderung sollte niemand widersprechen, sofern sie sich gegen Übervorteilungen wendet und zum Beispiel auf gerechten Lohn in der Wirtschaft abzielt.

Insgesamt aber geht die Rechnung eines risikolosen und leidfreien Dienstes auf Gegenseitigkeit nicht auf. Insbesondere beim Pflegen, Sorgen, Helfen und Dienen ist es nicht Fortschritt, sondern Unangemessenheit, alles auf Gegenseitigkeit und Vergütung abzustellen. Liebe, Vertrauen und Achtung können nur bestehen, wo man auf gegenseitiges Aufrechnen verzichtet und sich auf das Risiko des Menschen einläßt. Wer Liebe, Vertrauen und Achtung aufzurechnen, zu garantieren und zu kontrollieren sucht, zerstört sie radikal. Risiko aber bedeutet auch die Möglichkeit des Scheiterns und Leidens.

Diese Grundwahrheit zeigt sich besonders in der personalen Urgemeinschaft von Ehe und Familie. Jede Ehe bedeutet ein Sich-Einlassen auf die unbekannte Zukunft des anderen, auf seine möglichen künftigen Krankheiten und Unfälle, Mißerfolge und Bosheiten, Lieblosigkeiten und Verzweiflungstaten. Das gleiche gilt im Hinblick auf jedes Kind mit seinen eigenen Hoffnungen und Befürchtungen. Wer hier alles auf Gegenseitigkeit und ohne Risiko abzuschätzen und aufzurechnen sucht, ist zu Väterlichkeit und Mütterlichkeit ungeeignet.

Aber auch die Kindlichkeit gründet in einer Haltung unabgesicherten Vertrauens.

Was für die Familie gilt, hat beispielhafte Bedeutung. Sofern unsere Gesellschaft menschlich sein will und sich der Mensch dem Menschen nicht verschließt, wird das Risiko von Enttäuschungen, Leid und Not bleiben. Hierzu gehört die Notwendigkeit, daß Menschen leidvoll verzichten und dienen und daß andere diesen Dienst dankbar annehmen, ohne ihn angemessen vergelten zu können. Unter den Bedingungen, unter denen wir Menschen in dieser Welt leben, wäre es eine Verarmung, wenn niemand mehr bereit wäre, Leid und Not mit anderen zu tragen, Leid und Not für andere auf sich zu nehmen und im Extremfall sich selbst für andere hinzugeben. Daher sind alle Parolen verhängnisvoll, die Dienst und Opfer pauschal disqualifizieren und obsolet zu machen trachten.

Personale Beziehungen wie Liebe, Vertrauen und Achtung verlieren ihre Ernsthaftigkeit und Würde, wenn sie aus dem Zusammenhang der Wechselfälle menschlichen Schicksals gelöst werden. Liebe ohne die Bereitschaft, sich auch unter Opfern und Leid zu realisieren, hat keinen Wert. Vertrauen, das dem anderen Opfer und Leid nicht zumutet, nimmt ihn nicht ernst. Achtung, zu der man sich bei Gefahr von Nachteilen nicht bekennt, verdient diese Bezeichnung nicht.

Daher wird man dem Menschen nicht gerecht, wenn man alle humanitären Bestrebungen einseitig darauf programmiert, Leid und Not durch Rechtsansprüche, medizinische Versorgung und andere planbaren Maßnahmen zu überwinden. Auf diese Weise lassen sich Not und Leid zwar vermindern, aber nicht beseitigen. Daher ist es eine nicht minder wichtige Aufgabe, den Menschen zu befähigen, Leid und Not durchzustehen und denen beizustehen, die sich in Leid und Not befinden.

Solche Hilfe ist freilich nur in beschränktem Maße organisierbar. Was an ihr organisierbar ist, muß notwendigerweise organisiert werden. Damit werden jedoch erst die Voraussetzungen für die eigentliche Hilfe geschaffen. Dabei besteht die Gefahr, daß die Prioritäten sich verschieben. So hat zum Beispiel in vielen Fällen das Programm einer optimalen Versorgung und Betreuung von Kranken und Hilfsbedürftigen faktisch zu deren Aussonderung und Absonderung geführt. Das gilt in extremem Maße für die Intensivstationen, aber auch für viele Krankenhäuser, Pflegeheime und Altenzentren.

Somit erweisen sich Leid und Not in zweifacher Hinsicht als Ernstfall der Liebe: einmal für die von Leid und Not unmittelbar Betroffenen, zum anderen in mannigfaltigen Abstufungen für alle; sie haben sich als Menschen zu bewähren. Für sie ist es nicht damit getan, die Kranken, Leidenden und Unglücklichen mit dem funktional Notwendigen zu versorgen, sondern sie haben ihnen vor allem den Beistand personaler Betreuung und Nähe zu leisten, den sie sich selbst in vergleichbaren Situationen erhoffen.

Nach christlicher Überzeugung findet sich der Zusammenhang zwischen Liebe und Leid auch auf höchster Stufe: in der Liebe Gottes zu den Menschen. Wie im vorigen Kapitel ausgeführt wurde, läßt sich Gottes Liebe auf das Risiko des Menschen ein. In ihrer höchsten Ernsthaftigkeit erweist sie sich darin, daß Gott selbst Mensch wird, sich den Menschen ausliefert und für sie Leid und Tod auf sich nimmt. Gewiß war Gottes Liebe jederzeit ernsthaft und glaubwürdig. In ihrer Fülle offenbar wurde sie jedoch erst, als die Menschen verloren waren und der Erlösung bedurften. Angesichts des Zusammenhangs zwischen der Erlösungsbedürftigkeit und der höchsten Dokumentation göttlicher Liebe spricht die alte Liturgie der Osternacht von der Erbschuld als einer „glücklichen Schuld, weil sie einen solchen Erlöser zu haben verdiente".

Innerhalb des christlichen Denkens könnte man im Vertrauen auf die Erlösung und die Heilszusage Gottes darüber hinaus die Frage stellen, ob die Erbschuld noch in einer weiteren Hinsicht als eine glückliche Schuld bezeichnet werden darf. Sie ist auch Voraussetzung dafür, daß sich die Liebe des Menschen zu Gott in einem höheren Grade von Ernsthaftigkeit erweisen kann als in einem paradiesischen Zustand vor dem Sündenfall.

Wie auch die Liturgie der Karwoche bezeugt, hat die Glückseligkeit, die uns nach dem Kreuz Jesu Christi und eigenem Leid zuteil wird, offensichtlich eine andere Qualität als das von keinem Leid berührte Glück des Paradieses. Daher wird das Leid durch die Auferstehung und die Vollendung der Schöpfung zwar überwunden, jedoch nicht annulliert: Die Wundmale am verklärten Leib Jesu Christi bezeugen bleibend die Liebe dessen, der sein Leben hingegeben hat. Und nicht zufällig tragen viele Heilige in den Darstellungen der Kunst die Instrumente bei sich, unter denen sie gelitten haben bzw. mit denen sie gequält worden sind.

Durch solche Überlegungen wird die Frage nach dem jeweils konkreten Leid nicht gelöst. Angesichts des schrecklichen und – soweit wir zu erkennen vermögen – weithin unverschuldeten menschlichen Leids, wäre es ein aussichtsloses Unterfangen, für den konkreten Fall jeweils eine „Erklärung" oder Tröstung zu suchen. Solche Bestrebungen geraten leicht in die Nähe der Sophistik. Sie gehen ins Leere.

Die Überlegungen zu Not, Leid und Tod insgesamt widersprechen jedoch der „Lösung" eines weltimmanenten Humanismus, Leid notfalls durch Beseitigung der Leidenden aus der Welt zu schaffen. Allerdings muß zugestanden werden: Falls es die Redlichkeit des Denkens erfordern würde, die Welt allein „von unten her" zu erklären, dann müßte die daraus folgende Absurdität des menschlichen Daseins ausgehalten werden. Der Mensch als Zufallsprodukt der Evolution und höchstes Wesen zugleich dürfte sein dann absurdes Dasein nach freiem Ermessen beenden oder auch das gesamte, in dieser Konzeption mißglückte „Unternehmen Menschheit" durch planvolle Selbst-Vernichtung abbrechen.

Eine nicht einseitig programmierte, sondern kritische philosophische Besinnung weist freilich eher in eine andere Richtung: Sie fordert den Menschen auf, über seine besondere Stellung in der Welt und im Reiche des Lebendigen nachzudenken. Dabei wird er, um eine Formulierung Max Horkheimers aufzugreifen, zu der Erkenntnis gedrängt, „daß die Welt Erscheinung ist, daß sie nicht die absolute Wahrheit, das Letzte" ist. Was aber ist das Letzte? Zu dieser Frage wird der Mensch auch heute genötigt, da er ohne ihre Beantwortung nicht sinnvoll zu leben vermag. Die Erfahrung zeigt jedoch, daß er offensichtlich von sich aus keine letztgültige Antwort geben kann.

Angesichts der Notwendigkeit, die Frage nach dem Sinn zu stellen, und der Unmöglichkeit, sie schlüssig zu beantworten, hat man nicht zu Unrecht formuliert, der Mensch sei auf eine Vorgabe dieser Antwort, d.h. auf „Offenbarung“, angewiesen. Tatsächlich finden wir in unserer Welt Glaubensgemeinschaften vor, die sich selbst auf Offenbarungen Gottes berufen. Philosophisches Denken ist überfordert, wenn es versuchen wollte, diese Offenbarungen zu beweisen oder zu widerlegen. Offensichtlich gelingt das eine sowenig wie das andere. Philosophisches Denken hat sich jedoch in Offenheit diesen vorgegebenen Antworten zu stellen und zu fragen, ob im Lichte dieser Offenbarungen Zusammenhänge erkennbar werden, die ansonsten im Dunkeln liegen.

Schlußbetrachtung

Kürzlich hat Albert Görres in einem Zeitschriftenartikel betont, daß es in der heutigen Gesellschaft keine allgemein anerkannten Grundüberzeugungen gebe. Vielmehr werde „jede philosophische oder theologische Position ... von Menschen höchster Intelligenz und größter Sachkenntnis verteidigt oder auch verworfen“ [191].

Diese unbestreitbare Feststellung zeigt die Schwierigkeit, zu einer angemessenen und allgemein anerkannten Deutung von Mensch und Welt zu gelangen. Auch die Art und Weise, wie die Grundprobleme menschlichen Nachdenkens in dieser Schrift dargestellt wurden, wird sicher nicht von allen Lesern unwidersprochen angenommen werden.

Trotzdem hoffen die Autoren ihre Aufgabe erfüllt zu haben. Sie sollten und wollten eine Einführung in modernes Philosophieren geben[192]. Als menschliches Bemühen ist Philosophieren jedoch stets ein unabgeschlossenes Beginnen. Daher hat eine Einführung in modernes Philosophieren ihre Aufgabe erfüllt, wenn die Leser selbst kritisch weiterdenken, d.h. zu philosophieren beginnen. Autoren und Verlag hoffen, daß dieses Taschenbuch dazu angeregt hat. Für Zuschriften aus dem Kreise der Leser sind sie jederzeit dankbar.

Zur Vertiefung und Erweiterung der vorgetragenen Gedanken sei auf folgende Veröffentlichungen hingewiesen:

Hugo Staudinger / Wolfgang Behler, Chance und Risiko der Gegenwart – Eine kritische Analyse der wissenschaftlich-technischen Welt, Paderborn ^{2}1976.

Hugo Staudinger / Johannes Schlüter, Wer ist der Mensch? – Entwurf einer offenen und imperativen Anthropologie, Stuttgart 1981.
Hugo Staudinger, Die Frankfurter Schule – Menetekel der Gegenwart und Herausforderung an die christliche Theologie, Würzburg 1982.

Anmerkungen

[1] Auguste Comte, Système de politique positive ou Traité de sociologie instituant la religion de l'humanité, Paris 1851–1854 / Paris [4]1912, Appendice, S. 77, Prospectus des travaux scientifiques necessaires pour réorganiser la société, April 1822; A. Comte, Positive Philosophie, deutsch zitiert nach: Texte der Philosophie, hrsg. v. E. Hunger u. a., München 1961, S. 17 bis 20 passim.

[2] Der Wissenschaftsbegriff selbst hat sich im Laufe der europäischen Geistesgeschichte entscheidend geändert. Während für Aristoteles kein Unterschied zwischen Philosophie und Wissenschaft besteht und auch die Theologie in seinem System der Wissenschaft ihren Platz hat, hat sich seit der Zeit der Aufklärung und insbesondere infolge der Einflüsse des Positivismus und Neopositivismus im allgemeinen Sprachgebrauch weithin ein engerer Wissenschaftsbegriff durchgesetzt. Ihm und damit dem allgemeinen Sprachgebrauch unserer Zeit folgend, werden bei den weiteren Darstellungen Philosophie und Theologie nicht unter den Oberbegriff Wissenschaften eingeordnet. (Grundlegend: Karl R. Popper, Logik der Forschung, Tübingen, [5]1971.) Hinsichtlich des Wissenschaftsverständnisses der Sozialwissenschaften steht dieser Ansatz allerdings in einer Kontroverse mit der „Kritischen Theorie" der Frankfurter Schule. (Dazu: Th. W. Adorno u. a., Der Positivismusstreit in der deutschen Soziologie, Neuwied 1969, und M. v. Brentano, Die unbescheidene Philosophie. Der Streit um die Theorie der Sozialwissenschaften. In: Das Argument, Bd. 9, 1967, S. 102–116.)

[3] Vgl. hierzu: Hugo Staudinger, Die Frankfurter Schule, Würzburg 1982, S. 55–73.

[4] Diese Hineinnahme bedeutet Teilhabe am philosophierenden Umgang mit Grundproblemen des Menschen in ihrer geschichtlichen Herkunft und in ihrer zeitgeschichtlichen Gestalt, in der sie dem heutigen Menschen erscheinen und ihn zur Auseinandersetzung drängen.

[5] Heinrich Holzapfel, geboren am 28. 2. 1910 in Düsseldorf, Dr. phil.; leitender Ministerialdirigent i. R.; seit 1958 Honorarprofessor der Universität zu Köln; zahlreiche Neben- und Ehrenämter; Veröffentlichungen in Fach- und Verbandszeitschriften; 1976–82 stellvertretender Bundesvorsitzender des Fachverbandes Philosophie; Träger des Großen Verdienstkreuzes des Verdienstordens der Bundesrepublik Deutschland, des Komturkreuzes mit Stern des Päpstlichen Silvesterordens u. a. Auszeichnungen; Ehrenmitglied der Allgemeinen Gesellschaft für Philosophie in Deutschland.

[6] Georg Masuch, geb. 21. 11. 1936 in Altwartenburg, Krs. Allenstein/Ostpr.; Dr. rer. nat., Professor für Biologie an der Gesamthochschule/Universität Paderborn; Vorsitzender des Arbeitskreises „Evolution" des Instituts für wissenschaftstheoretische Grundlagenforschung; Veröffentlichungen zur Didaktik der

Biologie und botanischen Cytologie; Forschungsaufträge zur Wirkung gasförmiger Immissionen auf Pflanzen.

[7] Vgl. Hugo Staudinger / Johannes Schlüter, Wer ist der Mensch?, Stuttgart 1981, S. 238ff. Dazu: R. A. Spitz, Die Entstehung der ersten Objektbeziehungen, Stuttgart 1957; Bernhard und Helmar Hassenstein, Was Kindern zusteht, München 1978.

[8] Vgl. hierzu auch die zahlreichen einschlägigen Veröffentlichungen von Christa Meves.

[9] Die Wissenschaften vermögen eine solche Deutung nicht zu geben. Im methodischen Ansatz der modernen positiven Wissenschaften kommt die Frage nach dem Sinn der Gegebenheiten nicht vor. Ihre Erkenntnisabsicht beschränkt sich vielmehr darauf, den funktionalen Zusammenhang von Tatsachenbeständen kausal zu erklären oder statistisch zu demonstrieren.

[10] Xenophanes, B 11, Sext. Emp. adv. math. IX, 193.

[11] Xenophanes, B 23, Clem. Strom. V, 109.

[12] Anthologia Lyrica Graeca, ed. E. Diehl, Vol. I, S. 213, Nr. 6.

[13] Diese Bewußtseinsbildung finden wir vor allem bei den sogenannten „jüngeren" Sophisten, die von einer Kritik der alten kosmologischen Vorstellungen zu Aussagen über die Subjektivität unserer Erkenntnis überhaupt und zur Kritik von ethischen und politischen Normvorstellungen übergingen (4. Jh. v. Chr.). Als Lehrer der Rhetorik lehrten sie Dialektik nicht als Methode der Wahrheitsfindung, sondern als Mittel der Durchsetzung eigener Interessen.

[14] Platon, Euthyphron, 6d – 7a.

[15] Allerdings läßt sich immer wieder beobachten, daß Anhänger kommunistischer Gruppierungen Hinweise auf den real existierenden Sozialismus mit der Bemerkung ablehnen, daß erst ihre Gruppierung und Richtung den wirklichen Fortschritt bringe. Dieser Hinweis wird jedoch um so weniger glaubwürdig, je öfter Versuche einer Realisierung des Marxismus gemacht werden. Allen bisherigen Versuchen ist gemeinsam, daß sie sich vorgenommen haben, den Fortschritt zu fördern und bessere Verhältnisse herbeizuführen. Tatsächlich ist es jedoch bislang nirgendwo gelungen, einen Kommunismus mit menschlichem Gesicht zu realisieren. Je öfter diese Erfahrung des Umschlags von humanen Absichten in eine inhumane Realität gemacht wird, desto unwahrscheinlicher und unstatthafter ist es, diesen Umschlag ins Negative jeweils bestimmten Personen und bestimmten Umständen anzulasten. Mit anderen Worten: desto dringender stellt sich die Frage, ob nicht der Fehler in der Konzeption selbst gesucht werden muß. – Selbstverständlich kann man mit Recht darauf hinweisen, daß eine gewisse Kluft zwischen Ideal und Wirklichkeit bzw. zwischen Anspruch und Realisierung eine allgemeine Erscheinung ist, die sich z. B. auch im Christentum vorfindet. Man kann ja keineswegs behaupten, daß christliche Staaten samt und sonders den Forderungen genügen, die an sie gestellt werden müssen. Im christlichen Bereich ist diese Kluft zwischen Anspruch und Wirklichkeit jedoch grundsätzlich überbrückbar, und sie ist daher in manchen Fällen tatsächlich weitgehend aufgearbeitet worden. Schließlich sind die Grund- und Menschenrechte christlichen Impulsen zu danken. Dagegen ist der Kommunismus trotz seiner humanen Theorie bei jeder bisher erfolgten Realisierung in unerträgliche Unfreiheit und Inhumanität umgeschlagen, und alle Versuche einer humanen Gestaltung sind im Blut erstickt worden bzw. gescheitert. Es sollte hellhörig machen, daß „gewaltsamer Umsturz", „Expropriation" und „Diktatur" zum offiziellen Programm zur Realisierung des Kommunismus gehören. Damit wird offen zugegeben, daß der Weg zum kommunistischen Paradies durch Gewalt, Enteignung und Diktatur führt. Dies hat sich in der Tat bei jedem Versuch bestä-

tigt. Das Versprechen, daß dieser Weg schließlich in einer humanen und glücklichen Gesellschaft endet, ist dagegen bislang noch nie eingelöst worden, obgleich es Staaten gibt, die generationenlang dazu auf dem Wege sind.

[16] Es handelt sich hier um die einfache Grundform des sogenannten hermeneutischen Zirkels. Vgl. hierzu grundlegend und umfassend: Hans-Georg Gadamer, Wahrheit und Methode, Tübingen ²1965.

[17] Aristoteles' Hauptwerke, ausgewählt, übersetzt und eingeleitet von W. Nestle, Kröners Taschenausgabe Bd. 129, Stuttgart 1963, S. 350f., „Poetik".

[18] Ebd. „Über Philosophie", S. 30.

[19] De anima 415a.

[20] Buch der Weisheit, 11,20.

[21] Vergleiche insbesondere die Darlegungen des Thomas von Aquin (1225–1274) im Kommentar zu den Sentenzen des Petrus Lombardus (II dist. III q. 2 a.2).

[22] Carl Friedrich von Weizsäcker, Die Tragweite der Wissenschaft I, Stuttgart ²1966, S. 107.

[23] Vgl. Hugo Staudinger / Wolfgang Behler, Chance und Risiko der Gegenwart, Paderborn ²1976, S. 57.

[24] Carl Friedrich von Weizsäcker, Die Tragweite der Wissenschaft I, Stuttgart ²1966, S. 107.

[25] Repräsentativ für diese Richtung sind Jean-Paul Sartre und seine Freunde. Ergänzend sei allerdings bemerkt, daß es im Existentialismus auch eine christliche Gruppierung gibt, für welche die These des Ins-Nichts-Geworfenseins nicht maßgeblich ist. Hierfür sei stellvertretend Gabriel Marcel genannt.

[26] Dieser Terminus wird hier dem gängigen Sprachgebrauch entsprechend für die marxistisch-leninistisch geprägten Staaten verwendet, dagegen nicht für Länder, wie Schweden, die einen sogenannten demokratischen Sozialismus zu realisieren suchen.

[27] Vgl. S. 19.

[28] Es ist eine schwierige Frage, ob den mathematischen Begriffen mathematische „Gegenstände" bzw. mathematische Gegebenheiten entsprechen. Hier hat Plato in seiner Ideenlehre eine eindeutige Entscheidung im positiven Sinne getroffen. Dies fuhrt jedoch zwangslaufig zu einer gewissen Vergottlichung der Mathematik, da es sich bei diesen mathematischen Gegenständen – sofern es sie gibt – um absolut vollkommene Gegenstände handelt. Immerhin kennt die klassische Phänomenologie den Begriff des „idealen Gegenstandes". So gelten z.B. Zahlen als ideale Gegenstände; nicht der Begriff „Zahl", sondern die einzelne Zahl selbst, die Eins, die Zwei, die Drei usw. Ebenso gehört so etwas wie das rechtwinkelige Dreieck in der Eindeutigkeit seiner formalen Bestimmtheit zu den idealen Gegenständen. Diese besitzen aber, wie es heißt, kein „ontologisch relevantes eigenes Sein", sondern gehen „aus einem idëirenden Abstraktionsprozeß hervor". (Vgl. Hedwig Conrad-Martius, Das Sein, München 1957, S. 67ff.) Im übrigen fordert schon der Begriff „idealer Gegenstand" selbst zu der Frage heraus, ob es sich dabei um real vorgegebene oder allenfalls um logisch extrapolierte Gegenstände handelt. Empirisch können wir feststellen, daß es zwar mit Sicherheit mathematische Begriffe, jedoch nirgendwo in der vorgefundenen Wirklichkeit mathematische Gegenstände gibt. Vergleiche zur Prioritätsfrage zwischen Mathematik und Wirklichkeit auch Seite 32. Dazu im größeren Zusammenhang: Hugo Staudinger / Wolfgang Behler, Chance und Risiko der Gegenwart – Eine kritische Analyse der wissenschaftlich-technischen Welt, Paderborn ²1976, S. 233ff.

[29] Horkheimer/Adorno: Dialektik der Aufklärung, Fischer-Taschenbuch 6144, S. 10.

[30] Vgl. Hugo Staudinger / Wolfgang Behler, Chance und Risiko der Gegenwart, Paderborn [2]1976, S. 233ff.

[31] Hugo Staudinger, Die Frankfurter Schule, Würzburg 1982, S. 49.

[32] Vgl. S. 20f.

[33] Letzten Endes gilt dies für jeden Menschen. Bezeichnend hierfür ist auch ein Ausspruch von Egon Friedell (Schriftsteller, geb. 1878 in Wien, † 1938. Selbstmord beim Einmarsch Hitlers): „Gnädigste sind wie alle Frauen; anders als die anderen Frauen ..."

[34] Aufschlußreich hierfür ist auch die Antwort Albert Einsteins auf die Frage, ob er glaube, „daß sich einfach alles auf naturwissenschaftliche Weise werde abbilden lassen können". Er antwortet: „Ja, das ist denkbar, aber es hätte doch keinen Sinn. Es wäre eine Abbildung mit inadäquaten Mitteln, so als ob man eine Beethoven-Symphonie als Luftdruckkurve darstellte." (Vgl. Max und Hedwig Born, Der Luxus des Gewissens, München 1962, S. 119.)

[35] Vgl. S. 8f.

[36] Hugo Staudinger / Wolfgang Behler, Chance und Risiko der Gegenwart, Paderborn [2]1976, S. 299. Für Aristoteles und Thomas ist das Prinzip der Individuation die Materie, und zwar wegen ihrer Teilbarkeit. Sie wird als der Grund der Ermöglichung dafür betrachtet, daß es von einer Art materieller Wesen mehrere Exemplare geben kann. Damit wird bei Aristoteles und Thomas das Allgemeine mit der „Form" identifiziert. Duns Scotus aber hält das nicht für angemessen, „denn das Individuum kann als die ultima realitas, da individuelle Existenz nicht ein Mangel, sondern eine Vollkommenheit ist, aus dem Allgemeinen nur durch Hinzutritt *positiver* Bestimmungen hervorgehen, indem nämlich das allgemeine Wesen oder die Washeit (Quiditas) durch die individuelle Natur (Haecceitas) ergänzt wird ... so ist die individuelle Differenz die letzte Form, zu der keine andere mehr hinzutreten kann, und die *Haecceitas Individuationsprinzip.*" (Friedrich Ueberweg, Grundriß der Geschichte der Philosophie, Zweiter Teil, Darmstadt [13]1956, S. 512 und auch S. 433f.)

[37] G. Frey, Hermeneutische und hypothetisch-deduktive Methode, in: Zeitschrift für allgemeine Wissenschaftstheorie, Jg. 1970, S. 32.

[38] Vgl. S. 22.

[39] Aristoteles' Hauptwerke, ausgewählt, übersetzt und eingeleitet von W. Nestle, Kröners Taschenausgabe Bd. 129, Stuttgart 1963, S. 351 „Poetik".

[40] Ebd. S. 352.

[41] Ebd.

[42] Vgl. Robert T. Rood / James S. Trefil, Sind wir allein im All?, Basel 1982. Von einem grundlegend anderen Ansatzpunkt kommt zu dem gleichen Ergebnis auch der russische Wissenschaftler Alexander Kompanejez, Leben, Information und Vernunft, in: Ideen des exakten Wissens – Wissenschaft und Technik in der Sowjetunion, Nr. 11, November 1969, S. 723ff. Für den Nichtfachmann gut lesbar und knapp: Udo Köhler, Allein im All – doch seine Mitte, Stuttgart 1982. An dieser grundlegenden Feststellung ändern auch die Beobachtungen, die kürzlich im Bereich der Wega gemacht wurden, nichts. Diese Beobachtungen legen den Schluß nahe, daß sich dort ein Planetensystem in der Entwicklung befindet. Falls dieser Schluß sich endgültig als richtig erweist, wäre dies – abgesehen von unserem eigenen – das erste und bisher einzige Planetensystem im uns erforschbaren Weltraum. Daß es in diesem System zumindest innerhalb der nächsten Millionen Jahre keinen für das Leben von Organismen geeigneten Planeten geben wird, ist jedoch unumstritten. Im übrigen sollte man sich stets gegenwärtig halten, daß auch in unserem Planetensystem – abgesehen von der Erde – kein einziger Planet als Heimstatt lebendiger Organismen geeignet ist. Die Erde erfüllt

diese Voraussetzung dank einer großen Anzahl von verschiedenen Komponenten, deren Zusammentreffen so unwahrscheinlich ist, daß es sich rein rechnerisch schlechthin nicht darstellen läßt.

[43] Hugo Staudinger / Johannes Schlüter, Wer ist der Mensch?, Stuttgart 1981, S. 19.

[44] Robert Oppenheimer, Wissenschaft und allgemeines Denken, Rowohlts Deutsche Enzyklopädie, Bd. 6, S. 66.

[45] Rudolf Virchow formulierte 1855, als er den Vorgang der Zellteilung beobachtete, erstmals prägnant: Omnis cellula e cellula.

[46] Nicht eingegangen wird auf eine 4. Hypothese, wonach das Leben aus dem Kosmos auf die Erde gelangt sei. Denn für diese Hypothese gibt es vorerst keine konkreten Anhaltspunkte. Vor allem jedoch wird dadurch das Kernproblem der Entstehung des Lebens nicht gelöst, sondern nur verschoben.

[47] Daß ein klärendes Gespräch zwischen den verschiedenen Richtungen so schwierig ist, liegt nicht zuletzt an einer gewissen Begriffsverwirrung (vgl. hierzu: Wolfgang Kuhn, Collegium Logicum für Biologen – Begriffsverwirrung als Ursache ideologischer Auseinandersetzungen in der Biologie. In: ibw-Journal 21. Jg. 1983, H. 6, S. 85–92). Zur kritischen Würdigung von Darwin: Max Thürkauf, Charles Darwin und der Glaube an die Wissenschaft – aus Anlaß des 100. Todestages von Charles Darwin. In: ibw-Journal 20. Jg., H. 10, Okt. 1982, S. 161 ff.

[48] Während die Neodarwinisten eine Zielgerichtetheit bei der Entfaltung des Lebendigen ablehnen, kennen sie durchaus Zweckmäßigkeit. Diese Zweckmäßigkeit ergibt sich aber bei ihnen immer erst post factum. So kann sich eine zufällige Mutation im nachhinein als zweckmäßig erweisen und eine höhere Überlebensfähigkeit garantieren. In diesem Sinne ist das besser Angepaßte jeweils zugleich das zweckmäßiger Organisierte. Dagegen gibt es nach neodarwinistischer Auffassung keinen Wirkfaktor der Entwicklung, der zweckmäßig wäre oder auf Zweckmäßigkeit der Organismen hinwirken würde.

[49] Der Begriff „Vom Niederen zum Höheren“ taucht im Dialektischen und Historischen Materialismus als allgemeines Entwicklungsprinzip auf. Im Bereich des Biologischen bedeutet er vor allem die Entwicklung immer ausdifferenzierterer Arten bzw. die Entwicklung vom organisch Einfacheren zum Komplexeren.

[50] Vergleiche hierzu im einzelnen S. 148 f.

[51] Diesen Unterschied zwischen Unbelebtem und Belebtem betont auch Wernher von Braun in seinen Überlegungen „Von Wissenschaft und Glaube“ (in: Wilfried Reuter [Hrsg.], ... und bis ans Ende der Welt, Neuhausen-Stuttgart 1954, S. 235). Er stellt zunächst fest, „daß sich in der Welt der unbelebten Materie alles vom weniger Wahrscheinlichen zum Wahrscheinlichen hinbewegt“, und erklärt dann, im Gegensatz dazu bewege sich die belebte Materie bei Wachstum, „wenn man es als einen chemischen Prozeß betrachtet, von der einfachen und wahrscheinlichen Anordnung von Molekülen zu höchst komplexen und damit unwahrscheinlichen“.

[52] Joachim Illies, Der Jahrhundert-Irrtum, Frankfurt 1983, S. 85.

[53] Vgl. Evolution, Spektrum der Wissenschaft, Heidelberg 1982, S. 29; dazu auch ebd. S. 138 f.

[54] Ebd. S. 34 steht der jeder inneren Schlüssigkeit entbehrende Satz: „Die Evolution der Vögel aus den Reptilien kann als Anpassungsprozeß betrachtet werden, mit dem die Vögel das Problem des Fliegens lösten.“

[55] Immerhin läßt sich nicht von vornherein ausschließen, daß der Archaeopteryx deshalb ausgestorben ist, weil er – menschlich gesprochen – die für den Über-

gang zu den Vögeln nötige Großmutation „nicht entschlossen und konsequent genug“ vollzogen hat.

[56] Einen guten Überblick über bisherige teleologische Konzeptionen gibt: Robert Spaemann / Reinhard Löw, Die Frage Wozu? – Geschichte und Wiederentdeckung des teleologischen Denkens, München 1981.

[57] Da Aristoteles keine Evolution kennt, sondern davon überzeugt ist, daß die Arten stets gleich bleiben, hat er selbst seine Teleologie nur im Dienst der Arterhaltung (Eichel ↗ Eichbaum), jedoch nicht im Sinne artübergreifender Entfaltungen des Lebendigen eingesetzt.

[58] K. Lorenz, Das sogenannte Böse, Wien [16]1965, S. 318 f.

[59] Vgl. zum Grundproblem: Hugo Staudinger / Wolfgang Behler, Chance und Risiko der Gegenwart, Paderborn [2]1976, S. 301–309.

[60] Die Spontaneität ist also selbst ursachlos, jedoch ist sie zugleich ihrerseits zumindest in vielen Fällen Ursache weiteren Geschehens und in diesem Sinne Beginn einer neuen Kausalkette.

[61] Was die natur*philosophische* Bearbeitung dieser Fragen anbetrifft, sei auf die entsprechenden Arbeiten von Hedwig Conrad-Martius hingewiesen, insbesondere auf ihre Abstammungslehre, München 1949 (3. Teil: Der Typus und die Typenentstehung); ferner auf den 2. Band ihrer Schriften zur Philosophie, München 1964, 1. Teil B. Probleme der Biologie.

[62] Zu diesem Weltverhältnis stellt Werner Heisenberg fest: „In früheren Epochen sah sich der Mensch der Natur gegenüber; die von Lebewesen aller Art bewohnte Natur war ein Reich, das nach seinen eigenen Gesetzen lebte und in das er sich mit seinem Leben irgendwie einzuordnen hatte. In unserer Zeit leben wir in einer vom Menschen so völlig verwandelten Welt, daß wir überall, ob wir nun mit den Apparaten des täglichen Lebens umgehen, ob wir eine mit Maschinen zubereitete Nahrung zu uns nehmen oder die vom Menschen verwandelte Landschaft durchschreiten, immer wieder auf die vom Menschen hervorgerufenen Strukturen stoßen, daß wir gewissermaßen immer nur uns selbst begegnen“ (Werner Heisenberg, Naturbild der heutigen Physik, Rowohlts Deutsche Enzyklopädie, Bd. 8, Hamburg 1955, S. 17 f.). Zum Zusammenhang zwischen angemessener Umweltgestaltung und Wertbewußtsein vergleiche: Gertrud Fussenegger, Mensch, Landschaft und etliche Sorgen. In: ibw-Journal, 20. Jg. H. 12, Dez. 1982, S. 181–187 (= Gertrud Fussenegger, Echolot, Linz 1982, S. 19–31).

[63] Charles Darwin, Die Abstammung des Menschen. Zitiert nach: Europäische Dokumente aus fünf Jahrhunderten, hrsg. von Gerhard Geißler, Leipzig 1939, S. 578.

[64] A 12 Arist. Metaphys. A 3.983 b u. a.

[65] Hierzu siehe auch: Hedwig Conrad-Martius und Curt Emmerich, Das Lebendige, die Endlichkeit der Welt, der Mensch, München 1951 (hierzu insbesondere der Disput: Die Abstammung des Menschen).

[66] Diese Feststellungen beschränken sich bewußt auf *eindeutig* auf menschliche Bearbeitung hinweisende Artefakte, da eine instrumentelle Verwendung von grob abgeschlagenen Steinen z. B. zum Aufreißen von Beutetieren auch bei Primaten vorausgesetzt werden kann und durch neuere Funde nahegelegt wird.

[67] Bern/München 1952.

[68] Universitas 1983, S. 259 f.

[69] Georg Siegmund, Die Frage nach der Herkunft des Menschen neu gestellt. Reden zur Zeit, 29, Naumann-Verlag, Würzburg o. J., S. 16.

[70] Vgl. hierzu insbesondere die einschlägigen Veröffentlichungen von Arnold Gehlen.

[71] Vgl. hierzu und zum Folgenden: Hugo Staudinger / Johannes Schlüter, Wer ist der Mensch?, Stuttgart 1981.

[72] Vgl. S. 13f.

[73] Vgl. S. 50.

[74] Theologisch gesehen „weiß" zumindest Gott als Schöpfer etwas von den Dingen, von denen kein Mensch etwas weiß. Wenn Menschen von real existierenden Dingen nichts wissen, so trifft dieser Mangel primär die Menschen. Die Dinge sind im Sinne des Eingegründetseins in eine reale Existenz deshalb nicht gemindert. Allerdings wird bei ihnen in diesem Fall eine mögliche Relation nicht aktualisiert: ihre Bezogenheit auf einen erkennenden endlichen Geist. Die konstitutionell zu ihnen gehörige Erkennbarkeit durch ein vernunftbegabtes Wesen bleibt ungenutzt. Im Sinne der scholastischen Philosophie, aber auch in der Konsequenz schöpfungstheologischer Einsichten schlechthin folgt der ordo cognoscendi dem ordo essendi nach. Erst auf der Basis der subjektivistischen Skepsis Descartes' und des transzendental-subjektiven Kritizismus Kants sowie auch der begriffsmetaphysischen Absolutsetzung der menschlichen Vernunft im deutschen Idealismus ist der Satz verständlich: Etwas sei nur, insofern es gedacht oder denkend erkannt sei. Tatsächlich jedoch hat Reales seine Seinsfülle und Würde in sich selbst. Deshalb ist es vom Menschen in der Wahrheitsrelation auch nicht beliebig deutbar. Andererseits zeigt sich die Möglichkeit einer zusätzlichen Seinsfülle oder Wesensentfaltung durch die im Erkanntsein waltende Relation, wenn es eingebracht wird in einen besonderen Zusammenhang zum erkennenden Menschen durch staunende Beachtung in Anerkennung seiner Schönheit und Wahrheit oder auch durch Hege, Pflege sowie unter Umständen Nutzung.

[75] Vgl. Hugo Staudinger / Wolfgang Behler, Chance und Risiko der Gegenwart, Paderborn [2]1976, S. 227f.

[76] Carl Friedrich von Weizsäcker, Das Schöne, in: UNIVERSITAS 1976, S. 22.

[77] Aber gerade in solchen Fällen ist der Mensch im Unterschied zum Tier in der Lage zu begreifen, daß er ein bestimmtes Suchbild hatte, das im konkreten Fall offensichtlich nicht stimmte. Er kann sein Wahrnehmen und Denken reflektieren. Die sinnliche Wahrnehmung des Menschen ist zwar auch, aber nicht zwingend an bestimmte Funktionskreise gebunden. Diese sind nicht artgebunden, sondern bilden sich mitsamt ihren Suchbildern erst a posteriori im Interesse einer Entlastung der allgemeinen Wirklichkeitswahrnehmung.

[78] Carl Friedrich von Weizsäcker, Das Schöne, in: UNIVERSITAS 1976, S. 22.

[79] Vgl. Hugo Staudinger / Johannes Schlüter, Wer ist der Mensch?, Stuttgart 1981, S. 61.

[80] Vgl. S. 43f.

[81] Josef Pieper, Was heißt Philosophieren, München 1949, S. 52. Zum Verhältnis von Umwelt und Welt vgl. auch: Helmuth Plessner, Die Stufen des Organischen und der Mensch, Berlin 1928; Max Scheler, Die Stellung des Menschen im Kosmos, Bern-München [6]1962; Hans-Eduard Hengstenberg, Philosophische Anthropologie Stuttgart 1957, [3]1966, S. 9–12.

[82] Vgl. Josef Pieper, Wahrheit der Dinge, München 1948.

[83] Unabhängig von der Frage, ob die konkrete Welt auf einen erkennenden Geist bezogen ist, und auch unabhängig von einer religiösen Vorentscheidung läßt sich sagen, saß alles Wahrnehmen auf seiten des Wahrgenommenen voraussetzt, daß es die Bedingungen erfüllt, überhaupt wahrgenommen werden zu können. Wenn es also überhaupt eine Erkenntnis von Wirklichem gibt, so muß das Wirkliche in sich so beschaffen sein, daß es von einem erkennenden Geist wahrgenommen werden kann. In der scholastischen Philosophie gehört zum Seiend-

Sein des Seienden gleich ursprünglich sein Wahr-Sein im Sinne des sich Selbst-Offenbarens in seinem Wesen und Sein – ens et verum convertuntur. Inwiefern menschliches Erkennen in dieser Wahrheitsrelation durch Schematismen sinnlicher Wahrnehmung und Kategorien des Verstandes bestimmt und gegenüber der Erkenntnis der Fülle des Seins eingeschränkt ist, ist eine weitere Frage. Sie bezieht sich auf das Problem der Reichweite menschlicher Erkenntnis unter der Fragestellung, ob und in welchem Maße der menschliche Geist nur unter den Bedingungen der Endlichkeit des Menschen und seiner vorgefundenen Leibesorganisation erkennen kann oder in seinem Denken Anteil haben kann am Absoluten. Die über die „Wahrheit des Seienden“ vermittelte Bezogenheit zwischen Erkanntem und Erkennendem hat aber unterschiedliche Stufen oder Qualitäten. Für das Atom und den Felsbrocken ist das Erkanntwerden sicher von anderer Qualität als vermutlich schon für eine Pflanze. Das höher entwickelte Tier kann die Auswirkungen seines Erkanntseins wahrnehmen und gegebenenfalls darauf reagieren. Für Menschen ist das Einander-Erkennen und Erkanntsein eines der wesentlichsten Elemente ihres Lebensvollzugs.

[84] Neuere Forschungen deuten darauf hin, daß die Welt von vornherein auf den Menschen zugeschnitten ist. Insbesondere amerikanische Wissenschaftler sprechen in diesem Sinne von einem Anthropischen Prinzip. Vgl. hierzu George Gale, Das anthropische Prinzip: kein Universum ohne Mensch. In: Spektrum der Wissenschaft, Februar 1982, S. 90–99. Gale schreibt hier zur Kennzeichnung dieses Prinzips: „Das anthropische Prinzip setzt die Existenz des Menschen mit Gesetzen der Physik in Verbindung, die scheinbar nichts mit Biologie zu tun haben. In seiner strengsten Form postuliert es sogar, daß kein anderes Universum intelligentes Leben beherbergen könnte als dasjenige, in dem wir leben.“ Gegen Ende seines Artikels zitiert Gale – allerdings mit Zurückhaltung – Wheeler: „... möglicherweise ist der Beobachter für die Entstehung des Universums genauso wichtig wie das Universum für die Entstehung des Beobachters.“

[85] Vgl. hierzu die gut verständliche Darlegung: Harald Fritzsch, Quarks – Urstoff unserer Welt, München [4]1982.

[86] Vgl. z. B. Haim Harari, Wie elementar sind Quarks und Leptonen?, in: Spektrum der Wissenschaft, Heft 6, 1983, S. 54ff.

[87] Zur theologischen Interpretation dieser überraschenden und kaum begreiflichen Erscheinungen vgl. auch: Thomas F. Torrance, Christian Theology and Scientific Culture, Belfast 1980 (insbesondere S. 75–108, The Theology of Light).

[88] Selbstverständlich könnte man fragen, warum hier nicht sinnvoll bzw. sinnhaft und sinnlos gegenübergestellt werden, sondern sinnvoll und absurd. Tatsächlich ist in unserem gängigen Sprachgebrauch das Begriffspaar sinnvoll und sinnlos weithin auf den Menschen und das menschliche Leben bezogen. So sprechen wir oft davon, daß jemand sein Leben sinnlos vertan hat und dergleichen mehr. Dagegen können wir unter Umständen auch von einem bestimmten Bauwerk oder einer bestimmten Straßenführung mit der entsprechenden Verkehrsregelung sagen, daß sie absurd seien. In diesem Sinne ist das Absurde unterschwellig mit dem absolut Unsinnigen, in sich Unstimmigen und Chaotischen verbunden. Hält man sich diesen überwiegenden Sprachgebrauch vor Augen, so kann man durchaus behaupten, daß das menschliche Leben, sofern es keinen Sinn hat, nicht nur sinnlos, sondern absurd ist: Der Mensch als Zufallsprodukt der Evolution wäre nicht nur eine sinnlose, sondern zugleich eine absurde Erscheinung. Vgl. zur Problematik des Begriffs insgesamt auch den Artikel „absurd“ im Historischen Wörterbuch der Philosophie, hrsg. von Joachim Ritter, Bd. I, Darmstadt 1971, Spalte 66–67.

[89] Vgl. S. 15.

[90] Vgl. S. 48f.
[91] Theodor W. Adorno, Negative Dialektik, stw. 113, Frankfurt/M. 1966, S. 364.
[92] Ebd.
[93] Ebd. S. 368.
[94] Ebd. S. 364.
[95] Nur am Rande sei vermerkt, daß G. W. F. Hegel seine Dialektik aus der christlichen Trinitätslehre entwickelt. Vgl. hierzu Hugo Staudinger, Die Frankfurter Schule, Würzburg 1982, S. 92ff.
[96] Es sei eigens betont, daß es hier bei Hegel primär um die Frage des Rechts geht.
[97] Diese aus der antiken Philosophie überkommene Formulierung besagt freilich zunächst nur, daß die Wirklichkeit der Vernunft zugänglich ist.
[98] Vgl. G. W. F. Hegel, a.a.O.; ferner: Walther Rathenau, Schriften V, S. 256; Franz Schnabel, Deutsche Geschichte im 19. Jahrhundert, Freiburg/Br. 1950, Bd. III, S. 3ff.
[99] Vgl. G. W. F. Hegel, a.a.O., Band XVIII A, Vorlesungen über die Philosophie der Weltgeschichte, Philos. Bibliothek Band 171 a, S. 26–49.
[100] Theodor W. Adorno, Negative Dialektik, stw. 113, Frankfurt/M. 1966, S. 355.
[101] Vgl. S. 84.
[102] Diese Auseinandersetzung gipfelt in Adornos Hauptwerk der Negativen Dialektik. Vgl. hierzu auch: Hugo Staudinger, Die Frankfurter Schule, Würzburg 1982.
[103] Theodor W. Adorno, Negative Dialektik, stw. 113, Fankfurt/M. 1966, S. 146.
[104] Ebd. S. 192.
[105] Ebd. S. 146.
[106] Ebd. S. 207. Zu der gesamten damit von Adorno angesprochenen Problematik vergleiche Hans-Eduard Hengstenberg, Der Leib und die letzten Dinge, Regensburg 1955.
[107] Vgl. S. 7.
[108] Max und Hedwig Born, Der Luxus des Gewissens, München 1969, S. 113.
[109] Selbstverständlich setzen auch diese Korrekturen die Kenntnis von „Naturgesetzen" voraus und sind in diesem Sinne auf Berechenbarkeit abgestellt. Hierbei handelt es sich jedoch um kombinierte Verfahren, die von vornherein akzeptieren, daß Berechnungen nur dann erfolgreich sein können, wenn sie nicht errechenbare Bedingungsfaktoren berücksichtigen.
[110] Vgl. S. 7.
[111] Theodor W. Adorno, Negative Dialektik, stw 113, Frankfurt/M. 1966, S. 172.
[112] Ebd.
[113] Max Horkheimer, Zur Kritik der instrumentellen Vernunft, Frankfurt/M. 1967, S. 84.
[114] Selbstverständlich kann man rein gedanklich zunächst nicht absolut ausschließen, daß Veränderungen, die sich uns als spontan darbieten, da wir keinerlei Ursache für sie anzugeben vermögen, tatsächlich nicht spontan sind, sondern durch Kräfte bzw. Einwirkungen verursacht werden, die sich unserer Erfassung grundsätzlich entziehen. Gegen eine solche Auffassung spricht jedoch nicht nur, daß sich die Auffassung von spontanem Geschehen in der modernen Physik erst gegen langhaltigen und heftigen Widerstand durchsetzen mußte, sondern ebenso die unbestreitbare Tatsache, daß die Wirklichkeit vom mikrophysikalischen Bereich angefangen bis hin zur Struktur des Weltalls unregelmäßige Gestaltungen aufweist, während man bei einer jede Spontaneität ausschließenden strengen Gesetzmäßigkeit regelmäßige Gestaltungen in allen Bereichen erwarten müßte.
[115] Vgl. S. 8f.

[116] Bei dieser Fragestellung würde personale Zuwendung im übrigen in unzulässiger Weise mechanistisch im Sinne eines vorhandenen oder fehlenden Wirkfaktors instrumentalisiert. Es gibt aber keine „Verrechnungseinheiten" personaler Zuwendung. Die Rede von den notwendigen „Streicheleinheiten" ironisiert humorvoll dieses Mißverständnis personaler Zuwendung in gewissen Richtungen der modernen Psychologie und Psychotherapie.
[117] Vergleiche hierzu auch S. 99.
[118] Als Beispiel für die Wirklichkeit verkennende Simplifizierungen sei nochmals der bereits genannte Dietrich von Holbach zitiert: „Es gibt nur Atome; Trägheit, Anziehung und Abstoßung der Dinge, in der Moral nennt man das Selbstkritik, Haß, Liebe!"
[119] Vgl. Staudinger/Schlüter a.a.O., 239f.
[120] Dabei steht der Begriff des „Materiellen" hier für eine funktionalistische Betrachtungsweise, die letztlich auch der materiellen Welt nicht gerecht wird, da sie die Fülle von Erfahrungsmöglichkeiten mit ihr – man denke nur an die Erfahrung und Betrachtung des Erstaunlichen und des Schönen – unzulässig reduziert.
[121] Isaac Newton, Die mathematischen Prinzipien der Naturlehre. Drittes Buch, 5. Abschnitt, hrsg. v. J. Wolfers, Berlin 1872, S. 511. Vgl. hierzu Hugo Staudinger / Wolfgang Behler, Chance und Risiko der Gegenwart, Paderborn ²1976, insbesondere S. 59 und Anmerkung 78.
[122] Vgl. S. 27.
[123] Zu dieser Problematik insgesamt vergleiche: Hugo Staudinger / Wolfgang Behler, Chance und Risiko der Gegenwart – Eine kritische Analyse der wissenschaftlich-technischen Welt, Paderborn ²1976, S. 63–72 (Wissenschaft und Fortschritt im Denken der europäischen Aufklärung).
[124] Dietrich von Holbach, System der Natur oder die Gesetze der physischen und moralischen Welt, dtsch. Ausgabe 1841, S. 68. In diesen Sätzen zeigt sich unübersehbar auch eine unzulässige Überschreitung der methodischen Prinzipien und Möglichkeiten der Naturwissenschaft, nämlich ihres Ausgangs von sinnlich-materieller raumzeitlicher Erfahrung. Ewigkeit und Unendlichkeit einer Kette sind unzulässige Extrapolationen, jedoch keine naturwissenschaftlich legitimen Aussagen. Es wird hier eine Ideologie bzw. eine materialistisch-„metaphysische" Dogmatik entwickelt.
[125] Dietrich von Holbach, System der Natur oder die Gesetze der physischen und moralischen Welt, dtsch. Ausgabe 1841, S. 79.
[126] Bezeichnend für diese Rede ist, daß hier zunächst von der Unmöglichkeit gesprochen wird, absolute Erkenntnis zu gewinnen, daß aber im folgenden der Anspruch erhoben wird, „unveränderliche Beziehungen" gesetzmäßig zu formulieren, als ob die Behauptung, daß es unveränderliche Beziehungen gibt, keine absolute Behauptung wäre.
[127] Auguste Comte, Système de politique positive, a.a.O., S. 17.
[128] Auguste Comte, Discours sur l'esprit positif. Paris 1844, deutsche Übersetzung, Einleitung und Herausgabe: Iring Fetscher, Rede über den Geist des Positivismus, Hamburg 1956, S. 27.
[130] Auguste Comte, ebd., S. 87; vgl. auch Hans Freyer, Theorie des gegenwärtigen Zeitalters, Stuttgart 1955, S. 211.
[131] Comte, Discours a.a.O., S. 185f.
[132] Zum Gesamtproblem vgl.: Deutsches Institut für Bildung und Wissen, Das Problem der Zeit, Symposion des Instituts für wissenschaftstheoretische Grundlagenforschung, hrsg. von Reinhard Wegner, Paderborn 1982.
[133] Selbstverständlich kann man nach der Einheit des Begriffs der Identität fragen. Dabei erscheint die Selbigkeit als der Ausgangspunkt. Wenn man diesen Be-

griff der Selbigkeit vom Individuum auf die jeweilige Art erweitert, erscheint alles, was zur selben Art gehört, als identisch.

[134] Dabei ist im ersten Falle der Raum die Kategorie, in der die Identität erscheint, im zweiten Falle die Zeit.

[135] Vgl. Hugo Staudinger / Johannes Schlüter, Wer ist der Mensch?, Stuttgart 1981, insbesondere S. 217 ff.

[136] Der Begriff Zustand wird hier im umfassendsten Sinn gebraucht.

[137] Walter Heitler, Masse und Individuum, in: Engadiner Kollegium, Editio Academica, Zürich 1971, S. 189 ff.

[138] Das gilt, wie oben dargelegt wurde, im Sinne der Identifizierbarkeit. Damit wird jedoch nicht bestritten, daß man im ontologischen Sinne auch individuell eine Identität des jeweiligen Atoms postulieren muß.

[139] Vgl. S. 80.

[140] Der Begriff „Freiheit" wird also hier in einem sehr weiten Sinne analog für alle Wirklichkeitsbereiche gebraucht. Er bedeutet in diesem weiten Sprachgebrauch vor allem die Negation des total determinierten Festgelegtseins der Vorgänge.

[141] Vgl. zum Gesamtproblem: Thomas F. Torrance, Das Verhältnis zwischen christlichem Glauben und moderner Naturwissenschaft – Die geistesgeschichtliche Bedeutung von James Clerk Maxwell, Sonderbeilage zum ibw-Journal vom Februar 1982, insbesondere S. 14 ff.

[142] Angesichts des Zeitcharakters unserer Welt und unseres menschlichen Daseins läßt sich eine Identität, die nicht unter den Bedingungen der Zeitlichkeit steht, kaum vorstellen. Auch die Offenbarung, die Ewigkeit verheißt, läßt das Verhältnis zwischen Zeit und Ewigkeit in vieler Hinsicht offen. Vergleiche zu der Gesamtproblematik: Reinhard Wegner, Das Problem der Zeit, Symposion des Instituts für wissenschaftstheoretische Grundlagenforschung vom 3. bis 6. Januar 1982 in Paderborn (Tonbandnachschrift), Paderborn 1982.

[143] Formulierung übernommen aus dem Artikel „Gottesbeweis" in der Brockhaus-Enzyklopädie, 7. Bd., Wiesbaden 1969.

[144] Vgl. zum Gesamtproblem: Franz-Maria Sladeczek, Ist das Dasein Gottes beweisbar?, in: Forschungen zur neueren Philosophie und ihrer Geschichte, Heft XVII, Würzburg 1967.

[145] Dies gilt in eigener Weise auch für Kant. Letzten Endes stellt seine Erkenntniskritik in Frage, ob die Wirklichkeit an sich bzw. als solche der menschlichen Vernunft überhaupt erreichbar ist.

[146] Zum legitimen Verständnis des Wunders vergleiche: Hugo Staudinger, Die historische Glaubwürdigkeit der Evangelien, Würzburg [4]1977, S. 51–79.

[147] Zu dieser Bezogenheit vergleiche auch das Kapitel „Verschränkung von Philosophie und Theologie", in: Karl Rahner, Grundkurs des Glaubens – Einführung in den Begriff des Christentums, Freiburg 1976, S. 35 f. Auf dieses Kapitel sei mit um so mehr Nachdruck hingewiesen, da es wichtige Gesichtspunkte enthält, die in den hier vorgetragenen Gedankengang nicht eingebracht werden konnten.

[148] Vgl. S. 84.

[149] Zum inneren Zusammenhang zwischen Wissenschaft und Ideologie vergleiche: Hugo Staudinger / Wolfgang Behler, Chance und Risiko der Gegenwart – Eine kritische Analyse der wissenschaftlich-technischen Welt, Paderborn [2]1976, S. 213–224.

[150] Zur historischen Glaubwürdigkeit der neutestamentlichen Schriften vgl.: Hugo Staudinger, Die historische Glaubwürdigkeit der Evangelien, Würzburg [4]1977.

[151] Max Horkheimer, Zur Kritik der instrumentellen Vernunft, Frankfurt/M. 1967, S. 232.
[152] Ebd. S. 219.
[153] Theodor W. Adorno, Stichworte – Kritische Modelle, Edition Suhrkamp 347, S. 25.
[154] Diese Einheit der Wahrheit selbst gründet letztlich darin, daß der Schöpfer der Welt mit dem Gott der Offenbarung identisch ist.
[155] Theodor W. Adorno, Stichworte – Kritische Modelle, Edition Suhrkamp 347, S. 25.
[156] Max Horkheimer, Zur Kritik der instrumentellen Vernunft, Frankfurt/M. 1967, S. 232.
[157] Vgl. S. 128 f.
[158] Theodor W. Adorno, Negative Dialektik, stw 113, Frankfurt/M. 1966, S. 387.
[159] Theodor W. Adorno, Stichworte – Kritische Modelle, Edition Suhrkamp 347, S. 25.
[160] Ebd. S. 27.
[161] Max Horkheimer / Theodor W. Adorno, Dialektik der Aufklärung, Fischer Taschenbuch 6144, S. 18.
[162] Ebd.
[163] Selbstverständlich gibt es auch beachtenswerte Werke, die diesem Sog modernen Denkens in der Theologie widerstehen und die volle Glaubenswahrheit zur Darstellung zu bringen suchen. Beispielhaft sei auf katholischer Seite verwiesen auf: Joseph Ratzinger, Theologische Prinzipienlehre – Bausteine zur Fundamentaltheologie, München 1982, und Leo Scheffczyk, Katholische Glaubenswelt, Aschaffenburg 1977, sowie auf evangelischer Seite auf Walter Künneth, Fundamente des Glaubens, Wuppertal 1975.
[164] Vgl. zum Gesamtproblem: Ludwig Kerstiens, Verbindliche Perspektiven menschlichen Handelns, Stuttgart 1983.
[165] Max Horkheimer: Die Sehnsucht nach dem ganz Anderen, Furche-Stundenbücher, Bd. 97, S. 60 f.; dazu Horkheimer zur Kritik … a. a. O., S. 228. In völliger Übereinstimmung damit steht bemerkenswerterweise auch ein Denker wie Leszek Kolakowski, der gelegentlich erklärt: „Wir dürfen überzeugt sein, daß eine völlig säkularisierte Gesellschaft, falls wir sie uns ernstlich vorstellen, eine Gesellschaft also, in der die Wahrnehmung des Sakralen völlig in Vergessenheit geraten ist, auch kein Schuldbewußtsein zu erzeugen im Stande wäre. Und damit gingen auch die Fähigkeiten, zwischen gut und böse zu unterscheiden, verloren" (zitiert nach: Das Fenster Nr. 32, S. 3153). Vergleiche zum Gesamtproblem auch: Paul Ascher, Ende der Moral in einer rationalisierten Welt?, in: Reinhard Sprenger (Hrsg.), Fortschritt wozu und wohin?, Paderborn 1975, S. 27–55.
[166] Vgl. zur Problematik insgesamt: Hugo Staudinger, Der Atheismus als politisches Problem, ibw-Journal 1978, Heft 8.
[167] Zum inneren Zusammenhang vgl. Max Horkheimer, Die Sehnsucht nach dem ganz Anderen, Furche-Stundenbücher, Bd. 97, insbesondere S. 86 f.
[168] In diesem Sinne erklärt z. B. Josef Haid im Hinblick auf geistig Kranke bzw. Geschädigte: „Ebenso kann das Töten eines Menschen, der nie fähig sein wird, bewußt zu denken und zu handeln … lebensrichtig sein, wenn die Ärzte, die Angehörigen und die Allgemeinheit überzeugt sind, daß eine solche Tat für den unbewußten Menschen und für seine Mitmenschen eine Erlösung bedeutet. Bei einer solchen Übereinstimmung der Meinungen wird auch das allgemeine Tötungsverbot – welches das Leben der Menschen in der Gemeinschaft schützt – weder undeutlich noch gelockert" (Josef Haid, Lebensrichtig – Neue Weltsicht. Ethik der Zukunft, Leben in Freude, Chur 1982). Es braucht nicht eigens darauf

hingewiesen zu werden, wie problematisch es ist, das allgemeine Tötungsverbot von einer „Übereinstimmung der Meinungen" abhängig zu machen.

169 Zur gegenwärtigen Rechtslage in der Bundesrepublik vergleiche: Elisabeth Backhaus, Zur Rechtslage des Schwangerschaftsabbruchs nach § 218 – Das ungeborene Kind ist nicht geschützt. In: ibw-Journal 18. Jg., H. 7, Juli 1980, S. 110ff.

170 Zitiert nach: Friedrich Wilhelm Foerster, Politische Ethik, Recklinghausen [4]1956, S. 190.

171 Erich Fromm: Ihr werdet sein wie Gott, rororo 7332, S. 66. Fromms Intention wird im Einbanddeckel seines Buches in folgender Weise charakterisiert: „Fromms Interpretation ist die des radikalen Humanismus, die deutlich macht, wie die Bibel heute verstanden werden kann: als ermutigendes Beispiel für die Fähigkeit des Menschen, seine eigenen Kräfte zu entwickeln, um zu einer inneren Harmonie zu gelangen und so die Errichtung einer friedlichen Welt zu fördern." Abgesehen davon, daß eine solche Interpretation des Alten Testamentes mit der überkommenen jüdisch-christlichen Überlieferung unvereinbar ist, wagt es Fromm selbst nicht, die letzte Konsequenz aus seiner Ermächtigung „Ihr werdet sein wie Gott" zu ziehen: An Stelle der Bindung an Gott tritt eine sogenannte X-Erfahrung, die der Gefahr der Willkür und Gewalttätigkeit entgegenwirken soll, die jedoch letzten Endes selbst nur in der persönlichen Entscheidung Fromms zugunsten der Humanität begründet ist.

172 Max Horkheimer, Zur Kritik der instrumentellen Vernunft, Frankfurt/M. 1967, S. 226.

173 Ebd.

174 Ebd.

175 Selbstverständlich kann man die Frage stellen, ob die Theologie nicht auch mit den verschiedenen Einzelwissenschaften direkt ins Gespräch kommen könne, ohne der Vermittlung durch die Philosophie zu bedürfen. Ein solches unmittelbares Gespräch ist jedoch letztlich nicht möglich. Die notwendigerweise anstehenden wissenschaftstheoretischen, methodologischen und erkenntniskritischen Fragen sind ohne philosophische Vermittlung nicht lösbar. Alle Aussagen über die Eigentümlichkeit der jeweiligen Fragestellung sowie über die Angemessenheit und Reichweite bestimmter Methoden sind letzlich philosophischer Natur. Diese Feststellung bedeutet freilich nicht, daß bei derartigen Gesprächen jeweils ein professioneller Philosoph eingeschaltet werden müßte. Denn immerhin haben alle Theologen eine philosophische Grundausbildung erhalten, und umgekehrt reflektieren viele Einzelwissenschaftler auch philosophisch über ihr Fach.

176 In den nächsten Jahren wird im Rahmen eines Großprojektes des Deutschen Instituts für Bildung und Wissen eine Untersuchung unter dem Titel „Die Glaubwürdigkeit der Offenbarung in unserer modernen Welt" erscheinen. In dieser Untersuchung wird die angesprochene Problematik umfassend behandelt werden. Es sei jedoch ausdrücklich vermerkt, daß es auch andere, sich mit den Bemühungen des Instituts ergänzende Ansätze einer derartigen Vermittlung gibt. Vor allem sei empfehlend auf die verschiedenen Veröffentlichungen von Wolfhart Pannenberg hingewiesen, insbesondere auf: Gottesgedanke und menschliche Freiheit, Göttingen 1972; Wissenschaftstheorie und Theologie, Frankfurt/M. 1973; Anthropologie in theologischer Perspektive, Göttingen 1983. Auf katholischer Seite können in diesem Zusammenhang die einschlägigen Veröffentlichungen von Pierre Teilhard de Chardin genannt werden. Als Beispiele für Vermittlungsversuche von seiten der Naturwissenschaft sei hingewiesen auf: Pascual Jordan, Schöpfung und Geheimnis, Oldenburg 1970, und Joseph Meurers, Die Frage nach Gott und die Naturwissenschaft, München 1962.

[177] In diesem Zusammenhang sei daran erinnert, daß Aristoteles von der unwandelbaren Stabilität des Kosmos ebenso überzeugt ist wie von dem gleichmäßigen Sich-Durchhalten der Arten, so daß er dem Einzelexemplar jeweils dadurch Teilhabe am Ewigen zuweist, daß es ein Gleichartiges zeugt.

[178] Vgl. hierzu von seiten der Theologie auch Emerich Coreth, Metaphysik, Innsbruck ³1980. Obgleich Coreth, wie schon das Inhaltsverzeichnis zeigt, weitgehend mit den tradierten Begriffen, insbesondere dem Begriff des Seins operiert, schreibt er kritisch: „Die fundamentale Bedeutung des Personalen Bezugs wurde erst in den letzten Jahrzehnten mehr und mehr zum Gegenstand philosophischer Reflektion, nachdem sie in der abendländischen Tradition bisher weithin übersehen oder vernachlässigt worden war. Dies hat seinen Hauptgrund in der einseitigen Ausrichtung des griechischen Denkens auf das Allgemeine und Notwendige, das allein als würdiger Gegenstand wahrer und gewisser Erkenntnisse erschien. Das konkrete Einzelne der Erfahrung verfiel demgegenüber einer Abwertung; es galt nicht als möglicher Gegenstand geistiger, wissenschaftlicher und philosophischer Erkenntnis. Damit erfuhr aber auch das einmalig personale Sein eine gewisse Abwertung; jedenfalls trat es nicht ausdrücklich in das Blickfeld des Philosophierens. Im Raum des christlichen Denkens wurde zwar seit jeher Wert und Würde der Einzelperson, ihre Ewigkeitsberufung und Ewigkeitsverantwortung in einer Weise betont, die der griechischen Philosophie durchaus fremd war ... Dennoch konnte sich auch innerhalb des christlichen Denkens, etwa in der Scholastik des Mittelalters, die zentrale Bedeutung des Personalen nicht voll durchsetzen und zur Geltung bringen. Dafür waren die Belastungen durch griechische Denktradition zu schwer.“ (S. 464) Was Coreth hier von der Vernachlässigung der menschlichen Person durch die Scholastik sagt, gilt auch für die Personalität Gottes bzw. die Trinität im Hinblick auf eine Vermittlung von Theologie und Wissenschaft.

[179] Nach Thomas von Aquin ist es unmöglich, mit der natürlichen Vernunft zur Erkenntnis der drei göttlichen Personen des Dreieinigen Gottes zu gelangen. Vielmehr könne die natürliche Vernunft von Gott jeweils das erkennen, was zur Einheit des Wesens gehört, nicht jedoch das, was die Verschiedenheit der Personen angeht. Dieser Feststellung fügt Thomas geradezu warnend hinzu: „Wer sich aber darum bemüht, die Dreiheit der Personen mit der natürlichen Vernunft zu beweisen, tut dem Glauben Abbruch“ (Summa theologíae I.q. 32 art. I.c). Selbstverständlich wird auch in den hier angestellten Überlegungen nicht der Versuch gemacht, die Trinität „zu beweisen“. Die Verfasser sind jedoch der Überzeugung, daß es Auswirkungen auf die Schöpfung hat, wenn der Schöpfer kein unbewegter Beweger, sondern ein dreipersonaler Gott ist.

[180] Thomas F. Torrance: Das Verhältnis zwischen christlichem Glauben und moderner Naturwissenschaft – Die geistesgeschichtliche Bedeutung von James Clerk Maxwell, Sonderbeilage zum ibw-Journal vom Februar 1982, S. 15.

[181] Dies ist um so beachtenswerter, da das griechische Wort für Geist grammatikalisch ein Neutrum ist. Die entsprechenden Formulierungen des Neuen Testaments sind jeweils so gewählt, daß das Mißverständnis, daß es sich beim Heiligen Geist um eine unpersönliche neutrale Kraft handele, nicht aufkommen kann. Kennzeichnend dafür ist zum Beispiel das 16. Kapitel des Johannesevangeliums, in dem der Heilige Geist zunächst als „der Tröster“ eingeführt wird und es dann heißt: „Wenn jener aber kommt, der Geist (im Griechischen grammatikalisch Neutrum) der Wahrheit, wird er euch zur vollen Wahrheit führen ... Jener wird mich verherrlichen ...“

[182] Vgl. zu diesem Fragenkomplex: Hugo Staudinger / Johannes Schlüter, Wer ist der Mensch?, Stuttgart 1981, insbes. S. 246ff.

[183] Vgl. hierzu: Thomas F. Torrance, Das Verhältnis zwischen christlichem Glauben und moderner Naturwissenschaft – Die geistesgeschichtliche Bedeutung von James Clerk Maxwell, Sonderbeilage zum ibw-Journal von Februar 1982.

[184] Vgl. Deutsches Institut für Bildung und Wissen, Das Problem der Zeit, Symposion des Instituts für wissenschaftstheoretische Grundlagenforschung, hrsg. von Reinhard Wegner, Paderborn 1982, S. 50f.

[185] Zu diesem Fragenkomplex: Hugo Staudinger, Die historische Glaubwürdigkeit der Evangelien, Würzburg [4]1977, S. 51ff.

[186] Dabei geht es um Bewußtsein im Vollsinn des Wortes, also um ein Selbstbewußtsein, das über das eigene Dasein und alle Wahrnehmungen zu reflektieren vermag.

[187] Max Scheler spricht bei höher entwickelten Tieren von einer Art organisch gebundener „praktischer Intelligenz“ (vgl. Max Scheler, Die Stellung des Menschen im Kosmos, München 1947, S. 29).

[188] Max Horkheimer, Die Sehnsucht nach dem ganz Anderen, Furche-Stundenbücher, Bd. 97, S. 59f.

[189] Heinrich Janssen bei einem Symposion des Deutschen Instituts für Bildung und Wissen.

[190] Vergleiche zu dieser Problematik insgesamt auch: Reinhard Sprenger / Heinrich Kraft (Hrsg.), Glück und Leid – Schlüsselbegriffe menschlichen Lebens, Paderborn 1983.

[191] Internationale Katholische Zeitschrift 1983, S. 119.

[192] Es sei ausdrücklich bemerkt, daß dieser Titel bewußt gewählt wurde und sich schon dadurch von anderen Einführungen und ihren Zielsetzungen unterscheidet. Als alternatives Beispiel sei verwiesen auf: Hans Pfeil, Einführung in die Philosophie – Ihre Bedeutung für Mensch und Kultur, Aschaffenburg [5]1983. Hier heißt es im Vorwort ausdrücklich: „Vorliegender Einleitung in die Philosophie sind nicht die Aufgaben gestellt ... einen Überblick über die wichtigsten philosophischen Probleme zu geben und bei dem Versuch diese zu beantworten, zu lebendigen Philosophieren anzuleiten. Beiden Anliegen wird wohl stellenweise Rechnung getragen, aber das eigentliche Thema ist ein anders: Es soll eine Einführung in dem Sinn sein, daß sie die Bedeutung der Philosophie für Mensch und Kultur herauszustellen sucht.“ Wiederum eine andere Akzentuierung finden wir bei: J. M. Bocheński, Wege zum philosophischen Denken, Herder-Bücherei Band 62. Dieser Band erhält seine Akzentuierung einerseits durch den Untertitel „Einführung in die Grundbegriffe“ und andererseits dadurch, daß es sich bei dieser Einführung um „Meditationen“ handelt, die zunächst als Vorträge in einem Sonderprogramm des Bayerischen Rundfunks gehalten und erst nachträglich schriftlich vorgelegt wurden. Es sei ausdrücklich betont, daß diese verschiedenartigen Einführungen je ihre eigene Berechtigung haben, daß sie sich gegenseitig ergänzen und daß es daher unbillig wäre, sie im Sinne von Alternativen gegeneinander auszuspielen.

Register

Im Namenregister sind alle persönlichen Eigennamen aufgeführt, auch wenn sie nur beiläufig oder nur in den Anmerkungen erwähnt werden. Das Stichwortregister enthält alle sonstigen Namen, insbesondere Völkernamen und geographische Bezeichnungen, sowie eine große Anzahl von Begriffen. Dabei wurden sinnentsprechende Zusammenfassungen vorgenommen. So erscheinen zum Beispiel unter dem Stichwort „Atheismus“ auch die Stellen, an denen das Substantiv „Atheisten“ oder das Adjektiv „atheistisch“ vorkommt. Andererseits wurden Differenzierungen vorgenommen, wo das gleiche Wort in verschiedenem Sinn gebraucht wird. So wird zum Beispiel unterschieden „Wesen(heit)“, „(Lebe)wesen“ und „(menschliches)Wesen“. Das Register enthält im allgemeinen alle Seiten, auf denen die angegebenen Stichworte vorkommen. Um die Orientierung zu erleichtern, wurden die Seiten, auf denen sich besonders aussagekräftige Feststellungen zum Stichwort befinden, jeweils in Fettdruck gesetzt.

NAMENREGISTER

Adam 149
Adorno, T. W. 10, 30, 86f., 89, 99f., 127–130, 138f., 163, 165, 171, 174
Archilochos 15
Aristoteles 17, 20–26, 33–35, 37–40, 48, 59f, 106, 122, 124, 140f., 143, 163, 165f., 168, 176
Ascher, P. 174

Backhaus, E. 175
Beethoven, L. v. 166
Behler, W. 2, 11, 161, 165f., 168f., 172f
Berulle, P. d. 43
Bilz, H. 144
Bocheński, J. M. 177
Boethius 142
Born, M. u. H. 94, 166, 171
Braun, W. v. 167
Brentano, M. v. 163

Chardin, P. T. d. 175
Comte, A. 7, 99, 108–110, 163, 172
Conrad-Martius, H. 165, 168
Coreth, E. 176

Darwin, Ch. 51, 65f., 167f.
Descartes 169
Diderot, D. 108
Diehl, E. 164
Duns Scotus, J. 37f., 40, 143, 166

Einstein, A. 43f., 144, 166
Emmerich, C. 168
Euthyphron 18, 164
Eva 149

Fetscher, I. 172
Foerster, F.-W. 175
Frey, G. 38, 166
Freyer, H. 172
Friedell, E. 166
Fritzsch, H. 170
Fromm, E. 137f., 175
Fussenegger, G. 168

Gadamer, H.-G. 165
Gale, G. 170
Galilei 24f., 42
Gandhi, M. 111
Gehlen, A. 168
Geißler, G. 168
Gorgias 16

Haid, J. 174
Harari, H. 170
Hegel, G. W. F. 87–90, 171
Heisenberg, W. 168
Heitler, W. 113, 173
Hengstenberg, H.-E. 169, 171
Hesiod 15
Hitler, A. 111, 166
Holbach, D. v. 108, 172
Holzapfel, H. 11, 163
Homer 15
Horkheimer, M. 30, 99, 127–130, 134, 138f., 144, 153, 159, 165, 171, 174f., 177
Hunger, E. 163

Illies, J. 55, 167

Janssen, H. 177
Jaspers, K. 2
Jesus Christus 126, 138f., 146, 158f.
Jordan, P. 175

Kant, I. 122, 124, 169, 173
Kern, F. 68
Kerstiens, L. 174
Köhler, U. 166
Kolakowski, L. 174
Kompanejez, A. 166
Kopernikus 42f.
Kraft, H. 177
Künneth, W. 174
Kuhn, W. 167

Lactantius 137
Laplace, P. S. 27, 47, 107
Löw, R. 168
Lorenz, K. 60f., 168
Luther, M. 128

Marcel, G. 165
Marx, K. 90, 135, 137
Masuch, G. 11, 163
Maxwell, J. C. 143f., 173, 176f.
Meurers, J. 175
Meves, Ch. 164
Mitys 39
Mohammed 111, 126

Napoleon, B. 27
Nestle, W. 165
Newton, J. 47, 105f., 109, 144, 172

Oppenheimer, R. 48, 86, 167

Pannenberg, W. 175
Pasteur, L. 51
Perikles 16
Petrus Lombardus 165
Pfeil, H. 177
Pieper, J. 169
Plato 10, 17–22, 29–33, 35, 37, 140, 164f.
Plessner, H. 169
Popper, K. R. 163

Rahner, K. 173
Ranke, L. v. 40
Rathenau, W. 171
Ratzinger, J. 174
Reuter, W. 167
Richard v. St. Victor 142f.
Ritter, J. 170
Rood, R. T. 166

Sartre, J. P. 165
Scheffczyk, L. 174
Scheler, M. 177
Schlüter, J. 161, 164, 167, 169, 173, 176
Schnabel, F. 171
Schopenhauer, A. 138
Schweitzer, A. 137
Sigmund, G. 70, 168
Sladeczek, F.-M. 173
Sokrates 17–19, 29, 38
Spaemann, R. 168
Sprenger, R. 174, 177
Staudinger, H. 2, 161–169, 171–174, 176f
Steiner, R. 126

Teresa, M. 137
Thales 65
Thomas v. A. 122, 127, 140, 165f., 176
Thürkauf, M. 167
Torrance, Th. F. 142, 170, 173, 176f.
Trefil, J. S. 166

Ueberweg, F. 166

Virchow, R. 167

Wegner, R. 172f., 177
Weizsäcker, C. F. v. 24f., 77, 165, 169
Wheeler, T. 170
Wolfers, J. 172

Xenophanes 15, 164

STICHWORTREGISTER

Abendland s. Europa
Absorbierung 115
Abstammungslehre **65–75**
Abstraktion 109
Absurdität, absurd **84–91**, 92, **123f**, 141, 153, **159, 170**
Abtreibung 8, 72, 136
Adel 16
Ägypten 47
Affen 60 s. auch Primaten
Allgemeines **21–23**, 33, **35–39, 89**, 166, 176
  Allgemeinbegriffe **18, 38–40, 89**
  Allgemeinbewußtsein 106f
Allmacht 149, 153
Altersbestimmung (von Funden) 67
Altes Testament s. Bibel
Analogie 87, **103–105**, 111, 120
  Analog(es) 37, **40**, 88, **103**, 112, 117, 120, 125, 132, 143, **147**, 173
Anfang (der Welt) 22, 42, 46, 48, 65, 114, 119
  vgl. Schöpfung und Urknall
Antagonismus 89
Anthropisches Prinzip **170**
Anthroposophie 126
Antike 34, 140, 142, 145
Antinomien (Kant) 122
Apparaturen 81
Aralsee 62
Archäologie 53, 55
Archäopteryx **57f, 167f**
Art 123, 150
  Arten von Atomen **113–115**
  Arten von Lebewesen **23**, 49, **56–60, 65**, 67, 71f, 81, **116–118, 141**, 148f, 167–169, 176
Artefakte **67**, 168
Asien 61
Astrologie 46
Atheismus 86, 107, 123, **137**
Atom **82, 112–114**, 117, 147, 170, 173
Atombombe 118
Auferstehung 87, 90, 159
Aufklärung **107f, 122**, 129f
Auge 76f
Ausbeutung 156
Ausdifferenzierung (von Arten) **56f**, 148
Auschwitz 89
Ausstattung, biologische 71
Australien 60
Autonomie 107
Axiome **93f**

Beachtung 80
Begriffe **18–21**, 23, **29f**, 35, **37f**, 40, 61, 70, 87, 89, 102, **103**, 108, 112, 127f, 142f, 176
  mathematische Begriffe **19f, 29, 165**
Behausung 71
Berechnungen **25f**, 31, 44, 47f, **79, 93–96, 113**
  Berechenbarkeit 22, 104, **111, 145**, 150, 171
  Unberechenbarkeit 24, 96, 119, 150
Beschleunigung 25
Besonderes **22, 35–37, 40, 89f**, 146
Bethlehem 145f
Bevölkerung 49, 111
  Bevölkerungsschichten 102
  Bevölkerungswachstum 111
Bewegung 97, 106, 108, 112, **122, 140, 147**, 176
  kosmische Bewegungen 23, **44, 47f**, 79, **106**

Unbewegter Beweger (Aristoteles) **22,** 26, 122, 140f, 176
Beweis **8,** 18, **50,** 66, 90, **92–95, 122–124**
Beweisverfahren **102, 124**
Gottesbeweise **122–124,** 144
Bewußtsein **75f,** 88, **114,** 129f, **152f,** 177
regressives Bewußtsein 99
Bewußtseinstrends 111
Bewußtseinszustand 153
Beziehungen **73,** 79, **109f, 120, 142–144,** 170
Bezogenheit 112, **116f,** 121, **143,** 147
Bibel 26, 43, 129, 138, 143f, 150f, 175
Altes Testament 23, 52, 85, 126f, 137, 140f, 143, 148f, 175
Neues Testament 127, 138f, 146, 176
Bild 127, 143
Merk- und Suchbild **78, 169**
Bildung, literarische **40**
Biologie 50, 56, 58, 66, 71, 74, 78, 104, 116, 119f, 142, 147, 152, 167, 170
Biotechnik **63f,** 85
Blumen 80f, 103–105, 116f
Böses 85, **88, 133, 150,** 153, 156, 174
Bürokratie 89
Bundesrepublik 14, 136

Chaos **114f**
Chemie 50, 53f, 115f, 118f, 167
biochemisch 51, 116, 118
Cherubim 149
Christen(tum) 126, 128, 137, 151
christlich 127f, 130f, 137, 153, 158, 165, 176
Chromosomen 74
Code, genetischer 59
Corpuscel 82

Darstellung, bildliche 68, 72
Selbstdarstellung **80f, 116f,** 120
Darwinismus **50–75**
Neodarwinismus 52f, 55f, 74, 99
Sozialdarwinismus 126
Dasein 8, 10, 13, 23, 65, 86, 91, 122, **124f,** 137, 141, 153, 159, 173
Deismus **107,** 145
Denken 2, 9f, **13–17,** 19, 23, 29f, **87,** 89, 125, 130, 154, **160,** 169f, 174, 176
begriffliches Denken **41f,** 132
eindimensionales Denken 156
konservatives Denken **14**
kritisches Denken **14–17,** 161
wissenschaftlich-technisches Denken 98, 107
zweckrationales Denken 70
Determinismus 143, **145, 147**
Deutsches Institut für Bildung und Wissen 2, 11
Deutschland 143
Dialektik 164
Dialektik bei Hegel **87–90**
Dialektischer Materialismus 19, **51f, 58f,** 61, 74, 99, 126, **167**
Dialektische Theologie 128
Dialog(isch) **148–150**
platonische Dialoge 18
Dichtkunst **22, 38–40**
Dienst 91, 136, **156f**
Gottesdienst 151
Differenz(iert) 39, **94f, 103f,** 111, **112–121,** 136, 148
Dinosaurier 60
Donauraum 63
Dreifaltigkeit s. Gott
Duft 80, 103

Ehe 8, **156**
Eichbäume 61
Einheit 35, **50–64, 112–121,** 128, **143f,** 172, **174**
Einmalig(keit) 22, **40f,** 146
Einzeller 59f, 114, **115**
Elea 15
Elektrizitätslehre 93
Elektronen 82, 103
Elemente 21, 24, 65
Eltern, 14, **136f,** 148
Embryo 73
Ende der Menschheit **48–50**
Ende der Welt 7, 48, 98
Energie 56, **97,** 114, **115**
Entelechie **59f**
Entropie **55**
Enzyklopädisten 108
Erbarmen 135
Erde 21, 28, **32, 42–50,** 51f, 56, 60, 62, **75,** 80, 85, **86,** 119, **146,** 148, 153, 166f
Erdoberfläche **81f**
Erfahrung 14, **19,** 24f, 28, **29, 41,** 89, 92, **98, 101f,** 133, 140, 155

Erfolgszwang 135
Erkenntnis 10, **16,** 25, 43, 45, **76–78,** **109,** **128,** 130, **139,** **141,** 143–145, 159, **164,** **169f,** 175
Erlöser 158
Ernsthaftigkeit **154f,** **157f**
Erscheinungen **19f,** **24,** 26, **29–31,** 34
 physikalische Erscheinungen 93
Esel 58, 63
 Maulesel, Maultiere 58
Ethik **16,** **131–137**
Eukalyptusbäume 60f
Eule 77
Europa 61, 107
 Europäer 65
 abendländisch 10, 17, 24, 29, 38, 122
Euthanasie **136**
Evidenz 41, **93**
Evolution **50–75,** 168
 Zufallsprodukt der Evolution (= Mensch) **27,** 86, **159,** 170
Ewig(keit) **22f,** **48,** **108,** 141, **151,** 172, **173,** 176
Exemplar **23,** **35f,** 56, 80, **89,** 120, **146,** 176
 Zwischenexemplare (Evolution) **57f**
Existenz, existentiell 2, **27f,** **100,** **102,** 136, 166, 169f
 Existenzfurcht 130
 Existenz Gottes 122
Existenzialismus **27f,** 126, **165**
Expansion (des Weltalls) **47f,** 98, 118, 140
Experiment **24–26,** 51, **92,** 96, **123f,** **136**
 Gedankenexperiment 96
Extrapolation 30, 37, 93, 104, 132

Familie **14,** **156f**
Farbe **80f,** 116f
 Farben (bei Quarks) 144
Feldtheorie **120,** **143f**
Fernsehen 98, 102, 152
Feuer 106
Film 102, 152
Fische 58
Fluchen 154
Folter 153
 Die Natur auf der Folter 24
Form **20f,** **34–36,** 59, 78, 92, 114, 117f, 123, 140, 145, 166
 Formblätter 33
 Anschauungsformen **77**
Forschung 10, 48, 53, 59, 72, 79, 109, 119, 129, 136, 147, 170
 paläanthropologische Forschung 66
Fortpflanzung 141
Fortschritt **89** (Hegel), **110** (Comte), 139, 156, 164
Frankfurter Schule 163
Frau **16,** 36, 143, **152**
Freiheit 40, **71,** 107, 110, **117–121,** 145, **147,** **149f,** 173
Frieden 153
Funde 66–68
Funktion **77f,** 88, **99,** **169**
 funktional 36, **99,** **105f,** 108, 158, 172
 funktionieren 27, 41, 95

Gang, aufrechter, **67,** **69f,** 73f
 Gang dialektischen Geschehens 88
 Gang der Dinge 145
 Gang der Welt 89
Gebet 8, 124, 151, 154
 Anbetung 131
Gebote **131–134**
Gehirn **67,** **69,** 74
Geist **70–72,** 110, 122, 169f, **176**
 absoluter Geist (Hegel) **88**
 Heiliger Geist **139,** 143, **176**
 gute Geister 155
Gerätschaften 67
Gerechtigkeit 20, **135**
Gesamterscheinungen und -vorgänge **24,** **53–55,** **57f,** 62, **74,** 104, 111, **116,** 119
Geschichte **22,** **27f,** **39f,** 68, **87–89,** 107, **114,** **126,** 133
 Geschichtsschreibung **22,** **38–40,** 87
Geschwindigkeit **25,** **82**
Gesellschaft **13–17,** 84, **110,** 125, 133, 157, 161
Gesetz **22,** **24,** 33, 60f, **103f,** **106–110,** 168f
 Drei-Stadien-Gesetz **108f**
 göttliche Gesetze 127
 Naturgesetze **24f,** **26f,** **31f,** 46, 92, **95–97,** 100, **117f,** **145,** 171
 statistische Gesetze **95,** **111,** **115,** **117–119**
Getreideanbau 63

Glaube 125, **129,** 131, 138, 141, 160, 176f
Glaubensbekenntnis 139
Gleichheit **31, 33f,** 37, **112f,** 118, 146
Gliedmaßen 70
Glück **9,** 98, **100, 155f,** 158, 165
Glückseligkeit **158**
Gott **15f, 27,** 43, **52,** 65, 80, **85, 106–109, 122–128, 130f,** 137, **138, 141–145, 148–151,** 153, **158,** 160, 169, 174–176
Dreifaltigkeit 131, 138, **139, 141, 143, 149, 151,** 176
Unbewegter Beweger (Aristoteles) **22,** 26, 122, 140f, 176
Lückenbüßer (Newton) **47**
Weltkonstrukteur (Deismus) **27,** 107, 145
Weltvernunft (Hegel) **87f**
Unbedingtes im Bedingten **138**
Chiffre für Mitmenschlichkeit **131**
Gottesbeweise **122–124,** 144
Griechenland 122, 125
Griechen 101
griechisch 17, 23, 28f
Grundfragen 7, 10, **84–121,** 151, **161f**
Grundüberzeugungen 51, **84,** 123, 126, 128, **136,** 144, **161**
Güteklassen 33, **34,** 36

Hand **69f**
Handeln 16, **18,** 22, **40, 71, 77f,** 98, 111, 117, **119f, 130–134**
Heilige 159
Herrschaft **119, 135**
Hilfe 11, **137,** 156f
Himmel 42, 47, 148, 151
Hinterfragen 16, 91
Hinterwäldler 99
Höhlen 68
Humanismus **137, 159, 175**
Humanität 28, 107, 129, **131, 135–137,** 151, **157,** 164f
Hund 62, 105

Idealismus **30, 32, 87, 89,** 169
ideale Gegenstände **37,** 147, **165**
ideale Bedingungen **25f, 32**
Ideen **20f, 23, 26, 29–35, 89**
Ideenlehre (Plato) **20, 30,** 165
Ideenlehre (Aristoteles) **20f**
Ideenlehre (Scholastik) **23**
Identität 89, **112–117,** 120, **121, 172f**
Identifizierbarkeit **146,** 173
Ideologie 99, 173
rassistische Ideologie **126**
kommunistische Ideologie **51f,** 164
vgl. Marxismus und Dialektischer Materialismus
Illusion 49, 86, 95, 134
Imponiergehabe **81**
Immanenz, weltimmanent **130,** 134, **135,** 137, 159
Imperativ, kategorischer 135
Indien 137
Individuum **38,** 40, 77, **88f,** 96, 110, **114, 117f, 142, 144, 146f, 166,** 173
Individualisierung **116, 166**
Industrie(welt) 10, 14, **33f, 102,** 105
Industrialisierung der Landwirtschaft **63**
Insekten 103f, 117
Instinkte **70f, 118**
Institut für wissenschaftstheoretische Grundlagenforschung 2, 11
Interdisziplinarität 11
Islam 126

Jenseits 138
Jericho 62
Jerusalem 146
Juden 126, 131, 146
Jünger 139

Kältetod (der Welt) **98**
Känguruhs 46, 61, 70
Kampf ums Dasein 57
Kaspisches Meer 62
Kastrierung 63
Kasuistik **132**
Katastrophe 23, **47, 49,** 88, 111
Kausalität 9, **25, 95,** 164, 168
Kind 8, **13f,** 30f, **73,** 93, **101, 104f,** 132, **136f,** 142, 145f, 156
Kinderheim 101
Kindlichkeit 157
Kirche 126, 136
römische Kirche 42
Reformatoren 43
Kirchenbesuch 151
Kleidung 67, **116**
Hochzeitskleid 80
Knochenfunde 66f
Körper 25, **70**

Kollektivismus 28
kollektive Identität **113–117**
Kolophon 15
Kometen 47
Kommunikation 41, **71f, 74, 111, 132f**
Kommunismus **51f,** 164
vgl. Marxismus und Dialektischer Materialismus
Komoren 57
Komplementarität **55**
Konkret(es) **19–21,** 23, 29–31, 33, **89f,** 94, **132,** 147, 159, 169, 176
Kontingentes 122
Kontrolle 9, **156**
Konventionen 16
Konzilien 139
Koordination **54f, 58, 74, 115–118**
Kosmos s. Welt
Krankheiten 136, 156
Krankheitserreger 64
Kranke **157f,** 174
Krankenhäuser **158**
Kreisläufe s. Zyklische Veränderungen
Krieg 49, 152
Kult **78,** 85, **149**
Kultur 23, 64, **68f,** 88, 91, 105, 153
Kunst **101,** 159
Kunstwerk 103
Volkskunst **145**
Künstler **20f, 34,** 145
Kurdistan 62f
Kurzschluß **19, 29,** 70, 97, 102–104, **111f**

Landschaft 62, 168
Latimeria 57
Leben 18f, **45f,** 49, **50–64,** 65, **87,** 91, **100f, 136f,** 152, **155,** 159, 167f
Lebendiges **50–52,** 66, 76, **87, 118,** 120, **141,** 159
Lebewesen 23, **51,** 76, **81,** 103, 114, **115,** 119, 149, 168
Lebensauffassung 14
Lebensbedeutung **71**
Lebensdienliches **36,** 77f, 81, 105, **152, 154**
Lebenserfahrung **8f, 17, 19,** 29
Lebenserwartungen **85**
Lebensführung **8f,** 100
Lebensnotwendiges 13, 73, 81, 101
Lebenssinn 7, **27,** 85
Lebensstandard 9, 100
Lebensvorgänge **53, 116, 147**
Lebenswirklichkeit 40f
sakramentales Leben 131
Leib 20, **78**
Leiblichkeit **116**
Leibesorganisation 170
Leid(en) **87–89,** 98, **135f,** 150, **151–160**
Leontini 16
Licht 54, **82f,** 85, **127f,** 148, 160
Lichtjahre 43
Lichtgeschwindigkeit **82f**
Liebe **36f,** 100f, 104, **120, 124,** 130, 138, 142, **145f, 149–151, 154–159**
Gottes- und Nächstenliebe 131
Literatur 101f
Trivialliteratur 102, 152
literarische Bildung **40**
Logik 82, 86, **94**
Lohn, gerechter, 156
Lüge 46, 85, **132f**

Märchen 105, **155**
Magdaleien-Kultur 62
Magie 106
Magier (NT) 146
Magnet 103f
Manipulationen 24, 96, 104
Mann 143, **152**
Mars 100
Marxismus **27f,** 125, **135, 164**
vgl. auch Dialektischer Materialismus
Maß 33, 94
Maßstab **18, 20**
Maßverhältnisse 94
Maschinen **107,** 168
Material 21, 33, 35, **67f**
Materialismus 70, **108,** 123, 125, 172
Dialektischer Materialismus 19, **51f, 58f,** 61, 74, 99, 126, **167**
Materie 25, **50–56, 82, 96,** 103, **108, 114f, 117, 119f,** 140, **143f, 147,** 166f
materiell 22, **68,** 105, **108, 147,** 172
Mathematik **20, 22–26, 30–34,** 37, **47, 93–95, 105f,** 145
mathematische Begriffe **19f,** 29, **165**
mathematische Sprache **106**
mathematische Systeme **93**
Mechanik 27, 92, **107,** 144
Mechanismus **77f,** 95, 104, **118,** 152
Medizin 85, 157

Meer 106
Mensch 2, 7–9, **13,** 16, 19f, **22,** 26, **27,** 29, 31, **36–38, 40, 42f,** 47, **50, 60–72, 75–84, 86, 91f,** 98, **100,** 103f, **108, 114, 116, 119, 121,** 123, **125–127, 130,** 133, **135–137, 142,** 146f, **152–155, 157–161,** 169f
Form der Materie 74, 108
höchstes Wesen **135f**
Mängelwesen **70f**
Umgestalter des Lebendigen **62–64**
Zufallsprodukt der Evolution **27,** 86, **159,** 170
Menschheit 7, **13f, 22f, 48–50, 68, 74, 110,** 136, 151, 153, **159**
Menschwerdung (des Menschen) **69, 74**
Menschwerdung Gottes 139
Meßverfahren 93
Metall 67
Metaphysik 7, **22,** 99, 109
Methode, methodisch 2, **99, 102, 107–109,** 164, 175
Milchstraße **43f,** 82, 146
Milet 65
Mitläufer **134**
Mittelalter 37, 122, 142, 176
Modell 107
Moleküle 52, 167
Mond 44, 79, 82, 98
Mondfinsternis 47
Monismus 111
Monotheismus 141, **143**
Moral 89, 108, **134f,** 174
Mord 39, **89**
Selbstmord 9, **28, 136**
Motive 111, 130
Muster 18, 30, **35, 119**
Mutationen **56–58,** 167f
Mutter **13f, 73,** 105, 132, 142
Mütterlichkeit 156
Mythos 130, 138

Narkose 152
Natur **16, 24f,** 30, **33,** 64, **94,** 97, 103, 108–110, 140, 166, 168
Naturgesetze s. Gesetze
Nebenwirkungen **64, 133**
Neues Testament s. Bibel
Neugeborenes **13, 73**
Neuzeit 42, 129
Nominalismus 128
Normen 33, 134
Normierung **34, 36**
Normvorstellungen 164
Not **154, 156–159**
Notwendigkeit 38f, 176
Nutzen **135,** 137
Nutzung **63,** 119, 169

Ökologie **49f**
Offenbarung 10, 43, 90, **122–131,** 135, **139, 141, 151, 160,** 174f
Offenheit 10, 102, 160
Ontologie, ontologisch **142,** 165, 173
vgl. auch Sein
Opfer 157
Opportunismus **133,** 138
Ordnung **13,** 16, **31f, 47**
Zuordnung **53, 56**
ordo cognoscendi 169
ordo essendi 169
Organe 70, 116
Wahrnehmungsorgane 70, **76–78**
Organismen **45f, 50–64,** 75, 110, **114–118, 152,** 167
Orientierung (kosmisch) **44,** 46
Orientierung (geistig) 10, **14,** 20, 22, 30

Paarung **80f,** 117
Palästina 145
Paradies 149, **158**
irdisches Paradies **27f, 164**
Paris 108
Partnerwahl 80
Pattsituation 19, 122, 124
Periodisches System **82**
Person **8, 13f, 36f, 40,** 65, **73, 100f,** 103, 111, **120,** 133, 138, **142–144, 148f,** 151, **176**
personal **8f, 13f, 73, 100–102, 104f,** 120, **124f, 142, 147–150, 154–158,** 172
Personalität **105, 120f, 124f,** 143
Pferde 21, 35–37, **58, 63**
Pflanzen **33, 35f, 49, 53, 56, 59–64, 105,** 147, **148,** 170
Phänomenologie 165
Phantasie 69, 79, **120, 150**
Physik(er) **21, 25, 44, 103f, 106,** 111, **113f, 120, 143f,** 171
physikalisch **53f, 93f, 96, 115, 118f**
makrophysikalisch **117f**
mikrophysikalisch **140,** 171

Planeten **42,** 45, 82, 100, 146, **166**
Planung **110**
Poesie s. Dichtkunst
Politik **16**
Positivismus **7,** 10, **99, 109f,** 125, **130,** 163
Neopositivismus 112, **163**
Postulat 122
Praxis **93, 95**
Primaten **66–70,** 148, 168
Primitive **67–69, 74**
Produktion **34–36**
Programm 26, 33, 157, 164
Programmierung **71, 102, 105f, 108,** 157f
Prophet **126**
Psychologie 172
Psychische Belastung 9

Qualität 35, 37, **52,** 59, **75f,** 78, 115f, 119f, 131, 158, 170
qualitativ 37, 41, **53f,** 71, **75,** 79, **103f, 111f,** 114, 116, 120, 126
Quantität **52,** 59, **146**
quantitativ 71, 74, **99**
Quarks **82, 120, 144**
Protoquarks 82
Quastenflosser **57f**

Radium **113, 117**
Rassen 65
Raum **25, 77,** 79, 128, 173
(Lebens)räume 7, 56, 91
Spielraum 119
Reaktionen 150, **152f**
Kettenreaktionen **118**
Realität 19f, 23f, 28, 30f, 93f, 99, 169
Recht **16, 88f,** 153, **157**
Rechtfertigung 28, 129, 132
Menschenrechte 164
Reflexion 88
Relativitätstheorie **43**
Religion 8, **85,** 105, **126, 129f, 135,** 153
religiös 68, 80, 84, **107, 150**
Ren **62**
Repräsentation 40f
Reptilien **57f,** 167
Reservate 64
Rhythmus **114, 140**
Rindvieh 63
Risiko 8–10, **100f,** 149f, **156f**
Rivale 77
Rom 145

Saatgut **63**
Säkularisierung **106,** 174
säkulares Wissen 127
Schädlinge **64**
Schafe 62
Scharmo 62
Schema **31f, 77, 132,** 147
Schematismus 150, 170
Schicksal 154, 157
Schmerz 78, **152–155**
Schmuck 67
Schönheit 32, **81,** 169, 172
Schöpfer **140, 147, 149,** 169, 174, 176
Weltkonstrukteur **27, 107, 145**
Schöpfung 23, **27,** 108, **143, 145–151, 159,** 176
biblischer Schöpfungsbericht 26, **52, 147f, 150**
Scholastik **23, 127f, 139–142, 144f,** 169, 176
Schuld **158**
Schwangerschaft 152
Schweine 63
Schwerkraft **106, 109**
Sehvermögen **81**
Sein **21f, 136, 140f,** 165, 169, **170,** 176
Selbiges **112,** 172f
Selbstbewußtsein 71, 177
Selbstbezeugung 116
Selbstdarstellung **80f, 116f,** 120
Selbsterhaltungstrieb **138**
Selbstermächtigung **136f**
Selbstmord, s. Mord
Selektionsdruck 69
Sibirien 63
Simplifizierung **111f**
Sinn 7, **13f, 27f, 39, 73, 84–91,** 92, 106, 122, **151f,** 156, **160,** 164, 170
sinnvoll 9, **27, 39,** 86, 91, 100, **152,** 156, 159, **170**
sinnlos, unsinnig 14, 43, **85, 88,** 130, 132, **151,** 155, 170
Sitten 78
sittlich **18,** 133
Situation 10, **22,** 28, **40,** 42, 49, 64, 79, 85, 125, **131–136,** 145, 158
Grenzsituation **155**
Schrecksituation **78**
Sklaverei 16

Solidarität 89, 155
Sonne **42–45,** 79, 82, **86,** 135
Sonnenfinsternis 47
Sonnenjahr **47**
Sophisten **16–18,** 159, 164
Sozialeinrichtungen 68, **136**
Sozialismus (real existierender) 19, **28,** 164
Sozialverhalten 68
Soziologie (= Sozialphysik) **110**
Spontaneität, spontan 41, **61, 74,** 98, 100, **168, 171**
Sprache **41,** 69, **71f,** 103, **116, 132f,** 142
Sprachgebrauch 112, 163, 165, 170, 173
mathematische Sprache 106
fremdsprachig 128, 141
Tiersprachen 71f
Staat **86,** 88, 104
Staatslehre 103
Stabilität 176
Stabilisierung **113f, 118, 140f**
Standort, kosmischer (Einstein) **44f,** 50, 75
geistiger Standort 17
Standpunkt 10, **78f**
Statistik 33
statistisch **95–97,** 100, **111, 115, 117–119**
Sterne 22, 42f, **46f, 79,** 82, 146
Stoff **20f, 34f,** 54
Stoffwechsel **115**
dichterischer Stoff **39**
Struktur 22, **26, 31,** 82, 87, **94, 113–115, 143,** 148, 150, 168
Substanz 115, 131, **142**
Sündenfall 133, **158**
Summe 115, 117
Symbol 138, 145
Symmetrie **145**
Synthese (Hegel) **87–90**
System 9, **24, 108,** 118, 145
Begriffssysteme 37
Korrektursysteme **95**
kosmische Systeme 43, 45, 47f, 82, 146, **166**
mathematische Systeme **93**
politische Systeme **134,** 153, 156

Tabu 130
Teil(vorgänge) **115–117**
Teilbarkeit **166**
Zellteilung 167
Teilchen (Physik) **97f,** 111, **120, 143f, 147**
Teleologie **59,** 61, **119f,** 134, 168f
teleologische Tendenz vom Niederen zum Höheren **52, 59,** 61, 75, **148, 167**
teleologische Ethik **131–137**
Temperatur **96–98**
Terror **88,** 133, **135**
Theologie **7f, 22f, 43,** 75, **91,** 99, **109, 127–130, 134, 138–141, 143f, 151,** 161, 163, 174f
These (Hegel) **87–90**
Tier 13, 31, **33, 35,** 36, 42, **49, 53, 56, 58–75,** 77–81, **105, 114, 147–149, 152f,** 169f, 177
Hybridformen **63**
Tierfreunde **105**
Tiersprachen **71f**
Tod 7, 15, **18, 28, 85–87,** 89, **90, 115, 136,** 152, **154f, 158f,** 174f
Freitod **136**
Gnadentod **136**
sozialer Tod **142**
Toleranz 90, 107, **129**
Tradition (=Überlieferung) **15,** 17, **74,** 84
europäische Denktradition **29–41**
jüdisch-christliche Überlieferung **124, 128,** 143, 175
philosophische Tradition **9f,** 65
Transzendenz **85, 87, 130, 135, 138**
transzendente Wirklichkeit **91, 122–162**
Tugend **18**
Tundra 62
Turan 63

Überforderung **85, 133, 135**
Übergang(sfeld) zwischen Tier und Mensch **66, 69,** 72, 74, **148**
Umgebung 115
Umwelt 42, **56,** 70, **72, 77–79,** 104, 116, 119, 149, 169
Unberechenbarkeit 24, 96, 119, 150
vgl. Berechnungen
Universum s. Weltall
Unsterblichkeit 87
Urknall **48, 114,** 118

Ursachen **61,** 93, **108f,** 118, **122,** 153, 168, 170
Ursprung 52, **55, 65, 109**
Ursuppe **51**
Urvertrauen **125**
Urzeugung **50**

Vakuum **25f**
Vater 18, 142f
  Väterlichkeit 156
  Gottvater 139
Verantwortung 16, **50, 64, 131, 133**
Verbrecher 133f, 136
Verhalten **70f, 77f, 80–82,** 96, **112f,** 117, 120
  Verhaltensforschung **71,** 79
  Verhaltensmuster 15, **111**
  Verhaltensweisen 81, **118f**
Verkehr **97,** 111, 170
Verläßlichkeit (von Personen) **14, 41, 124, 134,** 142, **150, 154**
  Verläßlichkeit von Maschinen **41, 107**
  Verläßlichkeit der Sterne **47**
Vernunft 89, **107f,** 123–125, **127f,** 169, 173, 176
  praktische Vernunft (Kant) **122f**
  Vernunftprozeß (Hegel) **88**
Versöhnung **87–90,** 153
Vertrauen 132, 156f
  Vertrauensvorschuß **101, 132f**
  Urvertrauen **125**
Verwaltung **89**
Vielschichtigkeit 111f
Vögel **57f,** 60, 148, 167
  Urvogel (Archäopteryx) **57f,** 167f
Vollkommenheit **19–21,** 27, 29, **32,** 38, 122, **146,** 166
Vorentscheidung 17, 28, **37, 100, 102f,** 108, **124f**
Vorprogrammierung s. Programmierung
Vorsokratiker **14–17**
Vorverständnis 19

Wachstum **54, 116**
Wärme **96f**
  Wärmeschutz **71**
Wahrheit 2, 7, 9, **18,** 29, **39f,** 77, **80,** 85f, 90, **124, 127–131, 138, 156, 159,** 164, **170, 174,** 176
  Wahrhaftigkeit **134**
  geoffenbarte Wahrheit s. Offenbarung
Wahrnehmung 70, **76f, 81,** 128, **169f,** 177
Wahrscheinlichkeit 38f, 46, **55f, 96, 115, 118, 167**
  Wahrscheinlichkeitsgesetze (=statistische Gesetze) **95–97, 111, 118f**
Wasser 21, 49, **65, 96–98,** 111, 148
Wega 166
Wein 151
Welle (Licht) 82
Welt, Weltall 7, 20, **22,** 24, **26–28, 42–50, 75–83,** 84, 92, 98f, 102, 104, **106–110, 118,** 122f, 125, 127f, 136, **140,** 142–144, **146f, 149,** 157, 159–161, 166, **170,** 173
  Weltbild, Weltdeutung, Weltsicht, Weltverständnis 2, **13–15, 26, 29–31, 37, 43, 47, 84f, 91,** 95, **98, 105, 108f,** 125f, **129, 140f, 144**
  Weltende 7, **48,** 98
  Welträtsel 130
  Weltraumfahrt 79, 100
  Lebens- und Kulturwelt **8, 13f, 36–38, 64, 72–74, 76, 85,** 95, **102, 104f, 168**
  Umwelt s. dort
Werden **140**
  stammesgeschichtliches Werden 60
Werk 145, 150
  Werkmeister 150
  Werkzeuge **67**
  gute Werke 130
Werte **13–15**
Wesen(heit) **20f, 23,** 42, **65f,** 69, **99, 106, 108f, 121, 124f, 141–144,** 170, 176
  (menschliches) Wesen 28, 45, 50, 75, 110, 135 vgl. Mensch
  (Lebe)wesen 138, 148, 153, vgl. Lebendiges, Organismen, Tier
Wille 25, **78,** 131, 138
Wirklichkeit 19, 21, **23,** 29, **31, 33, 35,** 97, **102–121,** 122, 147, 169
  Lebenswirklichkeit **40f**
Wirkungen 93, **104, 108,** 154
Wirtschaft 156
Wissen, Möglichkeiten und Grenzen **92–102**
Wissenschaften 2, **7–9, 21, 27, 31, 38,**

45, 47f, 55, 99f, 106f, 125, **127, 129,** 136, 138, **140–144,** 148, 151, **163**
Geschichtswissenschaft **22**
Gesellschaftswissenschaften 110
Humanwissenschaften 13, 73, 142
Naturwissenschaften **24, 26, 30, 32, 47,** 70, **92, 95, 98, 105–108,** 123, **143f,** 176f
Sozialwissenschaften **98,** 163
Wirtschaftswissenschaften **98**
System der Wissenschaften **22, 108f,** 163
Wortschatz **71**
Wortbildungen **72**
Wunder **124, 145,** 173

Zahlen **20, 30f, 93f,** 165
Zauber 155
Zeichen 80
Vorzeichen 47
Zeit 2, **22,** 42, 46, **48, 77,** 79, **112–115, 118f,** 121, 153, 156, 173
Zeitdruck 135
Zeitempfinden 152
Zeitfolge 109
Zeitgebundenheit **8, 138f,** 141
Zeitgeist 43
Zeitlichkeit **114, 147,** 173
zeitübergreifend **112–114**
Zeugnis 125
Ziegen 62
Zielstrebigkeit, Zielgerichtetheit **52, 62,** 122, 167
Zielinstrumente **95**
Zirkelschluß **19, 29**
Hermeneutischer Zirkel 165
Zivilisation 74
Zucht (von Tieren und Pflanzen) **62–64**
Zuchtwahl (Darwin) 65
Zufall, zufällig **21f,** 24, 39, 46, **54f, 60f,** 167
Zukunft 50, 87, **156**
Zukunftsvision 64
zukunftweisend 41
Zustand (des Atoms) **112f,** 173
Zweck **81, 89**
zweckmäßig 33, 37, 45, 64, 79, 81, 101, **167**
Zyklische Abläufe **22, 40, 117f, 141**

Nachschlagewerke

J. M. Bocheński
Wege zum philosophischen Denken
Einführung in die Grundbegriffe
Band 62, 128 Seiten, 18. Aufl.

Johannes Hirschberger
Kleine Philosophiegeschichte
Band 103, 216 Seiten, 18. Aufl.

Kleines Philosophisches Wörterbuch
Herausgegeben von Max Müller
und Alois Halder
Band 398, 344 Seiten, 11. Aufl.

Wörterbuch Christlicher Ethik
in 84 Artikeln mit Literaturangaben
Herausgegeben von Bernhard Stoeckle
Band 533, 288 Seiten, 3. Aufl.

Karl-Heinz Weger
Wege zum theologischen Denken
Wie kann man Glaubensaussagen aus
Erfahrung klären?
Band 970, 128 Seiten

in der Herderbücherei